GÜTERSLOHER
VERLAGSHAUS

Gütersloher Verlagshaus. Dem Leben vertrauen

David Trobisch

Ein Clown für Christus

Die ganz andere Geschichte
über Paulus und seine Zeit

Gütersloher Verlagshaus

Bibliografische Information der Deutschen Nationalbibliothek

Die Deutsche Nationalbibliothek verzeichnet diese Publikation
in der Deutschen Nationalbibliografie; detaillierte bibliografische
Daten sind im Internet über http://dnb.d-nb.de abrufbar.

Mix
Produktgruppe aus vorbildlich bewirtschafteten
Wäldern und anderen kontrollierten Herkünften
www.fsc.org Zert.-Nr. GFA-COC-001278
© 1996 Forest Stewardship Council

Verlagsgruppe Random House FSC-DEU-0100
Das für dieses Buch verwendete FSC-zertifizierte Papier
Munken Premium liefert Arctic Paper Munkedals AB, Schweden.

1. Auflage
Copyright © 2010 by Gütersloher Verlagshaus, Gütersloh,
in der Verlagsgruppe Random House GmbH, München

Umschlagfoto: Desert sun over Men with Camel © John Nakata / Corbis
Druck und Einband: CPI – Ebner & Spiegel, Ulm
Printed in Germany
ISBN 978-3-579-06497-0

www.gtvh.de

Weißt du, was die Leute über mich sagen?
»In seinen Briefen spricht er mit Autorität und macht Eindruck,
aber wenn man ihn sieht, wirkt er krank,
und was er sagt, klingt lächerlich.«

(2. Korinther 10,10)

Wer die Apostelgeschichte im Neuen Testament liest, erfährt, dass Paulus ursprünglich Saulus hieß, dass er aus Tarsus, der Hauptstadt der römischen Provinz Kilikien stammte und von Beruf Zeltmacher war. Man liest, dass Paulus das römische Bürgerrecht besaß, viele Wunder tat, von Juden in Jerusalem angeklagt, von den römischen Behörden verhaftet und als Gefangener nach Rom gebracht wurde. Keine dieser Angaben wird von Paulus in eigenen Worten bestätigt. Die Apostelgeschichte erzählt vermutlich legendäre Ausschmückungen von Ereignissen nach, auf die in den erhalten gebliebenen Briefen des Paulus angespielt wird. Folgt man nur den sieben Briefen, von denen die meisten Bibelwissenschaftler heute glauben, dass Paulus selbst sie verfasst hat – das sind der Brief an die Römer, die beiden Briefe an die Gemeinde in Korinth, die Briefe an die Galater und an die Philipper sowie der 1. Brief an die Gemeinde in Thessaloniki und der Brief an Philemon –, so kann man die Geschichte des Paulus auch ganz anders erzählen …

Inhalt

Teil III: Von Philippi nach Athen

Teil VI: Von Korinth nach Malta

Anhang

Lieber Kollege,

immer wieder haben Sie mich zu überzeugen versucht, dass die Studentinnen und Studenten, die meine Lehrveranstaltungen zu Paulus belegt haben, ein Recht darauf haben, nicht nur meine Meinung zu exegetischen Einzelheiten zu erfahren, sondern auch meinen Gesamtentwurf kennenzulernen.

Ich bin nun Ihrer Anregung nachgekommen und lege Ihnen meine Sicht der Ereignisse, die die letzten zwölf Monate im Leben des Apostels bestimmten, in erzählender Form bei. Im Anhang finden Sie eine Landkarte, in der die Stationen seiner letzten Reise verzeichnet sind, wie sie sich mir aus der Lektüre seiner Briefe ergeben.

Mit freundlichen Grüßen,
Professor Dr. David Trobisch

Liebe Louise,

Ich habe Deine Bitte gehört und die Freiheit eines Erzählers genutzt, um in meiner Version der Geschichte des Paulus auch den Glauben an die Weiblichkeit Gottes zu beschreiben, der die Frömmigkeit so vieler Menschen in der Antike bestimmte und Teil Deiner spirituellen Praxis geworden ist.

Was ich über diese Kulte weiß, basiert auf der Auslegung archäologischer Funde und Inschriften, der Beschreibung von Ritualen in der spätantiken Literatur und den Gebeten, die erhalten sind.

Liebe Grüße,
Dein David

TEIL I:
VON DAMASKUS NACH ANTIOCHIEN

Damaskus

An Korinther (2 Kor 11,32-33)

In Damaskus befahl der Statthalter des Königs Aretas, die Stadt Damaskus zu durchsuchen, um mich zu verhaften. Aber ich bin in einem Korb durch eine Öffnung in der Mauer hinuntergelassen worden und so seinen Händen entkommen ...

Aprilis 11 = Nisan 10, zweiter Tag der Woche

Titus kämpfte sich über den überfüllten Marktplatz und erreichte die Straße, die die Römer *Die Gerade* nannten. Er folgte der gewaltigen Stadtmauer ein Stück und bog dann nach rechts in eine enge Gasse ab. Vor den Tavernen, die sich hier aneinanderreihten, standen Sklaven und riefen in die Menge, was die Köche an diesem Abend anzubieten hatten: »Frische Schafsaugen, gekocht in Milch!« »Gegrillte Nachtigallzungen!« »Käsegebäck in Honig!« Doch die vielen Männer in der Gasse kamen nicht, um zu essen, sie kamen wegen der Frauen.

Vor der Taverne *Zu den drei Schwestern* blieb Titus kurz stehen und sah sich um. Dann huschte er, seinen Anweisungen folgend, um die Ecke zum Nebeneingang, der Kunden vorbehalten war, die Diskretion zu schätzen wussten und gerne dafür bezahlten. Wie befohlen, klopfte er dreimal, wartete einen Augenblick, und klopfte noch zweimal. Die Tür öffnete sich, und ein schwarzer Mann, dessen Wangen und gewaltigen Oberarme mit Narben verziert waren, ließ ihn ein.

Titus stürmte die Treppe hinauf. Wie die meisten exklusiven Bordelle von Damaskus, war auch dieses ein Teil der Stadtmauer. Das Obergeschoß bestand aus einer einzigen Kammer, dessen rundes Fenster nach Westen ausgerichtet war. In der Mitte des Raumes stand ein kleiner, magerer Mann, barfuß und nur mit einem Lendentuch bekleidet. Neben ihm zündete Herodias, die Frau, von der Titus wenige Stunden zuvor gekauft worden war, gerade eine Fackel an. Herodias war es auch gewesen, die ihm befohlen hatte, kurz vor Sonnenuntergang hierher zu kommen. Titus schätzte sie auf ungefähr sechzig Jahre. Ihre leicht gelockten Haare waren dunkel, zeigten hier und da aber auch das Silbergrau des Alters, sie trug ein weißes, aufwendig besticktes Wollkleid, und über ihrem wohlgenährten Bauch wölbte sich ein ausladender Busen.

»Das ist dein neuer Diener«, sagte Herodias zu dem halbnackten Mann. Dann wandte sie sich an Titus: »Das ist mein kleiner Bruder, dein neuer Herr.«

Titus kniete nieder und beugte sich vor, bis sein Kopf den Boden berührte.

»Sag was«, befahl Herodias. »Paulus kann nicht sehen.«

Titus blieb auf den Knien, hob aber langsam den Kopf. Sein neuer Herr starrte ihn mit rot geränderten Augen an. Er hatte eine Glatze, die von wenigen grauen Haaren umrahmt war, und trug einen dichten, weißen Bart, der sein schmales Gesicht etwas runder wirken ließ. »Dein getreuer Sklave meldet sich zu Diensten«, brachte Titus schließlich hervor.

»Friede sei mit dir. Schalom.« Paulus Stimme war ungewöhnlich hoch, mehr die Stimme eines Jungen als die eines alten Mannes.

Herodias steckte die brennende Fackel in eine eiserne Halterung an der Wand, faltete sorgfältig und bedächtig ein Obergewand und ein Lendentuch und drückte beides Titus in die Hand, nachdem sie ihm ungeduldig bedeutet hatte aufzustehen. »Leg das in den Korb«, bestimmte sie und zeigte auf das runde Fenster.

Titus steckte den Kopf durch die Öffnung. Etwa zwölf Fuß unterhalb des Fensters stand ein aus Weidenzweigen geflochtener, großer Korb, an dem ein Seil befestigt war, das über einen Balken oberhalb des Fensters führte. Offensichtlich war die Vorrichtung dazu gedacht, Lasten zu befördern. Titus zog den Korb hoch und sicherte das Seil mit einem Seemannsknoten an einem offenbar dafür vorgesehenen Haken. Dann verstaute er die Kleider seines neuen Herrn in dem Behältnis, das einen recht stabilen Eindruck machte und ausreichend Platz für eine kleine Person wie Paulus bot.

»Gewöhnlich verlassen wir die Stadt nicht auf diese Weise«, sagte Herodias zu Titus. Sie legte ihre Hand auf den Rücken ihres Bruders und schob Paulus sanft, bis er mit ausgestrecktem Arm die Öffnung in der Wand ertastete. »Da musst du raus«, sagte sie. »Mit dem Kopf zuerst. Wenn die Schultern draußen sind, rutscht der Rest schon nach.«

»Willst du mich umbringen?« Der alte Mann wirkte nicht sehr überzeugt.

»Sei nicht so zimperlich! Dein ganzes Leben lang bist du mit dem Kopf durch die Wand. Deshalb steckst du jetzt auch bis zum Hals in Schwierigkeiten.«

Paulus streckte die Arme aus. Als er sich in das Fensterloch zwängte, wurde es dunkel im Raum, nur die Fackel an der Wand flackerte.

»Der schafft das nie«, dachte Titus laut.

»Keine Sorge«, beruhigte Herodias. »Ich war dabei, als er auf die Welt kam.«

Paulus arbeitete sich langsam vorwärts. Doch als er versuchte, in den Korb zu gleiten, blieben seine Hüften stecken. Kopf und Arme waren im Freien, die Beine aber strampelten hilflos in der Luft.

»Das habe ich befürchtet.« Herodias griff in die vielen Falten ihres Kleides und holte einen kleinen Dolch hervor, dessen silbern glänzender Griff mit Edelsteinen besetzt war. »Ein altes Erbstück«, sagte sie. »Es hat Glück und Unglück über unsere Familie gebracht.« Sie hielt den Dolch in der rechten Hand, hob beide Arme in die Höhe und betete laut: »Herr Israels, Beschützer der listigen Verführerin Tamar, der verräterischen Hure Rahab, der gierigen Ausländerin Ruth und der königlichen Ehebrecherin Bathseba! Segne diesen Dolch!«

Mit einer ungeduldigen Armbewegung gab Herodias Titus einen Wink, beide packten Paulus an den Beinen und zogen ihn mit einem kräftigen Ruck zurück. Die Hüften lockerten sich, nun aber steckten die Schultern fest.

Herodias zog den Dolch aus der Scheide und durchtrennte entschlossen das Tuch, das Paulus um seine Hüfte gebunden hatte. Seine weiße Haut glänzte im gelbroten Licht der Fackel.

»Drücken! Drücken! Drücken!«, befahl Herodias.

Titus stellte sich neben sie, beide legten ihre Handflächen auf Paulus' nackten Hintern und schoben. Langsam lösten sich die Schultern und der Körper glitt durch das Fenster in den Korb. Das rote Licht der untergehenden Sonne durchflutete die Kammer.

Talitha folgte dem kleinen Pfad, der vom Fluss an der Außenseite der Stadtmauer von Damaskus entlang zu dem Lagerplatz führte, auf dem ihr Herr, Justus von Palmyra, seine Zelte aufgeschlagen hatte. Sie ging aufrecht und auf ihrem Kopf balancierte sie einen Tonkrug, der mit frischem Wasser gefüllt war. Ihre langen, dunklen Haare fielen offen auf die Schultern und streichelten bei jedem Schritt sanft ihren Hals. Mit dreizehn Jahren fühlte sich Talitha nicht mehr als Mädchen, doch ohne Mann war sie auch noch keine Frau.

Als sie die Zelte erreichte, rief sie ihr Herr zu sich.

»Ich habe Nachricht von deiner Mutter«, sagte Justus.

Talitha senkte den Kopf. Sie war in Jerusalem geboren und aufgewachsen. Ihre Mutter war dort eine Sklavin in Justus' Haushalt. Vor sieben Jahren hatte sie ihr Herr, dessen Geschäfte ihn regelmäßig zwischen Palmyra und Jerusalem reisen ließen, mit in die Oasenstadt Palmyra genommen. Seither hatte sie ihre Mutter nicht mehr gesehen.

»Deine Mutter ist sehr krank. Todkrank. Sie wird nicht mehr lange leben.«

Talithas Knie gaben nach. Der Tonkrug auf ihrem Kopf rutschte, fiel zu Boden und zerbrach. Alles Wasser ergoss sich über die seidenen Teppiche, die den Boden des Zeltes bedeckten. Talitha sah ihre Mutter erschöpft auf einem Bett liegen, einen Arm nach ihrer Tochter ausgestreckt. Doch bevor sich ihre Fingerspitzen berührten, löste sich die Vision auf.

Justus packte Talitha bei den Schultern, rief ihren Namen und schüttelte sie. Doch sie fühlte es kaum. Alles was Talitha wollte war, ein letztes Mal die Mutter sehen.

Titus langte durch das Fenster und zog ein Stück des Seils in die Kammer, schlang es um seinen rechten Arm, legte es über die Schultern und hielt es mit der linken Hand fest. Jetzt stellte er sich schräg zum Fenster breitbeinig hin, zog einmal kräftig mit der Rechten – der Knoten, den er so kunstvoll an den Haken geknüpft hatte, löste sich, und das Seil spannte. Das Leben seines neuen Herrn lag nun in seinen Händen. Als traue sie ihm nicht, stellte sich Herodias vor ihn und packte ebenfalls das Seil mit beiden Händen. Während Titus die volle Last sicherte, bestimmte Herodias die Geschwindigkeit, mit der der Korb nach unten schwebte.

»Mir tut mein Bruder leid.« Herodias schien ein wenig außer Atem. »Er ist körperlich so klein geblieben und auch sonst wohl nie ganz erwachsen geworden. Trotz seiner jungenhaften Züge hatte er aber schon eine Glatze, bevor er zwanzig war. Doch er war ein guter Bruder.«

»War?«, presste Titus hervor und ließ das Seil weiter hinabgleiten.

»Ich denke nicht, dass ich ihn noch einmal lebend sehen werde.«

»Das wäre aber schade, dann wäre euer letzter Eindruck von ihm sein blanker Arsch.« Erschrocken biss sich Titus auf die Zunge. Sklaven bekamen schon für weniger den Unmut ihrer Herren schmerzhaft zu spüren.

»Mein letzter Eindruck – sein blanker Arsch!« Herodias hatte sich auf den Boden fallen lassen und lachte so sehr, dass ihr runder Körper bebte.

Wieder und wieder schüttelte sie sich und erst jetzt bemerkte Titus, dass er in Händen und Rücken kein Gewicht mehr spürte. Paulus war unten angekommen.

»Schade, dass du nicht bleiben kannst. Du hast Humor, « lächelte Herodias, als sie sich wieder beruhigt hatte.

»Ich hatte nicht vor, Damaskus zu verlassen«, entgegnete Titus.

»Du vielleicht nicht, aber dein Herr.« Herodias streckte die Hand aus und ließ sich von Titus auf die Beine helfen. »Paulus wartet außerhalb der Stadt, unten an der Stadtmauer auf dich. Er will nach Jerusalem.«

Titus hatte in den Jahren zuvor einem Schiffskapitän gedient. Der alte Mann hatte sieben Sprachen gesprochen und Tag und Nacht von nichts anderem erzählt als von Schiffen, fernen Häfen, wunderschönen Frauen, seltsamen Sitten, und unglaublichen Abenteuern. Diese Geschichten hatten in Titus eine Sehnsucht geweckt. Andererseits fühlte er sich mit seinen 28 Jahren schon viel zu alt, um noch auf Reisen zu gehen. Er war in Damaskus geboren und hatte die Stadt nur selten verlassen. Obendrein konnte er weder lesen noch schreiben und sprach außer Griechisch keine andere Sprache – keine sehr guten Voraussetzungen, um in der Fremde zu recht zu kommen.

»Hier – Paulus schenkt dir diese Decke. Er will, dass du sie mitnimmst auf die Reise.« Herodias deutete auf eine Decke in einem Winkel des Raumes. Sie war kunstvoll aus hunderten verschiedenfarbiger Fäden gewoben und sah wertvoll aus.

»Qualität aus Kilikien«, fügte sie hinzu. »Ein Meisterstück.«

Titus hob die Decke auf, rollte sie zusammen und klemmte sie unter den Arm.

Herodias griff in die Falten ihres Kleides. »Hier, nimm auch dies!« Sie reichte Titus den mit Edelsteinen verzierten Dolch. »Unser Familiendolch. Man kann nie wissen, wann man ihn braucht.«

Es war schon fast dunkel, als Titus wieder auf die Gasse trat und sich langsam auf den Weg machte. Welchen Eindruck hatte sein neuer Herr, den er nun immerhin schon ohne jede Bekleidung zu Gesicht bekommen hatte, auf ihn gemacht? Sein Körper wirkte jünger als es sein hageres Gesicht, die grauen Haare und der weiße Bart hatten vermuten lassen. Sein Knochenbau wirkte kräftig und gut gewachsen. Vor allem die Beine machten den Eindruck, als seien sie stark genug auch für mehrtägige Fußmärsche, sollten diese nötig sein. Anders als bei vielen Menschen, die in Damaskus geboren und aufgewachsen waren. Diese hatten oft krumme Beine, und das Gehen viel ihnen schwer. Paulus' Arme waren zwar dünn, doch schienen sie kräftig genug, um sich an einem Sattelknauf festzuhalten oder einen Wanderstab zu führen. Im Großen und Ganzen schien Paulus gesund und in guter körperlicher Verfassung. Bis auf die Augen.

Die syrischen Wächter am Stadttor winkten Titus durch. Die drei nabatäischen Soldaten dagegen, die ihren Kontrollpunkt draußen vor dem Tor hatten, nahmen sich jeden Passanten sorgfältig vor.

Ein älterer Mann vor Titus wurde lange verhört. Er trug einen kräftigen weißen Bart, und die Soldaten ließen ihn erst weiterziehen, als er einem von ihnen eine Münze in die Hand gedrückt hatte. Titus vermutete, dass sie Paulus suchten, und einen Augenblick lang zögerte er. Sollte er seinen neuen Herrn an die Nabatäer verraten?

Doch die Soldaten warfen nur einen schnellen Blick auf Titus' schlichtes Oberkleid und seine Sandalen und ließen ihn durch. Von einem Sklaven erwarteten sie keine Bestechungsgelder und für das kostbare Tuch unter seinem Arm schienen sie keinen Blick zu haben.

Titus fand Paulus ohne Schwierigkeiten. Sein Herr saß angezogen hinter einigen Büschen versteckt ganz in der Nähe der Fensteröffnung, durch die sie ihn hinuntergelassen hatten.

»Du hättest mich an die Wachen verraten können«, krähte Paulus in seiner seltsam hohen Stimme zur Begrüßung. »Man hätte dir sicher eine Belohnung angeboten.«

Titus bückte sich, nahm die Hände seines Herrn und half ihm auf die Beine. »Ich war mir der Möglichkeit bewusst.«

»Gut. Ich wollte sicher sein, dass mein Diener kein Dummkopf ist.« Paulus trat hinter Titus und legte die linke Hand auf dessen rechte Schulter. »Gehen wir!«

Mit dem ersten Licht des Mondes erreichten Paulus und Titus das Lager, in dem sich die Händler sammelten, die am nächsten Tag gemeinsam nach Jerusalem aufbrechen wollten. Vor den Zelten brannten kleine Feuer, Diener breiteten Strohmatten auf dem Boden aus, legten darüber Teppiche und Decken und verteilten die weichen Kissen, auf denen sich ihre Herren zum Abendessen niederlassen würden.

»Ich bin so aufgeregt«, sagte Titus viel zu laut. Sein alter Herr, der Kapitän, war allmählich taub geworden. Titus hatte angefangen, lauter zu sprechen und zudem die Angewohnheit entwickelt, mit sich selbst zu reden, eine Eigenheit, die er nun nur schwer wieder loswurde. Er blickte zur Seite, sein neuer Herr hatte ihn anscheinend nicht gehört.

Plötzlich blieb Paulus stehen und schloss die Augen. Dann drehte er sich abrupt um und zeigte auf ein bestimmtes Zelt. »Barnabas!«, verkündete er laut.

Der Vorhang am Eingang zum Zelt flog auf, und ein Mann mit vollen, dunklen Haaren und wallendem, pechschwarzem Bart erschien im Eingang.

»Alter Knabe, ich habe mir schon Sorgen gemacht«, rief Barnabas mit tiefer Stimme und kam auf Paulus zu.

»Ich weiß mir schon zu helfen«, erwiderte Paulus, bevor ihm Barnabas mit einer mächtigen Umarmung die Luft abdrückte.

»Und wer ist das?« Ohne eine Antwort abzuwarten, packte Barnabas Titus bei der Nase und öffnete mit der anderen Hand seinen Mund, um die Zähne zu begutachten. Dann hob er Titus' Gewand hoch, betrachtete dessen Beine, tastete schließlich mit beiden Händen den Bauch ab: »Ist nicht mehr der Jüngste. Hat er wenigstens was im Kopf?«

»Genug um mich nicht an die Wachen zu verraten«, erwiderte Paulus.

»Hat er einen Namen?«

»Titus.«

»Hör mal zu, mein lieber Freund.« Barnabas packte Titus' Schultern so, dass dieser fürchtete im nächsten Augenblick das Knacken seiner Knochen zu hören. »Dein Herr und ich – wir sind unzertrennlich. Wenn er niest, putze ich mir die Nase.« Barnabas hielt inne, als wartete er auf eine Antwort.

Titus aber schaute ihn fragend an. Was erwartete der Herr von ihm?

Jetzt ergriff Barnabas sein Gewand und zog ihn zu sich heran. »Du findest das nicht komisch?«

Titus stand nun auf den Zehenspitzen und fühlte Barnabas' warmen Atem im Gesicht. Er roch nach Knoblauch.

»Wenn ich einen Witz mache, dann wird gelacht. Verstanden?«

»Verstanden«, flüsterte Titus, und Barnabas ließ ihn sofort los.

Sobald er wieder fest auf den Beinen stand, begann Titus schallend zu lachen. Zwischen Lachsalven rief er: »Wenn mein Herr niest, putzt sich Barnabas die Nase! Wenn Barnabas müde ist, geht mein Herr ins Bett! Wenn mein Herr Knoblauch isst, stinkt Barnabas aus dem Mund!«

»Genug!«, befahl Barnabas, und Titus war auf der Stelle ruhig. »Weiß er, womit du dir deinen Unterhalt verdienst?«

»Ich denke nicht«, antwortete Paulus.

»Wir handeln mit Textilien«, erklärte Barnabas. « Wir kaufen die

Ware im Osten und verkaufen sie an reiche Leute im Westen. Das ist unser Geschäft. Es ist, was Damaszener immer schon gemacht haben. Import, Export.« Barnabas drehte nun Titus' Kopf langsam nach links, bis Titus fast das Gleichgewicht verlor, und dann wieder nach rechts, während er wiederholte: »Import, Export. Import, Export. Geht das in deinen Sklavenschädel?«

Titus nickte so gut er konnte.

Barnabas schaute ihm eindringlich in die Augen. »Wenn deinem Herrn irgendwas passiert, und es ist deine Schuld, dann verfolge ich dich, wenn es sein muss, bis ans Ende der Welt. Und wenn ich dich habe – und glaube mir, ich krieg dich – dann Gnade dir Gott!«

»Du brauchst ihm nicht zu drohen«, mischte sich Paulus ein. »Er ist zuverlässig. Meine Schwester hat ihn ausgesucht. Und du weißt ja, sie kennt sich mit Männern aus.« Paulus hielt einen Moment inne. »Deshalb hat sie ja auch nie geheiratet.«

Barnabas schmunzelte. Er ließ Titus los, nicht, ohne ihm einen drohenden Blick zuzuwerfen. An Paulus gewandt fragte er dann: »Redet Herodias immer noch so viel von Spanien?«

»Ununterbrochen. Ein Markt, der noch erschlossen werden muss.«

»Und du bist verrückt genug, um auf sie zu hören. Stimmt's?«

»Wir könnten viel Geld verdienen«, erwiderte Paulus.

»Wer will schon reich werden, jetzt, wo das Himmelreich nahe herbeigekommen ist?«

»Herodias«, sagte Paulus, und wieder schmunzelte Barnabas.

Herodias hatte für alles gesorgt. Sie hatte Barnabas ein Pferd mitgegeben, auf dem Paulus reiten würde, und für Titus einen Maulesel. Außerdem fanden sich im Lager ein Zelt, Decken, Lebensmittel und Kleider für die Neuankömmlinge. Die Karawane bestand aus ungefähr fünfzehn Händlern mit ihren Tieren und Gefolge. Am nächsten Morgen wollte man aufbrechen. Barnabas' Diener halfen Paulus' Zelt aufzustellen und legten es aus mit einem Teppich, sowie Polstern und Decken für die Nacht. Titus selbst würde im Freien auf der kilikischen Decke schlafen.

Vor dem Essen wollte Paulus noch ein Bad nehmen. Titus führte ihn ans Ufer des seichten Flusses. Sein Herr stieg ins Wasser und tauchte kurz unter. Als er sich wieder aufrichtete, ließ er sich mit einem großen Tuch trocken reiben und meinte: »Wie neu geboren und getauft.«

»Getauft?«, fragte Titus. Er hatte den Ausdruck noch nie gehört. Doch sein Herr gab keine Erklärung. Paulus streckte seine Arme aus, und Titus half ihm in die Kleider.

Schweigend kehrten sie zum Zeltlager zurück.

Wie die meisten nabatäischen Mädchen trug Talitha ein rotbraunes, ärmelloses Kleid, das ihr knapp bis zu den Knien reichte. Sie hockte im Lager an einem der kleinen Feuer und legte getrockneten Kameldung auf die Glut. Die Nachricht über die Krankheit ihrer Mutter hatte sie ganz aus der Fassung gebracht. Doch Justus hatte versprochen, am nächsten Morgen aufzubrechen, und so hoffte sie noch rechtzeitig in Jerusalem einzutreffen und die Mutter noch einmal sehen zu können. Talitha blies in die Glut und nährte die auflodernde Flamme mit kleinen Zweigen. Als das Feuer stark genug war, stand sie auf und streckte sich. Zwei Männer kamen gerade am Zelt vorbei, ein alter, offenbar blinder Herr mit seinem Diener, der ganz ohne Hemmungen ihre halbnackten Beine anstarrte. Verlegen wandte Talitha sich ab und legte noch ein Stück Holz nach.

»Schalom!«, grüßte nun Justus von Palmyra den blinden Mann. »Du handelst ebenfalls mit Textilien? Dein bärtiger Freund hat eine laute Stimme – es war kaum zu überhören.«

Auch Talitha hatte gehört, wie Barnabas Paulus begrüßt hatte. Sie erinnerte sich, dass der Name des Sklaven gefallen war: Titus – doch wie sein Herr hieß, hatte sie sich nicht gemerkt.

Die beiden Männer blieben stehen.

Justus strich sich mit seinen manikürten Fingern den kurz geschnittenen Bart. »Mein Name ist Justus von Palmyra. Bitte erweist mir die Ehre und gebt mir euer geschätztes Urteil. Ich habe hier einen ungewöhnlichen Teppich.«

Justus machte Talitha ein Zeichen. Sie huschte in das Zelt und kam mit einem kleinen, hellblauen Teppich, ohne den Justus niemals reiste, wieder hervor. Justus nahm das Stück und hielt es Paulus hin.

Der alte, blinde Mann ließ seine Finger langsam über die feinen Knoten gleiten. »Hervorragende Verarbeitung«, murmelte er. »Reine Seide. Höchste Qualität. Vermutlich aus Indien.« Er roch daran. »Hellblau.«

»Es ist mir eine Freude, endlich deine Bekanntschaft zu machen, Paulus von Damaskus!«, freute sich Justus. »Ich habe schon viel von dir gehört. Niemand sonst kann die Farbe eines Teppichs am Geruch erkennen. Ich bitte dich – gib mir die Ehre, komm, iss und trink mit mir. Es ist alles bereit.«

Paulus wirkte keineswegs überrascht über diese unerwartete Einladung. Er verbeugte sich höflich und Titus führte ihn zu den Polstern und Decken, die eilig rechts von Justus' Platz ausgebreitet wurden. Als Paulus sich zu Tisch gelegt hatte, stellte sich Titus hinter seinen Herrn. Talitha brachte nun einen Teller mit eingelegten Oliven und frisch gebackenen Brotfladen, und bot dem Gast diese Vorspeisen an. Paulus ließ sich von Titus die Hand zum Teller führen.

»Du reist nach Jerusalem«, eröffnete Justus die Unterhaltung. »Bist du Judäer?«

»Nein«, antwortete Paulus. »Meine Vorfahren stammen von Benjamin ab und nicht von Juda.«

Justus zuckte mit den Achseln. »Macht das einen Unterschied?«

»Judäer glauben an Jerusalem und den Tempel. Wir glauben, dass Gott in unseren Herzen wohnt, nicht in einem Gebäude.«

Als Hauptspeise brachte Talitha Holzspieße, auf denen zarte, mit Schafskäse überbackene Stücke Schweinelende aufgereiht waren, eine Mahlzeit, die auch für einen blinden Mann leicht zu essen war. Talitha wusste, dass Justus die Speisen nicht anrühren würde. Seit Wochen fastete er.

»Ein Kompliment an den Koch.« Paulus machte es sich nach der Mahlzeit auf den Kissen bequemer. »So etwas habe ich noch nie gegessen.«

Nun brachte Talitha den Wein, und Paulus schickte seinen Diener Titus, eine Decke zu holen.

»Diese Decke kommt aus Kilikien«, erklärte Paulus. »Qualität wie man sie nur in Tarsus findet. Sie ist schon hundert Mal gewaschen und sieht immer noch aus wie neu.«

Justus prüfte den Stoff mit den Fingern. Dann fragte er Titus: »Stimmt das?«

Talitha wunderte sich, dass Titus zögerte, bevor er nickte. Ehrlichkeit war ein Luxus, den sich ein Sklave nicht leisten konnte.

»Mach mir einen Preis für drei Decken«, forderte Justus.

»Drei Decken?«, antwortete Paulus erstaunt. »Ist das alles?«

»Nenne mir deinen Preis.«

»Einen Aureus.«

Justus warf die Arme in die Höhe. »Eine Goldmünze für drei Decken? Das ist Wucher! Dafür bekomme ich in Palmyra schon ein ganzes Zelt!«

»Irrtum«, sagte Paulus mit ruhiger Stimme. »Ein Aureus pro Decke.«

Justus, den Becher am Mund, verschluckte sich, hustete, und Rotwein sprühte über die Decke. »Ich zahle eine Goldmünze für drei Decken und keinen Sesterz mehr!«

Paulus schüttelte den Kopf. »Was soll das? Denkst du, ich bin ein Dieb oder, dass ich meine Ware umsonst bekomme? Bis an die Enden der Welt bin ich gereist, um solch außergewöhnliche Qualität zu finden! Ich habe Familie, habe Sklaven, Pferde und Esel, die gefüttert werden müssen. Glaube mir, drei Decken für drei Goldmünzen ist ein großzügiges Angebot! Hätte ich geahnt, dass du so ein Geizhals bist, hätte ich dir diese Ware gar nicht erst angeboten!«

Am Ende einigten sich die beiden Männer auf drei Decken für zwei Goldmünzen, eine Münze zahlbar sofort, der Restbetrag bei Abholung in Herodias' Laden in Damaskus. Justus befahl Talitha, einen Aureus aus der Geldschatulle zu bringen und auf einem Bogen Papyrus eine Quittung auszuschreiben. Paulus unterschrieb ohne Mühe und nahm das Geld an sich.

Auf dem Weg zum Zelt forderte Paulus Titus auf: «Beschreib mir Justus von Palmyra. Was hatte er an?«

»Er ist groß und schlank. Dunkle Haare. Kurzer Bart. Wangen und Hals glatt rasiert. Er trug ein einfaches, schwarzes Gewand, das aber an den Ärmeln und am Kragen aufwendig mit Purpurfäden bestickt war. Guter Geschmack. Sehr gepflegt. Stinkreich.«

Paulus nickte. »Übrigens, was die Decke angeht, schlafe heute auf der sauberen Seite. Der Sand wird den Wein über Nacht aus dem Stoff ziehen und morgen sind die Flecken weg.«

»Ich wasche die Decke einfach im Fluss«, schlug Titus vor.

»Auf keinen Fall waschen! Die Farben sind nicht waschecht.«

Am nächsten Morgen half Titus Barnabas' Dienern die Zelte abzubauen. Er war gerade dabei, seine wenigen eigenen Habseligkeiten in die kilikische Decke zu wickeln, als er von seinem Herrn gerufen wurde.

Paulus stand im Freien und hielt einen Becher heißen Wassers in beiden Händen. Er schloss die Augen und atmete tief ein. »Titus, was spricht mein Berg heute?«

Titus blickte zum Horizont. »Der Berg Hermon hat Neuschnee.«

»Das hab ich mir schon gedacht. Die Morgenluft ist frisch. Du weißt doch, dass der Berg Hermon ein heiliger Berg ist? Gott wohnt dort oben und bewacht Damaskus.«

»Ich dachte, Gott wohnt im Herzen«, flüsterte Titus vor sich hin.

Paulus wartete einen Moment, dann holte er tief Luft und begann mit seiner hohen Stimme zu rezitieren:

Komm, Geliebte, komm herab vom Gipfel des Hermon!
Ein einziger Blick von dir und mein Herz ist verloren.
Deine Brüste sind lieblicher als Wein,
Deine Lippen süßer als Honig.
Milch fließt unter deiner Zunge,
Dein Kleid duftet nach dem Gipfel des Hermon.

Wieder atmete Paulus tief ein. »Dein Kleid duftet nach dem Gipfel des Hermon. Ich liebe diese Zeilen.«

»Nichts hebt das Gemüt eines Mannes so wie ein unanständiges Liebesgedicht am frühen Morgen!«, rief Barnabas von seinem Zeltplatz herüber. »Deine Brüste sind lieblich. Unter deiner Zunge fließt meine Milch!«

»Lass das!«, rief Paulus zurück und tat, als wolle er seinen Becher nach Barnabas werfen. »Es steht so in der Schrift!«

»Wirklich?«, fragte Titus und ärgerte sich sofort, dass er sich nicht besser unter Kontrolle hatte. Es gehörte sich nicht für einen Diener, sich in die Unterhaltung der Herrschaft einzumischen.

»Was weißt du denn über judäische Bräuche?«, fragte ihn Paulus und nahm einen Schluck aus seinem Becher.

»Was man eben so hört über die Judäer im judäischen Viertel in Damaskus. Sie essen nicht alles, sind aber auch keine Vegetarier. Alle sieben Tage schließen sie die Läden für eine Nacht und einen Tag. Sie lassen nicht zu, dass ihre Töchter jemanden heiraten, der nicht Judäer ist.«

»Weißt du, was Beschneidung ist?«

Titus hatte davon gehört. »Die Ägypter tun das. Sie schneiden den neugeborenen Knaben den halben Penis ab. Es soll die Potenz steigern. Ein schrecklicher Aberglaube!«

»Alle judäischen Männer sind beschnitten«, erwiderte Paulus. »Ich auch.«

»Aber ihr seid doch kein Judäer.«

»Ich bin trotzdem beschnitten. Barnabas' Vater war mein Pate.«

»Schrecklich!«, rief Titus aus. Er hatte seinen Herrn zwar schon nackt gesehen, doch nur von hinten, als er sich durch das Fenster zwängte, und als Paulus im Fluss badete, war es bereits dunkel gewesen.

Barnabas amüsierte sich über Titus' Reaktion. Er kam herüber und schlug dem Sklaven kräftig auf die Schulter. »Weißt du, was der Rabbi gesagt hat, als er Paulus beschnitt?«

Titus zuckte mit den Achseln.

»Hoppla! Er hatte nämlich Schluckauf.«

»Schrecklich!«, rief Titus erneut.

»Warum denkst du wohl, dass dein neuer Herr eine so hohe Stimme hat?«

»Diesen Witz erzählst du jetzt schon seit über vierzig Jahren«, mischte sich Paulus ein und hob seinen Becher. »Und er ist immer noch nicht lustig!«, Paulus schüttete den Rest Wasser in Barnabas' Gesicht.

Der bärtige Mann lachte so laut, dass der Boden unter Titus' Füßen zu beben schien.

Sie erreichten das Ufer des galiläischen Sees am folgenden Tag kurz vor Sonnenuntergang. Eine frische Brise blies vom offenen Wasser in das Zeltlager, und vom Hügel aus hatte man eine gute Sicht über den See. Titus hatte in seinem Leben noch nie so viel Wasser gesehen. So weit sein Auge reichte, war alles grün, das Gras wuchs hoch und die Bäume waren stark und gerade gewachsen.

Paulus und Barnabas hatten es nun plötzlich eilig. Sie überließen die Tiere und die Waren Barnabas' Dienern, die bei der Hauptkarawane bleiben würden. Selbst wollten sie noch in der Nacht übersetzen. Ein Fischerboot samt Mannschaft war schnell gefunden. Nur die notwendigsten Dinge sollten mit auf die Reise, nicht mehr als Titus tragen konnte.

Die Vorbereitungen waren fast abgeschlossen, als Justus von Palmyra unerwartet erschien. »Verehrter Paulus«, sagte er. »Ich habe eine große Bitte an dich. Die Mutter eines meiner Sklavenmädchen arbeitet in meinem Haus in Jerusalem. Sie ist sehr krank und liegt im Sterben. Jede Stunde zählt. Könnte das Mädchen mit euch reisen? Sie ist dreizehn Jahre alt.«

Paulus drehte sich abrupt um. »Dreizehn?«

»Fast vierzehn.«

»Schick sie rüber!«, sagte Paulus ohne zu zögern.

Doch Barnabas protestierte. »Was sollen wir mit einem Sklavenmädchen? Die hält uns doch nur auf.«

»Ich werde euch nicht zur Last fallen.« Ein Mädchen trat aus der Dunkelheit in das Licht des Lagerfeuers. Titus erkannte sie sofort. Sie hatte die Speisen serviert, als Justus seinen Herrn im Lager vor Damaskus zum Abendessen eingeladen hatte. Sie hatte sich eine rotbraune Wolldecke um die Schultern gewickelt.

Paulus nahm die Hände des Mädchens und drückte sie sanft. »Willkommen, Talitha.«

Titus wunderte sich, dass sich sein Herr den Namen gemerkt hatte. Im Schein der flackernden Flamme meinte er sogar, eine Träne zu erkennen.

Das Boot bewegte sich zügig aus der kleinen Bucht hinaus auf das offene Wasser. Talitha blickte zurück und sah, wie der Schein der Feuer im Lager immer kleiner wurde und schließlich verschwand. Der Mond war fast voll, und Sterne leuchteten hell am klaren Himmel. Talitha saß im Heck auf dem Boden neben Titus, hinter Paulus und Barnabas.

Titus beschrieb seinem Herrn gerade das Boot: »Es ist ungefähr fünfundzwanzig Fuß lang, sieben Fuß breit und vier Fuß tief. Die Planken sind aus Zedernholz gefertigt, der Rahmen aus Eiche. Es bietet Platz für zehn Passagiere zusätzlich zu einer Mannschaft von fünf.« Titus nahm Paulus bei der Hand und ließ ihn die Stelle berühren, an denen die beiden obersten Planken aneinandergefügt waren.

»Mein Herr, fühlt, wie sorgfältig die Planken gearbeitet sind!«

»Warum kennst du dich mit Booten so gut aus?«, fragte Paulus.

»Mein ehemaliger Herr war ein Kapitän.«

»Wenn du so viel von mir lernst wie du bei ihm gelernt hast, wirst du wahrhaft gesegnet sein. Denn vieles im Reich Gottes kann selbst mit den gesündesten Augen nicht gesehen werden. Es kann nur mit dem Herzen erkannt werden.«

Vier der fünf Fischer saßen im Mittelteil des Bootes und ruderten, der fünfte, ein alter Mann, stand im Bug und gab Anweisungen. »Wo kommst du her?«, fragte Barnabas den jüngsten der Fischer auf Aramäisch.

»Aus Kapernaum«, antwortete der junge Mann.

»Dann hast du sicherlich von Yeshua gehört? Yeshua von Nazareth. Er hat eine Zeitlang in Kapernaum gewohnt. Er hat Kranke geheilt, er hat einen Sturm gestillt, er soll sogar einmal auf dem Wasser über den See gegangen sein.«

Der junge Mann schüttelte den Kopf.

»Ich habe Yeshua von Nazareth einmal getroffen«, rief der alte Fischer vom Bug her. »Er war einer dieser verbohrten Patrioten, die verzweifelt versuchen, uns zu einem Aufstand gegen Rom aufzuwiegeln. Das wäre ein Krieg, den wir niemals gewinnen können!«

»Da irrst du dich!«, rief Barnabas zurück.

Titus zupfte Talitha am Kleid. Sie verstand und flüsterte ihm die griechische Übersetzung des Gesprächs ins Ohr.

Der alte Fischer ließ sich nicht beirren. »Ohne Prediger wie diesen Yeshua würde sich kein Galiläer am Widerstand gegen Rom beteiligen. Aber heute fühlen sich selbst die verlorenen Schafe Israels verpflichtet, für Judäa zu kämpfen.«

28

»Yeshuas Reich ist nicht von dieser Welt«, entgegnete Barnabas.
»Pah!«, der Fischer spuckte ins Wasser. »Was wisst ihr Damaszener
schon von Yeshua? Yeshua hätte lieber bei Zöllnern und Huren auf
dem Boden gesessen, als sich mit Ausländern wie euch an einen fein
gedeckten Tisch zu legen! Aber ihr habt den, der euch aus tiefsten
Herzen verachtet hat, zu eurem Messias gemacht!« Er hielt inne.
»Kein Mensch hier in Galiläa schert sich heute einen Dreck um diesen Yeshua. Und wir, wir haben ihn gekannt!«
Barnabas schnappte nach Luft, er war rot angelaufen, doch bevor seine Wut Worte finden konnte, packte ihn Paulus am Arm und sagte
auf Griechisch: »Lass den armen Mann in Ruhe. Jesus ist doch nicht
wichtig. Wer weiß schon genau, was das für ein Mensch war?«
»Aha!«, rief Barnabas. »Ein Teppichhändler aus Damaskus lässt uns
an seiner gelehrten Meinung teilhaben! Jesus von Nazareth ist nicht
wichtig? Mir ist er wichtig!«
Aber weder Paulus noch der Fischer schienen interessiert, die Unterhaltung weiterzuführen.
Wieder berührte Titus Talithas Arm. Er dankte ihr für die Übersetzung und Talitha fragte sich, wie ein Sklave in Damaskus aufwachsen konnte, ohne Aramäisch zu lernen.
Titus breitete seine Decke auf dem Boden aus, streckte sich und
schloss die Augen. Talitha nutzte die Gelegenheit und sah sich Paulus' Diener näher an. Er war für einen Syrer zwar ungewöhnlich groß
und kräftig, doch sein dunkles Haar und die kantige Stirn ließen ihn
wie einen typischen Damaszener aussehen. Wie die meisten nabatäischen Frauen fand Talitha die Männer von Damaskus hässlich.
Titus hatte seine Hand auf ein kleines, silbernes Medaillon gelegt,
das er an einem Lederband um den Hals trug und das nun direkt auf
seinem Herzen lag. Das Medaillon war einfach und schlicht gearbeitet. Eine Göttin war darauf abgebildet, sie hatte ihre Arme waagrecht
ausgebreitet.
Titus schien nun fest zu schlafen. Sein Atem ging ganz gleichmäßig.
Talitha streckte die rechte Hand aus und berührte die silberne Göttin mit dem Zeigefinger. Plötzlich spürte sie, wie ihr Finger warm
wurde. Die Wärme floss in die Hand und von dort in den Arm und
schließlich durch ihren ganzen Körper. Talithas Herz begann wild

zu pochen, und Wangen und Ohren fühlten sich heiß an. Und dann hörte sie eine leise Stimme, ganz nahe an ihrem Ohr, zu leise als dass jemand anderer sie hätte wahrnehmen können. Die Stimme flüsterte: »Das ist dein Mann!«

Sofort zog Talitha den Finger zurück, und alles war vorbei. Nur ihr Herz pochte immer noch viel zu schnell, und es dauerte einige Minuten bis sie wieder ruhig atmen konnte.

Kurz vor Sonnenaufgang setzten die Fischer ihre Passagiere am Südufer des Sees ab. Barnabas kaufte vier Pferde, und sie erreichten Jericho ohne Mühe vor Sonnenuntergang. Paulus und Barnabas nahmen sich ein Zimmer in einer Herberge, Titus und Talitha schliefen bei den Dienern im Innenhof. Titus bot dem Mädchen seine kilikische Decke an, aber sie lehnte höflich ab. »Sie riecht nach Fisch«, sagte sie verlegen und lachte.

Wie die meisten Pilger brachen auch Paulus und Barnabas am frühen Morgen ohne Frühstück auf. Der Pfad führte steil bergauf und folgte einem Bach durch eine Schlucht. So weit man das Wasser führen konnte, erstreckten sich Haine, in denen Granatäpfel, Feigen, Oliven und Quitten wuchsen. Wohin aber die Bewässerungskanäle nicht reichten, dort war es kahl und ausgedorrt.

In einem Dorf kurz vor Jerusalem übergab Barnabas die Pferde einem Pferdehändler, den er kannte. Der Mann versprach, die Tiere auf Provision zu verkaufen, machte ihnen aber keine Hoffnungen, dass er einen guten Preis erzielen könnte.

»Gestern habt ihr die Pferde für teures Geld gekauft«, sagte Titus zu Paulus, »und heute müsst ihr mit Verlust verkaufen. Macht euch das nichts aus?«

»Gott will, dass ich das Passahfest dieses Jahr in Jerusalem begehe«, antwortete Paulus. »Wenn Gott ruft, ist Geld Nebensache. Wirf deine Sorge auf den Herrn, und er wird für dich sorgen.«

Zusätzlich zu den eigenen Habseligkeiten trug Titus nun die persönlichen Sachen von Barnabas und Paulus. Talitha kümmerte sich um ihr eigenes Gepäck, ein kleines Bündel. Im Gedränge der zunehmenden Zahl von Pilgern, die zum Passahfest nach Jerusalem unterwegs waren, kamen sie nur langsam voran. Das Laufen strengte Paulus zudem sehr an. Verkrampft hielt er sich an Titus' linker Schulter fest.

»Ich war erst einmal zuvor in Jerusalem«, bemerkte Paulus, als er kurz stehen blieb, um zu Atem zu kommen. »Ich habe damals bei einem Schüler Jesu, bei Kephas, gewohnt. Und Jesu Bruder, Jakobus, habe ich auch kurz gesehen. Aber ich denke nicht, dass er sich an mich erinnert.«

»Werden wir wieder bei Kephas wohnen?«, fragte Titus.

»Wir werden bei einem Verwandten von Barnabas wohnen. Er besitzt eine syrische Herberge in Jerusalem«, antwortete Paulus.

Wieder legte er seine Hand auf Titus' Schulter. Es war Zeit weiterzugehen. Zwei Stunden vor Einbruch der Dunkelheit durchschritten Paulus, Barnabas, Titus und Talitha das Damaskus-Tor und betraten Jerusalem.

Jerusalem

An Galater (Gal 2,1-4)

Vierzehn Jahre nachdem mir Gott seinen Sohn offenbart hatte, ging ich zum zweiten Mal nach Jerusalem und zwar mit Barnabas. Titus nahmen wir auch mit. Ich ging, weil es mir Gott in einer Offenbarung so befohlen hatte. In Jerusalem unterbreitete ich den anerkannten Leitern der Gemeinde in einem vertraulichen Gespräch das Evangelium, wie ich es unter den Kindern Israels außerhalb Judäas verkündige. Ich wollte vermeiden, dass meine Arbeit nicht anerkannt wird. Titus, der bei diesem Treffen anwesend war, ist Grieche. Und man zwang ihn nicht, sich beschneiden zu lassen ...

Aprilis 15 = Nisan 14, sechster Tag der Woche

Talitha konnte gerade noch zur Seite springen und sich eng an eine Hauswand drücken, um einen Packesel vorbeizulassen. Auf beiden Seiten des Tieres, das von einem Jungen mit einem Palmzweig vorangetrieben wurde, war eine schwere, mit Olivenöl gefüllte Amphore befestigt. Paulus konnte nicht mehr ausweichen. Ein Krug traf ihn an der Seite und warf ihn zu Boden. Titus beugte sich schnell über seinen Herrn und half ihm wieder auf die Beine. Unverletzt drängten sich die beiden wieder in die Menschenmenge und ließen sich in dieselbe Richtung treiben, in die Barnabas verschwunden war.

An der Stelle, wo Paulus gestürzt war, entdeckte Talitha etwas Glänzendes zwischen den Pflastersteinen. Sie bückte sich, hob es auf und erkannte das Medaillon, das Titus auf dem Boot um den Hals getragen hatte. Die Göttin mit den ausgestreckten Armen trug eine schmale, hohe Krone auf dem Kopf, und über ihrer Brust hingen mehrere Reihen von kleinen Taschen, die wie auf Schnüren aneinandergereiht waren. Talitha steckte das Medaillon in den kleinen Lederbeutel, den sie unter dem Kleid trug. Sie überlegte kurz, ob sie den Männern folgen sollte, doch dann drehte sie sich um und ging in die entgegengesetzte Richtung.

Talitha genoss den so lange vermissten, vertrauten Geruch Jerusalems von frisch gebackenem Brot und exotischen Gewürzen, sie freute sich an den schattigen Gassen und den überdachten Basaren. Überall eilten Jungen umher, die eifrig Botengänge für Ladenbesitzer machten. Die Tische der Metzger, die sich noch am Morgen unter der Last von frisch geschlachteten Lämmern gebogen hatten, waren schon leer. Ungesäuertes Brot, bittere Kräuter, Lammfleisch und Wein – das waren die notwendigen Zutaten für das Passahmal am Abend. Als Kind hatten ihr die geheimnisvollen judäischen Bräuche immer etwas Angst gemacht.

Der alte Mann, der Justus' Stadthaus verwaltete, wenn sein Herr auf Reisen war, stand im Innenhof: »Talitha? Du bist wieder da?« Ebenso verwundert wie erfreut nahm er das Mädchen in die Arme und drückte sie an sich. Dann packte er sie an den Schultern und schaute sie an: »Als kleines Mädchen hast du uns verlassen, als junge Frau bist du zurückgekehrt.«

Der Frühling war in Jerusalem etwas früher eingetroffen als in Damaskus. Rund um einen Teich in der Mitte des Hofes waren persische Tulpen gepflanzt, deren gelbe und rote Blüten sich im klaren Wasser spiegelten.

»Daran erkennt man die Damaszener«, sagte Talitha. »Sie können einfach nicht ohne einen Garten leben ...«

»... und nicht ohne einen Teich«, ergänzte der Verwalter den Satz.

»Und wie schön du den Garten angepflanzt hast!«

Talitha lächelte. Der alte Mann hatte sich kaum verändert, derselbe schlurfende Gang, der gekrümmte Rücken, die glatten, weißen Haare. Aber die Augen, die immer vor Geist und Witz gesprüht hatten, wirkten stumpf und traurig.

»Wir haben dich sehr vermisst«, sagte er. »Es hat sich so viel verändert, seit du gegangen bist.«

»Wo ist meine Mutter?«

Der Verwalter nahm ihre Hände und schaute ihr in die Augen. »Du kommst zu spät, meine Liebe. Sie ist vor drei Tagen gestorben. Sie wurde außerhalb der Stadt begraben.«

»Begraben?« Talitha war fassungslos. »Sie hat doch immer darum gebetet, nicht beerdigt zu werden!«

Der Verwalter ließ Talitha los und blickte zur Seite. »Ich weiß. Aber wir sind hier in Judäa und nicht in Palmyra.«

Talitha konnte ihre Tränen nicht länger zurückhalten, und der alte Mann nahm sie wieder in die Arme und drückte ihren Kopf sanft gegen seine Schulter. »Eine Stunde nachdem sie gestorben war, kam eine Priesterin, ganz in weiß gekleidet, und bat um ihren Körper. Ich habe keine Ahnung, woher sie wusste, dass deine Mutter tot war, aber sie wusste es.«

»Ganz in weiß? Bist du dir sicher?«, fragte Talitha.

»Sie trug einen weißen Mantel über einem weißen Gewand.«

»Dann wurde sie auch nicht beerdigt, und es ist alles gut.«

Talitha schloss die Augen, und für einen Moment sah sie ihre Mutter vor sich. Sie hatte ein strahlend weißes Kleid an. Doch als Talitha die Hand nach ihr ausstreckte, verschwand die Erscheinung. »Wenn ich ihre Stimme nur noch ein Mal hören könnte«, sagte sie laut und öffnete die Augen.

»Du wirst sie noch ein Mal hören«, sagte der Verwalter.

Talitha nickte und wischte sich die Tränen ab. »Übermorgen bin ich wieder zurück.« Sie wusste genau, was sie jetzt zu tun hatte.

Barnabas und Paulus wurden mit großer Freude empfangen, als sie den Hof der Herberge im syrischen Viertel von Jerusalem betraten. Diener nahmen sich ihrer an und zeigten ihnen die Zimmer. Es war für die Gastgeber leichter, sich um alles selbst zu kümmern, als Titus zu erklären, wo was zu finden und wer wofür zuständig war. Titus war darüber nicht böse. Nach vier anstrengenden Tagen und Nächten konnte er eine Ruhepause gebrauchen.

Die Sklaven schliefen alle in einem fensterlosen Raum im Erdgeschoss. Titus wurde ein Platz an der Außenwand zugewiesen, und er erhielt ein Kissen und einen aufgerollten Teppich, auf dem er sich niederlegen konnte.

»Willkommen in Jerusalem«, dröhnte Barnabas, als Titus den Schlafsaal verließ. »Die kleine Tür an der Südseite des Hofes führt zur Latrine. Die Tür gegenüber führt zum rituellen Bad. Verwechsle sie bloß nicht!«

»Muss ich jetzt lachen?«, murmelte Titus vor sich hin, während er seine Decke ausrollte und die persönlichen Sachen von Paulus und Barnabas einem Diener der Herberge übergab.

Dann kehrte er zum Schlafsaal zurück, rollte den Schlafteppich aus und legte sich nieder. Wie es seine Gewohnheit war, tastete er mit der Hand nach dem Medaillon, aber der Anhänger war verschwunden. Er stand auf, durchsuchte seine Kleider und schüttelte die kilikische Decke aus. Doch so sehr er auch danach suchte, er konnte das Medaillon nicht finden.

Schließlich legte sich Titus wieder hin, entmutigt und bedrückt. Tränen liefen über sein Gesicht. Das Medaillon war der einzige Gegenstand, den er noch von seiner Mutter besaß. Sie war als junge Frau aus ihrer griechischsprachigen Heimat nach Damaskus gebracht und an einen Kaufmann verkauft worden. Ihrem Sohn hatte sie nie erzählt, aus welcher Gegend sie genau stammte oder wer sein Vater war, aber sie hatte sorgsam darauf geachtet, dass Titus nicht Aramäisch lernte, die Sprache der Barbaren, wie sie sie nannte. Seit ihrem Tod fühlte sich Titus einsam. Er vermisste seine Mutter jeden Tag seines Lebens. Und nun hatte er auch noch den einzigen Gegenstand verloren, der ihn mit ihr verbunden hatte.

Als Titus wieder aufwachte, war es bereits Nacht. In der Nähe wurde gesungen, er hörte Barnabas' Gelächter aus dem Speiseraum und das Klappern von Gläsern und Geschirr. Titus stand auf und betrat den Hof. Der volle Mond stand direkt über ihm, mitten am Himmel.

Er fand die Küche, und die alte Köchin gab ihm einen Brotfladen und erklärte ihm, dass es nach einem traditionellen Rezept speziell für das Passafest gebacken worden war. Dann reichte sie ihm einen Becher Wasser, in dem Kräuter schwammen, und einen vollen Krug Wein.

»Betrink dich wie alle andern auch«, sagte sie. »Heute wird gefeiert.«

Das Brot hatte keinen Eigengeschmack, die Kräuter im Wasser schmeckten bitter, aber der Wein war süß und schwer. Die Köchin freute sich, dass er den Krug so schnell leerte und bot an, ihn aufzufüllen. Doch Titus lehnte ab und wankte zurück zu seinem Bett. Wieder griff er nach dem Medaillon um seinen Hals, und als er sich daran erinnerte, dass es verloren war, schlug er zornig mit der Faust gegen die Wand.

———

Die Sonne war schon lange untergegangen, doch der Boden war noch warm unter Talithas Füßen. Die gläubigen Judäer waren keineswegs die einzigen Bewohner Jerusalems, für die der erste Vollmond nach der Tag- und Nachtgleiche von religiöser Bedeutung war. Talithas Mutter hatte zu einer Gruppe von Frauen gehört, die sich jedes Jahr in dieser Nacht auf einer Anhöhe in der Nähe der Stadt trafen. Sie vollzogen ein Ritual, das ihnen von ihren Müttern übertragen worden war, die es wiederum von ihren Müttern gelernt hatten.

Jenseits der Stadtmauern reihte sich Talitha in eine Prozession von Frauen und Mädchen ein, die zu dem heiligen Ort aufbrachen. Das vertraute Ritual bestand aus einer festgelegten Abfolge von Danksagungen, Fürbitten, Gesängen und einem Rauchopfer. Am Ende sprach eine weiß gekleidete Priesterin den Segen aus für das kommende Jahr. Ohne diesen Segen würde der frühe und der späte Regen ausbleiben, würde die Saat nicht aufgehen, würden die Pflanzen unter der sengenden Sonne verdorren oder ein Unwetter die Ernte vernichten. Die Erdmutter, die aus freien Stücken Leben gab und Leben nahm, wollte um ihre Gunst gebeten werden.

Als sich die kleine Gemeinde wieder auf den Heimweg machte, blieb Talitha zurück.

»Bist du bereit?«, fragte eine alte Frau auf Aramäisch.

»Die Große Mutter, die Mutter aller Mütter, ist überall«, erwiderte Talitha den liturgischen Gruß, so wie es ihr die Mutter geboten hatte. »Ich bin bereit.«

Die alte Frau nahm Talitha bei der Hand und führte sie einen schmalen Pfad hinab ins Tal zu einer Stelle, an der eine Holzleiter an den Fels gelehnt war. Die alte Frau war eine der drei Matronen. Diese und drei junge Mütter würden Talitha in die Mysterien der Großen Mutter einführen. Die sechs Frauen kletterten die Leiter hinauf, Talitha folgte ihnen. Oben erwartete sie eine Felsterrasse vor einer natürlichen Grotte, etwa dreißig Fuß im Durchmesser. Als alle oben waren, wurde die Leiter von unsichtbarer Hand entfernt.

»Die Wächterinnen werden uns beschützen«, sagte eine der Frauen. In der Mitte des Platzes lag wie ein Altar ein großer, flacher Fels von ungewöhnlich dunkler Farbe. Die Frauen schichteten an beiden Enden des Felsens Holz auf und zündeten zwei kleine Feuer an. Eine Matrone nahm ihren Stab. Sie zog einen Kreis um die kleine Gruppe und den Felsaltar. Dabei sang sie:

> *Der Kreis ist geschlossen.*
> *Die Ahnen sind gerufen.*
> *Der Ring ist voller Licht.*

Nun begann die älteste Frau sich auszuziehen und sang: »Wie die Schlange aus ihrer Haut schlüpft …«

Die anderen erwiderten: »… so schlüpfen wir aus unserer Haut«, und sie zogen sich ebenfalls aus.

Die älteste Frau legte sich nun bäuchlings auf den Felsen. Sie streckte die Arme zur Seite, und spreizte die Beine leicht.

Die Frauen sangen:

> *Wenn der Mann ein Mädchen zeugt,*
> *Wird der Mann zur Frau.*
> *Wenn die Mutter einen Knaben gebiert,*
> *Wird die Frau zum Mann.*
> *Wenn Göttin und Gott sich vereinen,*
> *Wird der Tod überwunden.*

Die sanft singenden Stimmen erfüllten die Nacht. Die Frauen streichelten die runzeligen Hände der Matrone, massierten die Arme und Schultern und strichen liebevoll durch ihr Haar. Dann wurde sie sachte auf den Rücken gedreht.

> *Wie der Phoenix aus der Asche steigt,*
> *So erwacht Leben in uns.*

Talitha ließ ihre Finger über die faltige Haut an den Schenkeln der Greisin gleiten, berührte die unbehaarte Scham und die beiden erschlafften Brüste der alten Frau. Die Kraft und die Energie dieses Körpers waren verbraucht und doch wirkten sie weiter in den Kindern, die sie geboren hatte, so wie die Greisin selbst einst von einer Mutter empfangen worden war. Bald würde sich der Kreis schließen und im Tod würde alles wieder zu Wind, Wasser, Feuer und Erde werden, den Elementen, aus denen die Welt bestand. Talitha dachte daran, dass auch ihr eigener Körper einmal so aussehen würde – vorausgesetzt sie lebte lang genug.

Die Frauen öffneten einen kleinen Beutel, der mit rotem Staub gefüllt war. Sie mischten etwas Wasser hinzu, tauchten drei Finger in die Paste und malten Muster aus drei parallelen Linien überall auf den Körper der Matrone. Auf den Bauch zeichneten sie eine Spirale und sangen:

Drei sind eins. Und eins sind drei.
Knospe, Blume, Frucht.
Mädchen, Mutter, Matrone.
Glücklich die Frau, die den Weg nicht alleine geht.

Nach der Matrone legte sich eine der jungen Mütter auf den Felsaltar. Sie war schwanger und konnte nur auf dem Rücken liegen. Liebevoll strich Talitha über den runden Bauch. Mit ihren vollen Brüsten und runden Hüften erschien ihr die junge Frau vor Lebenskraft zu strotzen. Und plötzlich überkam Talitha tiefe Trauer. Sie brach in Tränen aus. Ihre Mutter war nur 28 Jahre alt geworden. Wie sehr hatte sie sich gewünscht, dabei zu sein, wenn ihre Tochter in die heiligen Mysterien eingeweiht wurde! Die Frauen nahmen Talitha in die Arme und hielten sie in ihrem Schmerz.

Zuletzt legte sich Talitha auf den heiligen Fels. Ihre kleinen Brüste berührten den warmen Stein, auf dem unzählige Frauen vor ihr gelegen hatten. Sie war nun verbunden mit der Erdmutter, aus der sie geboren war und zu der sie zurückkehren würde.

Als die Frauen sie auf den Rücken drehten, schloss Talitha die Augen. Sie fühlte sich schwerelos, so als schwebte sie wie eine Feder durch die Nacht. Unzählige Fingerspitzen glitten über ihren Körper, über Gesicht, Bauch, Zehen. Hände legten sich auf ihre festen Brüste, spielten mit ihren Ohrläppchen, Lippen liebkosten die Innenseite der Beine, wanderten aufwärts bis sie die pochende Scham berührten. Die Wärme aus dem Felsen floss durch ihren Körper, durch Kopf, Arme und Beine bis in die Spitzen ihrer Finger, Zehen, ihrer Haare. Aus der Wärme wurde Hitze, aus der Hitze wurde Feuer, das ihren jungen Körper von innen heraus erfasste. Talitha bebte und hielt den Atem an. Dann löste sie sich vom Fels, als würde ihr Körper in die Höhe gerissen berührten nur noch Schultern und Fersen den

Stein. Talitha gab sich dem Kuss der Großen Mutter hin, die alles Leben entstehen ließ. Und mit einem gewaltigen Schrei, der durch die Stille der Wüste brach, ein Schrei, von dem Talitha erst nach und nach verstand, dass er aus ihrem Munde gekommen war, ließ sie sich von der Feuersbrunst verzehren und hauchte ihre Seele aus, ohne zu wissen, ob sie je wieder in ihren Körper zurückkehren würde.

Die Frauen tanzten um den Felsaltar, küssten Talithas schweißbedeckten Köper und riefen immer wieder: »Die Große Mutter ist Mensch geworden«, und: »Sie lebt unter uns.«

Den Rest der Nacht, den folgenden Tag und die zweite Nacht verbrachte Talitha wie in Trance. Die Frauen wechselten sich ab und belehrten sie. Sie sprachen über Hymen, die Beschützerin der Jungfrauen. »Sende Hymen fort, wenn der Zeitpunkt gekommen ist. Die Göttin kehrt zurück, wenn du ein Mädchen zur Welt bringst.«

»Woran erkenne ich den rechten Zeitpunkt?«, fragte Talitha.

Die Frauen lachten. »Keine Sorge, du wirst schon wissen, wann es so weit ist.«

Sie sprachen mit Talitha über die körperliche Liebe. »Sei alles für deinen Mann«, sagten sie: »Jungfrau und erfahrene Liebhaberin, treue Ehefrau, Mutter, und Priesterin. Dein Körper ist der Tempel der Großen Göttin.«

Die Frauen ermunterten Talitha, ihre Mondtage bewusst und dankbar zu erleben: »Die Große Mutter in dir weint, weil sie nicht empfangen hat. Aber so wie Isis nach zweimal sieben Tagen den Mond füllt, so wird auch die Große Mutter deinen Körper jeden Monat erneuern. Jeden Monat wirst du den Kreislauf erleben, von Knospe zur Blüte zur Welke zum Tod, jeden Monat wirst du den Ablauf von Frühling, Sommer, Herbst und Winter erleben, dreizehn Mal im Jahr. Dein Zyklus bildet den innersten Kreis in der Spirale des Lebens.«

Die Frauen zeigten ihr, woran sie ihre fruchtbaren Tage erkannten: der Druck in der Brust, die leichte Schwellung der Scham, der klare und dehnbare Schleim, die seelische Leichtigkeit und Verspieltheit, und die Sehnsucht nach körperlicher Nähe. »Jede Frau ist anders. Jeder Körper spricht eine andere Sprache, du musst lernen zuzuhören. Die Große Mutter spricht in vielen Zungen.«

Sie ermutigten Talitha, sich auf eine Schwangerschaft zu freuen. Sie zeigten ihr Übungen, die sie auf die schwere Arbeit der Geburt vorbereiteten, und sie ließen nicht ab, bis Talitha die Übungen zu ihrer vollen Zufriedenheit ausführte.

Talitha legte ihr Ohr auf den Bauch der schwangeren Mutter und hörte den schnellen, zarten Herzschlag des Ungeborenen. Sie fühlte die sanften Bewegungen des werdenden Lebens. »Viele Frauen sterben während der Geburt. Geburt und Tod sind nahe Verwandte.«

Und dann ließen sie sie in die Hocke gehen und führten sie durch jede Phase der Geburt, sprachen von den Wehen, was zu tun ist, wenn das Wasser bricht, wie sie atmen, pressen und sich entspannen sollte. Sie sprachen darüber, wie wichtig Sauberkeit war, und brachten ihr das Lied bei, das sie singen sollte, wenn die Nabelschnur durchtrennt wurde:

Willkommen mein Leben,
Hauch des göttlichen Atems!

»Hab keine Angst«, flüsterte eine der alten Frauen in Talithas Ohr. »Eine Doulē, eine Dienerin, wird dich begleiten. Am Tag der Geburt wird dir die Große Mutter selbst erscheinen.«

Kephas hatte Barnabas und Paulus zum Abendessen zu sich nach Hause eingeladen. Sie sollten dort auch Jakobus, den Bruder Jesu, und einen gewissen Johannes, einen Schüler Jesu, treffen. So jedenfalls hatte man es Titus erklärt.

Paulus wollte einen guten Eindruck machen, und so waren, obwohl der Sabbat offiziell noch nicht zu Ende war, alle Diener damit beschäftigt, die beiden Herren für den Empfang vorzubereiten. Titus half Paulus ein heißes Bad zu nehmen, säuberte und schnitt ihm Finger- und Fußnägel und rieb seinen Rücken, die Schultern, Arme und Beine mit wohlriechendem Lavendelöl ein. Paulus und Barnabas legten weiße Obergewänder an, die noch nie zuvor getragen oder gewaschen worden waren und deren Säume kunstvoll mit einem Purpurfaden bestickt waren, so wie es die neueste Mode verlangte. Auch Paulus' neu erworbene Ledersandalen entsprachen dem gehobenen Geschmack, sie wurden mit dünnen, schwarzen Lederriemen geschnürt, die kunstvoll um Knöchel und Waden gewickelt waren. Als der Zeitpunkt kam aufzubrechen, sandten sie einen Sklaven voraus, der die Besucher ankündigen sollte, während sich Barnabas und Paulus in einer dafür gemieteten, reich verzierten Sänfte von dunkelhäutigen Nubiern zum Haus des Gastgebers tragen ließen. Titus ging hinter den Sänften her.

Als sie das Wohnhaus erreichten, standen die Tore weit offen, und Kephas, ein groß gewachsener, muskulöser Mann mit buschigem, vollem Haar, begrüßte sie herzlich. Er ging barfuß und trug ein Gewand aus grober, dunkler Wolle – das Gewand eines Sklaven, nicht das eines Herrn. Titus war verwirrt.

Kephas führte die Gäste in den Speiseraum. Jakobus und Johannes hatten auf den Liegen, die entlang der vom Gastgeber aus gesehen linken Wand aufgestellt waren, bereits Platz genommen. Die Liegen an der rechten Wand waren offenbar für Paulus und Barnabas vorgesehen. Jakobus und Johannes waren ebenfalls barfuß und trugen ähnlich einfache Kleider aus dunkler, grober Wolle.

»Das ist Titus, mein Diener«, sagte Paulus. »Ein Grieche aus Damaskus.«

Johannes nickte und sagte in perfektem Griechisch: »Bruder Titus, der Friede Gottes sei mit dir.«

Titus war überrascht, angesprochen zu werden. Sklaven wurden gewöhnlich gar nicht beachtet, und dann noch als Bruder angeredet zu werden war eigenartig.

»Gehörst du zu denen, die die Vorhaut nicht abschneiden?«, fragte Jakobus mit schwerem aramäischem Akzent. Er war ein kleiner, hagerer Mann mit einer kahlen Stelle am Hinterkopf. Eine lange, gekrümmte Nase gab seinem Gesicht ein wenn auch nicht besonders ansehnliches, so doch markantes Profil. Vom Alter her schätzte Titus ihn etwas jünger ein als Paulus.

Paulus, der sich an Titus' Schulter festhielt, forderte ihn durch energischen Druck auf zu antworten.

»Ja«, war alles, was Titus hervorbrachte. Wie konnte ihn jemand, den er noch nie zuvor getroffen hatte, über den Zustand seines Penis befragen?

»Ich wünsche dir Gesundheit«, antwortete Jakobus.

Paulus bat Titus, das Geschenk zu überreichen, das er mitgebracht hatte, eine kleine, kunstvoll geschnitzte Schatulle aus Olivenholz mit Einlagen aus Elfenbein und kleinen Rubinen.

»Wir bedanken uns.« Kephas nahm das Geschenk und erwiderte: »Alles, was wir im Gegenzug anbieten können, ist ein einfaches Mahl.«

Nun nahm Kephas, der Gastgeber, eine mit Wasser gefüllte Schüssel, die in der Mitte des Raumes stand, und kniete vor seinen Gästen auf dem Boden nieder. Er begann, den Männern die Füße zu waschen und trocken zu reiben. Als er Paulus erreichte, brauchte er eine Weile, bis er verstand, wie die neumodischen Sandalen geschnürt waren.

Barnabas und Paulus, mit ihren manikürten Finger- und Zehennägeln, ihren geölten Haaren und neuen Kleidern, bildeten einen schroffen Gegensatz zur Einfachheit der barfüßigen Gastgeber. »Reich trifft arm«, murmelte Titus verwirrt.

Kephas nahm nun auf der Liege des Gastgebers Platz und legte sich für das Mahl bequem nieder. Auch die anderen Männer zogen ihre Beine an und legten sich ebenfalls auf die Seite. Diener brachten kleine, niedrige Tische und stellten sie vor den Gästen auf.

Wie angekündigt, war die Mahlzeit sehr einfach. Trockene Brotfladen und Gemüsesuppe. Titus stand außerhalb des Speiseraumes an einer Stelle, die es ihm erlaubte, seinen Herrn im Auge zu behalten, ohne von den anderen Gästen gesehen zu werden. Beim Essen ging Barnabas Paulus ein wenig zur Hand, so dass dieser die Schüssel mit der Suppe und auch das Brot fand. Die Männer nahmen die Mahlzeit schweigend zu sich.

Nach dem Essen brachte ein Diener einen großen Kelch Rotwein. Kephas nahm den Kelch, hob ihn in die Höhe, segnete ihn auf Aramäisch und trank daraus. Er gab ihn an Jakobus weiter.

Paulus nahm den Kelch als Letzter. Nachdem er von dem Wein getrunken hatte, hob er den Kelch in die Höhe und betete auf Griechisch: »Dies ist der neue Bund in meinem Blut. Denkt an mich sooft ihr daraus trinkt.«

Dann eröffnete Kephas den offiziellen Teil des Treffens. Titus machte sich nützlich und trug den leeren Weinkelch in die Küche, um ihn auffüllen zu lassen. Er imitierte Jakobus' schweren Akzent und murmelte: »Gehörst du zu denen, die die Vorhaut nicht abschneiden?«

Hinter ihm antwortete eine vertraute Stimme: »Keineswegs!«
Erschrocken drehte sich Titus um und sah Justus von Palmyra vor sich. Offensichtlich war die Karawane aus Damaskus angekommen. Justus war ebenfalls barfuß, auch er trug ein einfaches, dunkles Gewand.

Titus senkte seinen Blick, um zu verbergen, wie peinlich ihm die Situation war.

»Auch ich bin ein Nachfolger Jesu«, sagte Justus. »Ich gehöre zur Gemeinde, die sich in Jakobus' Haus trifft.«

»Ihr tragt die Kleider eines Sklaven, mein Herr«, antwortete Titus und hielt seinen Blick weiter gesenkt.

»Die Armen von Jerusalem – so nennen wir uns – machen keinen Unterschied zwischen Herren und Sklaven. Wir sind alle Gottes Kinder.«

Titus begleitete Justus durch den Hof zurück zum Speiseraum und setzte den vollen Weinkelch vor Barnabas, der auch gleich einen kräftigen Schluck daraus trank. Dann nahm er wieder seinen Platz vor dem Eingang ein. Justus wurde von Kephas aufgefordert, sich neben ihn auf den Ehrenplatz zu legen.

Paulus dominierte die Unterhaltung, alle sprachen Aramäisch. Barnabas wirkte gelangweilt, leerte den Weinkelch und ließ ihn von Titus nachfüllen. Während einer Gesprächspause winkte Paulus. Titus half seinem Herrn, von der Liege aufzustehen, und begleitete ihn über den Hof zu den Latrinen.

Paulus strahlte vor Freude. »Ich weiß ja nicht, was Herodias für dich bezahlt hat. Aber du bist dein Gewicht in Gold wert! Diese Jerusalemer Idioten haben dich, einen Unbeschnittenen, als Nachfolger Christi akzeptiert!«

»Aber ich bin doch kein Nachfolger Christi!«, sagte Titus.

»Das wissen die aber nicht! Und was macht das schon? Diese Hohlköpfe versuchen den Geist Gottes zu verwalten. Gott lässt sich aber nicht verwalten!« Paulus betrat die Latrine, Titus wartete im Hof vor der angelehnten Tür. »Ich lass mich doch von den Wichtigtuern nicht beeindrucken! Die sind doch nichts Besonderes. Wen interessiert schon, wie nahe sie Jesus standen? Bruder, beste Freunde – ich scheiß drauf.«

Bevor Paulus sein weißes Gewand gerade zog, wusch er sich sorgfältig die Hände. Titus hatte ihm einen Reinigungsstein gereicht und goss Wasser aus einem bereitgestellten Krug über seine Finger. »Gott kennt kein Ansehen der Person«, sagte Paulus.

Als Titus seinen Herrn zum Speisezimmer zurückführte, stand Justus von Palmyra in der Mitte des Raumes und hielt eine Rede. Doch als Paulus eintrat, waren alle sofort still.

Paulus legte sich nicht hin, sondern setzte sich auf die Liege. Mit einem Wink sandte er Titus vor die Tür und sagte auf Griechisch: »Worum geht's?«, während seine trüben Augen Justus, der nun genau vor ihm stand, fixierten.

Die Unterhaltung wurde in Aramäisch fortgesetzt. Jakobus ergriff das Wort und gestikulierte wild mit den Händen. Paulus antwortete gelassen. Nach einer Weile rief Kephas Titus herein.

»Bruder Titus«, begann Kephas auf Griechisch. »Du hast deinen Herrn auf der Reise nach Jerusalem begleitet, nicht wahr?«

Titus fühlte sich enorm geschmeichelt. Wieder war er mit Namen angesprochen und als Bruder bezeichnet worden. »Ja, das habe ich.«

»Du warst also auch anwesend, als Zadoq Paulus zum Abendessen in Damaskus eingeladen hat. Richtig?«

»Wer ist Zadoq?«, fragte Titus.

»Justus von Palmyra«, antwortete Kephas. »Was hat Paulus gegessen?«

»Brotfladen. Olivenpaste.«

»Was noch?«

»Schweinefleisch.«

»Bist du dir sicher?«

»Ich bin mir sicher. Schweinelende. Es hat ihm gut geschmeckt.«

Barnabas holte tief Luft, und Titus befürchtete einen Wutausbruch, doch Paulus griff mit fester Hand hinter sich, hielt ihn zurück und sagte: »Konnte ich deiner Meinung nach, lieber Titus, wissen, was ich da auf dem Teller hatte?« Er sprach mit ausdrucksloser Stimme, nur seine Lippen bewegten sich, der Rest des Körpers war regungslos. Sein starrer Blick war immer noch auf Justus gerichtet.

»Nein, mein Herr. Ihr seid blind. Ihr konntet nicht wissen, was ihr da esst.«

»Justus!«, sagte Paulus. »Was habe ich gesagt, als ich von dem Gericht gekostet hatte?«

»Ich erinnere mich genau«, sagte Justus. »Deine Worte waren: Ein Kompliment an den Koch. So etwas habe ich noch nie gegessen.«

Paulus erhob sich und stand nun direkt vor Justus. Ohne sich umzudrehen sagte er mit seiner hohen Stimme: »Ich frage euch nun alle – was ist eurer Meinung nach verwerflicher? Schweinefleisch zu essen, ohne zu wissen, dass es Schweinefleisch ist? Oder ein Kind Israels vorsätzlich zu täuschen und es zu verleiten, das Gesetz zu brechen?« Paulus setzte sich.

»Hört euch doch bloß diese Stimme an!«, rief Justus, sichtlich aus dem Gleichgewicht gebracht. »Das erste Gebot, das Gott den Menschen nach der Schöpfung gab, lautete: Seid fruchtbar und mehret euch! Paulus hat die Stimme einer Frau! Er wird niemals ein Kind zeugen!«

Jakobus schmunzelte, und Barnabas lachte schallend, Kephas hob beide Arme, und alle verstummten. Justus verbeugte sich und verließ den Raum. Titus ging ebenfalls hinaus und nahm seinen alten Platz ein.

»Justus von Palmyra ist erst vor kurzem getauft worden«, sagte Jakobus zu Paulus in seinem starken Akzent. »Ich habe ihn selbst vor zwei Monaten beschnitten. Hier, in diesem Raum.«

Die Diskussion wurde auf Aramäisch fortgesetzt. Nach zwei Stunden standen die Männer auf, hoben die Arme, die Handflächen gegen den Himmel, und beteten. Jakobus sprach lange und mit viel Pathos. Und als er sein Gebet beendet hatte, gaben Kephas, Jakobus und Johannes, Barnabas und Paulus die Hand.

Wieder zurück in der Herberge, sprachen Barnabas und Paulus noch eine Weile unter vier Augen.

Paulus bestand auf einem eigenen Zimmer. »Morgen feiern wir die Auferstehung Jesu«, sagte er zu Titus. »Ich lass mir von Barnabas' Geschnarche nicht noch eine Nacht den Schlaf rauben. Ich brauche meine Ruhe.«

Titus führte seinen Herrn in sein neues Zimmer im ersten Stock. Paulus wollte, dass Titus in seiner Nähe schlief. Sobald Paulus versorgt war, rollte Titus den Schlafteppich in der Nische vor dem Eingang zur Schlafkammer seines Herrn aus, zog die kilikische Decke über den Kopf und schlief ein.

Die Sonne war längst untergegangen. Talitha und die Frauen, die den Tag im Schutz der Felsgrotte verbracht hatten, betraten wieder den heiligen Platz. Der Zeitpunkt war gekommen, das abschließende Ritual zu vollziehen.

Die Matronen ergriffen das Wort: »Wenn sich der nächste Kreis in der Spirale bildet und dein Mondblut endet, dann hört die Göttin auf zu weinen. Sie wird dich anschauen und ihr Angesicht wird leuchten über dir, und sie wird dich segnen und wohlwollend auf das Leben blicken, das du weitergegeben hast. Dann treten wir ein in den göttlichen Stand der Matronen, zusammen mit den Frauen, die bei der Geburt eines Kindes gestorben sind oder die niemals schwanger waren.«

»Und der Tod?«, fragte Talitha.

»Es gibt keinen Tod. Die Spirale des Lebens setzt sich fort. So wie ein Lied von einem Chor an den nächsten weitergegeben wird, so wird Leben auf den Flügeln der Frauen von einer Generation zur nächsten getragen.«

Am Ende wiederholten die Frauen, was Talitha bereits von ihrer Mutter gehört hatte: »Wenn dein letzter Tag kommt und geht, störe die Elemente nicht. Lass deinen Körper nicht verbrennen, um die Luft und das Feuer nicht zu verschmutzen, lass ihn nicht auf dem Meer bestatten, um das Wasser nicht zu verderben, und lass ihn nicht begraben, um die Erde nicht zu verunreinigen. Suche einen Tempel der Großen Mutter auf, sie wird dir den Weg nach Hause weisen.«

Die Frauen befahlen Talitha, sich auf den heiligen Fels zu legen. Der glatte, dunkle Stein war noch warm von der Wüstensonne. Talitha legte sich auf die Seite, nackt, die Augen geschlossen, ihren Kopf an die Brust gesenkt, die Beine angezogen, wie das ungeborene Kind oder der Leichnam, der auf die letzten Riten wartet.

Die Frauen salbten Talitha mit parfümiertem Öl und sangen die alten Lieder. So war es immer gewesen, und so würde es immer sein, dachte Talitha, wenn ein Mädchen die Zeit der Kindheit verlässt und in den gesegneten Stand des Frauseins und Mutterwerdens eintritt. Das letzte Lied, das die Frauen sangen, hatte nur zwei aramäische Worte, die ständig wiederholt wurden.

Talitha cum!

Talitha cum! –

Junge Frau, erhebe dich!

Und als sich Talitha vom Felsen erhob, war ihre Kindheit zu Ende, und ihr Leben als Frau hatte begonnen. Sie bekam ein einfaches, weißes Kleid, das Kleid der neu Gesegneten, und sie erhielt ihren rituellen Namen: Inanna.

»Nimm das hier«, sagte Barnabas und reichte Titus ein weißes Gewand. Sein Atem roch widerlich nach dem billigen Wein, den er am Abend zuvor bei Kephas getrunken hatte. »Und hol endlich deinen Herrn aus dem Bett. Der Sonnenaufgang wartet nicht, bis er seinen Rausch ausgeschlafen hat!« Er lachte lauthals.

Titus rieb sich die Augen und fragte sich, was denn so komisch war. Aber es brauchte nicht viel, um Barnabas zu erheitern, eine Tatsache, die insbesondere am frühen Morgen auf die Nerven ging. Als er Paulus' Schlafkammer betrat, fand Titus seinen Herrn angezogen auf dem Bett sitzend.

»Hat dir Barnabas das Gewand gegeben?«

»Ja, Herr.«

»Gut. Er wird dein Pate sein.«

»Mein Pate?« Titus erschrak. »Redet ihr von jenem schrecklichen judäischen Ritual, wenn …« – Titus konnte sich nicht überwinden zu sagen, wenn die Penisse verschnitten werden.

»Genau davon.« Paulus streckte beide Beine aus und wartete darauf, dass ihm Titus wie gewohnt die Sandalen schnürte. »Barnabas ist um meinen guten Ruf besorgt. Vor allem wenn ich reise. Er sagt, dass es nicht gut aussieht, wenn ich mit einem Diener reise, der nicht einer von uns ist.«

Titus band die zweite Sandale und half Paulus auf die Beine. Natürlich würde es Paulus bei seinen judäischen Geschäftspartnern und Kunden leichter haben, wenn sein persönlicher Diener Judäer wäre. Das war wohl auch der Grund gewesen, warum sich Justus von Palmyra hatte verschneiden lassen.

»Du weißt ja«, sagte Paulus, als wolle er Titus' schlimmste Befürchtungen bestätigen, »ich wäre viel überzeugender, wenn ich mit jemanden reisen würde, den ich bekehrt habe.«

»Aber ich weiß doch gar nichts über die judäische Religion.«

»Glaubst du, dass Gott gnädig ist?«, fragte Paulus.

»Ja, das glaube ich.«

»Das ist alles, was du zu wissen brauchst.«

»Aber habt ihr denn nicht viele Regeln in eurer Religion. Ich bin sicher, ich habe viele davon nicht beachtet.«

»Wenn du wirklich glaubst, dass Gott gnädig ist, dann hat die Sünde ihre Macht über dich verloren.«

Paulus legte seine Hand auf Titus' Schulter, so wie er es immer tat, wenn er erwartete, dass ihn sein Diener führte. Er wollte, Titus vorangehend, die steilen Treppen in den Hof hinuntersteigen, wo sich bereits einige Leute um ein offenes Feuer versammelt hatten.

Titus war entsetzt. Er musste seinen Herrn den schrecklichen Plan ausreden, bevor sie die unterste Stufe erreicht hatten. Mit ruhiger Stimme sagte er: »Ich hatte gehofft, dass dieses Ritual nur an Kleinkindern vollzogen wird.«

»Oh nein«, sagte Paulus und nahm die ersten beiden Stufen. »Wir nehmen viel mehr Erwachsene in unsere Gemeinschaft auf als Kinder. Andererseits ist ein jeder, der sich bekehrt, noch ein Kleinkind in Bezug auf den Glauben. So gesehen feiern wir das Ritual immer mit Kindern, mit geistlichen Kindern nämlich.«

»So habe ich das nicht gemeint«, stieß Titus schnell hervor.

Aber Paulus nahm schon die nächsten zwei Stufen. »Das Ritual erinnert uns an das neue Leben, das in Christus beginnt. So wie kleine Kinder von der Gunst ihrer Eltern abhängig sind, so sind auch wir abhängig von der Gnade Gottes. So wie Jesus von Nazareth durch den Vater vom Tod zum Leben erweckt wurde, so wirst auch du für die Welt sterben und neu geboren werden. Denn wenn wir mit Jesus sterben, so werden wir auch mit Christus auferweckt.«

»Wie eine Wiedergeburt?«, fragte Titus.

»Du verstehst schnell.« Paulus blieb stehen, wandte sich um und lächelte. »Ich hab gleich erkannt, dass du kein Dummkopf bist.« Titus war verzweifelt. Vielleicht könnten sie ja nur so tun. Hatte Paulus nicht selbst gesagt, dass sich Gott nicht verwalten lässt und dass es nur darum geht, was die Leute über einen denken, nicht darum, wie man wirklich ist? Wer würde schon die Wahrheit erfahren? Titus hatte ja nicht vor, seinen Penis im Gottesdienst zu zeigen.

»Findet das Ritual im Verborgenen statt?«, fragte Titus.

»Im Gegenteil! Alle sind eingeladen. Es ist wie eine Hochzeit. Du kannst deiner Braut tausendmal die Treue schwören, aber wenn du es nicht vor Zeugen machst, gilt die Ehe nicht. Hab ich Recht?«

»Wer wird kommen?«

»Barnabas' Freunde und Verwandte, die Nachbarn, die Diener dieser Herberge, sofern sie Nachfolger Christi sind.«

»Werden alle zusehen?«

»Natürlich. Sie sollen ja vor der Welt bezeugen, dass du einer von uns geworden bist.«

»Kommen auch Frauen?«

»Selbstverständlich. So wie ein Körper viele Glieder hat, so sind wir alle eins in Christus: Hebräer und Griechen, Freie und Sklaven, Männer und Frauen, alle werden dabei sein.«

»Und was macht mein Pate?«

»Er wird assistieren.«

»Aktiv?«

»Wie denn sonst?«

»Barnabas hat gestern viel getrunken. Könnte man das Ritual nicht an einem anderen Tag vollziehen?«

Paulus und Titus hatten nun die letzte Stufe erreicht. Paulus wandte sich an seinen Diener: »Titus, gerne würde ich dich besser vorbereiten, aber wir haben keine Zeit. Der Herrentag nach dem Passahfest ist traditionell der Tag, an dem wir neue Glieder in die Gemeinde aufnehmen.«

»Glieder aufnehmen«, murmelte Titus vor sich hin. »Die nehmen das wörtlich.«

»Barnabas weiß genau, was er tut. Besonders Frauen lassen sich gerne von ihm in die Mysterien Christi einweihen.«

»Frauen?«, fragte Titus verwundert. »Wie soll das denn gehen?«

»Soll ich es dir in allen Einzelheiten beschreiben?«

»Nicht unbedingt.«

»Gut. Dann lass uns nicht noch mehr Zeit vergeuden. Die Brüder und Schwestern warten schon auf uns. Vergiss nicht, dein weißes Gewand mitzunehmen, für alles andere ist gesorgt.«

Titus gab auf.

Viele waren gekommen. Titus war überrascht, als er unter den Anwesenden auch Justus von Palmyra entdeckte, der am Abend zuvor gegen Paulus intrigiert hatte. Er hatte die nabatäische Sklavin, Talitha, mitgebracht.

Die Liturgie bestand aus einer Reihe von Gebeten und Wechselgesängen. An einer Stelle während des Gottesdienstes wurde eine Geschichte auf Hebräisch vorgelesen, die dann von einem Sklaven auf Aramäisch übersetzt wurde und schließlich von einem anderen ins Griechische.

Die Geschichte handelte von einem General Naeman aus Damaskus, der an Lepra erkrankt war. Er kam mit einem Sendbrief seines Herrn, des Königs von Damaskus, nach Judäa und bat den König von Judäa, ihn zu heilen. Der General hatte nämlich von einem Propheten gehört, der unheilbar Kranke gesund gemacht hatte. Der König von Judäa aber war entsetzt. Er witterte eine Falle.

»Bin ich vielleicht Gott?«, protestierte er. »Gott alleine ist der Herr über Leben und Tod. Der Syrer ist nur gekommen, um einen Krieg zu provozieren!« Als der Prophet Elisa aber von der Ankunft des Syrers hörte, ließ er dem König von Judäa ausrichten, man möge den Feldherrn zu ihm bringen.

Der Übersetzer trug die Geschichte mit einem starken judäischen Akzent vor, und Titus musste lachen, als er die Reaktion des Feldherrn auf die Anweisung des Propheten, sich siebenmal im Jordan zu waschen, hörte: »Sind Abana und Pharphar, die Flüsse von Damaskus, nicht besser als alles Wasser in Israel zusammengenommen!«

Titus konnte den Unmut des Feldherrn gut nachvollziehen. Judäa war nichts anderes als eine abtrünnige syrische Provinz!

Nun stand Barnabas auf: »Liebe Brüder und Schwestern. Heute nehmen wir Paulus' Diener, Titus von Damaskus, in die Gemeinschaft der Gläubigen auf.« – Weiter kam er nicht, denn plötzlich rannte Justus von Palmyra auf Titus, die Haare zerrauft, das Gesicht rot angelaufen und die Hände zu Fäusten geballt. »Wie ein Ochs wird er zum Schlachthaus geführt, er ahnt nicht, dass er dort sterben wird.« Justus packte Titus an den Schultern. »Du bringst ewiges Unheil über dich!«

Titus fühlte Panik in sich aufsteigen. Was wollte ihm Justus sagen? Von all den Männern, die Titus kannte, wusste Justus von Palmyra wohl am besten, wovon er sprach. Hatte ihn Jakobus nicht erst vor kurzem verschnitten?

Barnabas zeigte mit dem Finger auf das Hoftor und brüllte: »Raus!«

Titus fühlte den Boden unter seinen Füßen schwanken.

Justus stand zunächst da wie angewurzelt, dann ließ er Titus' Schultern los, schüttelte den Staub von den bloßen Füßen und ging gemächlich und ohne ein weiteres Wort zu sagen über den Hof und hinaus auf die Straße. Talitha aber blieb zurück.

Sobald Justus außer Sicht war, nahmen Barnabas und Paulus Titus in ihre Mitte und hakten sich ein, so als wollten sie vermeiden, dass ihnen ihre wertvolle Beute im letzten Moment entwischte. Sie führten ihn über den Hof zum Raum mit dem rituellen Bad. Zwei Fackeln erhellten die Kammer. Auf einer Seite war ein Becken, etwa sechs Fuß lang und ebenso breit. Fünf steile Stufen führten hinunter in das klare Wasser.

»Zieh dich aus«, sagte Paulus.

Titus schlüpfte aus seinem Gewand.

»Zieh dich ganz aus«, sagte Barnabas und grinste. »Dein blinder Herr verspricht, dass er nicht guckt.«

Auch Paulus legte sein Gewand ab, ließ sich von Barnabas zum Beckenrand führen und kletterte unbekleidet die Stufen ins Wasser hinab. »Komm, es ist alles bereit«, sagte er zu Titus.

Wollten ihn die beiden Männer zuerst waschen? Titus hielt sich am Beckenrand und stieg ins Wasser. Es fühlte sich angenehm an, weder zu kalt noch zu warm.

Paulus streckte seine Arme aus. »Ich taufe dich jetzt.« Er packte Titus an den Haaren und zog seinen Kopf nach unten, bis er ganz unter der Wasseroberfläche war. Titus konnte sich nicht überwinden, die Augen unter Wasser zu öffnen, um vielleicht zu sehen, wie Paulus' verschnittener Penis aussah.

Paulus zog Titus' Kopf wieder nach oben. »Im Namen Jesu, der der Christus ist …«. Wieder drückte er Titus unter die Wasseroberfläche. »Du bist mein Sohn, an dem ich Wohlgefallen gefunden habe …«, und zum dritten Male wurde Titus untergetaucht. »Gott, der die Sonne scheinen lässt über Gerechte und Ungerechte, segne dich. Amen.«

»Aaa-men«, wiederholte Barnabas mit donnernder Stimme.

Paulus kletterte als erster aus dem Becken. Barnabas trocknete ihn mit einem Tuch ab und half ihm in seine Kleider. Titus wartete einen Moment, doch als er keine weiteren Anweisungen erhielt, stieg er ebenfalls hinaus und trocknete sich ab.

»Zieh dein weißes Gewand an, das Kleid des neu Geweihten. Du bist jetzt ein vollwertiges Glied am Körper Christi«, verkündete Paulus mit salbungsvollem Ton.

»Was?«, fragte Titus verwirrt. »War das alles?«.

»Dies ist nicht das Ende, Titus.« Paulus wartete einen Moment. »Dies ist der Anfang deines Weges mit dem Herrn. Und vergiss nicht: Gott ist gnädig!«

»Gott ist wahrhaft gnädig!«, rief Titus so laut er konnte, zog sich an und rannte mit ausgestreckten Armen in den Hof. Immer und immer wiederholte er erleichtert: »Gott ist gnädig! Gott ist wahrhaftig gnädig!«

Die etwa zwanzig Leute im Hof antworteten mit »Halleluja« und »Hosianna«. Alle nahmen Titus in den Arm und küssten ihn auf den Mund, Herren wie Sklaven, die Männer wie die Frauen.

Als ihn Talitha küsste, nahm er einen Hauch von parfümiertem Öl wahr.

»Unser erster Kuss«, flüsterte Talitha, als sie ihn umarmte.

»Du siehst müde aus«, sagte er.

»Müde aber glücklich«, antwortete sie und sah ihm dabei in die Augen.

Die alte Köchin kümmerte sich um das offene Feuer und verteilte kleine Fische auf den heißen Steinen, die die Feuerstelle begrenzten.

Die Brotfladen waren bereits gebacken und lagen auf Holzgittern, um abzukühlen.

Als die ersten Sonnenstrahlen den Morgenhimmel erleuchteten, begann die kleine Gruppe zu tanzen und zu rufen: »Er ist auferstanden! Er ist wahrhaftig auferstanden!«

Plötzlich brach Barnabas in ein gewaltiges Lachen aus.

»Er lacht den Teufel aus und den Tod. Tod wo ist dein Stachel, Hölle, wo ist dein Sieg?«, sagte Paulus zu Titus. »Satanas auslachen, das ist Barnabas' Gabe von Gott.«

»Und was ist eure Gabe, mein Herr?«, fragte Titus.

»Enthaltsamkeit«, antwortete Paulus ohne zu zögern. »Barnabas könnte nicht leben, ohne gelegentlich bei seiner Frau zu liegen.«

Dann nahm Paulus einen Brotfladen, brach ihn in kleine Stücke und gab Titus davon. »Wenn wir nach dem Essen den ersten Becher Wein trinken, dann denken wir an den Tod Jesu. Aber heute feiern wir seine Auferstehung. Heute vor vierzehn Jahren hat Gott Jesus von Nazareth von den Toten auferweckt.«

Titus fragte sich, wie ein Mann, der so gebildet war wie Paulus, einen solchen Unsinn glauben konnte.

»Jesus ist auf dem Lande aufgewachsen, nicht in der Stadt«, sagte Paulus. »Genau wie David. Titus, schau dir die Stadtmauern von Jerusalem an! Sie sind gebaut worden, weil Gott der Herr den Hirtenjungen David zum König gesalbt hat. Warum sollte ein zum Tode verurteilter Verbrecher aus Nazareth nicht die ganze Welt erlösen können?«

»Oder ein blinder Kaufmann aus Damaskus«, murmelte Titus.

»Ich danke dir«, antwortete Paulus und sofort bereute Titus seine Bemerkung. Er hatte sie nicht ernst gemeint.

»Gott hat mich berufen, um die Welt zu erlösen«, stellte Paulus fest.

»Du bist der erste Mensch, der das verstanden hat.«

Kurz darauf rief Barnabas Titus zu sich. Nun, da er sein Pate war, fühlte Barnabas sich verantwortlich, Titus seinen neuen Glauben zu erklären. Er brachte ihm ein aramäisches Gebet bei, das Jesus seinen Schülern beigebracht hatte.

Talitha hatte erwartet, dass ihr Herr nach dem Vorfall bei der Tauffeier des Titus Paulus und Barnabas in Zukunft aus dem Weg gehen würde. Zu ihrer Überraschung befahl ihr Justus aber bereits am
Nachmittag, ihn zur syrischen Herberge zu begleiten, in der die beiden übernachteten.

Paulus saß alleine im Innenhof, als sie eintrafen.

»Ich möchte meinen Dank dafür aussprechen, dass ihr Talitha sicher
nach Jerusalem gebracht habt«, sagte Justus. »Ich bin hier, um meine
Schuld zu bezahlen.«

»Behalte dein Geld«, antwortete Paulus mit seiner Fistelstimme.

Justus verbeugte sich. »Ich würde es vorziehen, keine Schulden bei
dir zu haben. Wenn du mein Geld nicht willst, überlasse ich dir Talitha für ein paar Tage. Sie könnte in der Küche aushelfen.«

»Wenn du darauf bestehst«, lenkte Paulus ein.

Talitha blickte enttäuscht zu Boden. Sie hatte vorgehabt, ihrer Mutter die letzte Ehre zu erweisen. Stattdessen würde sie die nächsten
Tage wohl damit verbringen, in einem Haushalt zu arbeiten, in dem
sie nicht wirklich gebraucht wurde.

In diesem Augenblick kamen Barnabas und Titus durch das Tor.
Und als Talitha Titus sah – groß, stark, unbeschwert – und dieser sie
anlachte, gaben ihre Knie plötzlich nach, und sie musste sich an Justus festhalten. Wie in jener Nacht auf dem Boot fühlte sie ein Krib-
beln im Bauch. Was hatte die Große Mutter gemeint, als sie flüsterte:
›Das ist dein Mann‹?

»Schau mal, wer da ist!«, dröhnte jetzt Barnabas. »Justus, ein reicher
Mann, der Spaß daran hat, sich nachts als Sklave zu verkleiden und
Diener zu spielen. Du Hyäne, geh zurück in den Dreck der Wüste,
aus dem du gekrochen bist! Friss deine Kadaver, aber lass die in Ruhe,
die das Leben lieben! Wie konntest du nur die heiligste aller heiligen
Handlungen heute Morgen so stören!« Er packte Justus am Arm.

Talitha konnte sich nicht im Zaum halten. »Wie kannst du einen
Bürger von Palmyra in aller Öffentlichkeit beleidigen?«, schrie sie
Barnabas an. »Kein Mensch darf ihn ungestraft anfassen!«

»Sie ist beherzt, die Kleine. Das muss ich ihr lassen«, kommentierte
Barnabas diesen Ausbruch, ohne seinen Blick von Justus abzuwenden. »Ich mag das bei Frauen.«

Justus spannte die Kiefermuskeln an, und durch die Zähne presste er hervor: »Wie könnt ihr euch Kinder Abrahams nennen und eure Söhne nicht beschneiden?« Er riss sich von Barnabas los.

»Wir beschneiden unsere Söhne«, widersprach Barnabas.

»Und heute Morgen? Titus ist nicht beschnitten.«

»Wir beschneiden Jungen am achten Tag nach der Geburt, wie es das Gesetz verlangt. Wenn aber ein erwachsener Mann der Gemeinde Israels beitreten will, dann bestehen wir nicht auf Beschneidung. Unsere Väter und unserer Väter Väter haben das schon so praktiziert.«

»Kein Prophet hat das Gesetz auf diese Weise ausgelegt!«, schnaubte Justus.

»Und was lehrt der Prophet Jeremiah?«, mischte sich nun Paulus ein, zitierte einen hebräischen Satz und übersetzte ihn: »Jeremiah sagt, ›Entfernt die Vorhaut von euren verhärteten Herzen, ihr Leute von Juda und ihr Bewohner von Jerusalem, sonst wird euch mein Zorn wie Feuer verbrennen!‹«

Barnabas packte Justus wieder an seinem Gewand und zog ihn zu sich heran. »Was meinst du ist wichtiger? Ein Herz nach Gottes Willen oder eine Tätowierung auf dem Pimmel? Hä?!«

»Beschneidung ist keine Tätowierung«, widersprach Justus und riss sich wieder los.

»Wenn Beschneidung nötig ist, um das Seelenheil zu erlangen, warum hat uns Moses dann nicht befohlen, unsere Frauen zu beschneiden?«, fragte Paulus. »Beschneidung eines harten Herzens ist gefordert, nicht die Beschneidung eines harten Penis.«

Talitha lachte spöttisch.

»Was ist daran so komisch, Kleine?«, schnaubte Barnabas.

»Wenn ihr Judäer euch über Religion streitet, dann …«, Talitha zögerte.

»Sprich weiter«, befahl ihr Justus.

»Dann redet ihr immer von euren Geschlechtsteilen. Ich finde das komisch.«

Sobald Justus gegangen war, versuchte sich Talitha nützlich zu machen und meldete sich in der Küche. Als die alte Köchin, die am

Morgen die Fische gegrillt und das Fladenbrot gebacken hatte, hörte, dass Talithas Mutter vor wenigen Tagen gestorben war, nahm sie sie in ihre Arme und sagte: »Das beste Mittel gegen Traurigkeit ist, Liebeslieder zu singen.«

Und so sangen sie Liebeslieder, während sie das Abendessen für die Herrschaft vorbereiteten.

Einmal nahm die Köchin Talithas Hände und tanzte mit ihr durch die Küche, während sie gemeinsam sangen:

Wie ein Blitz hat es mich getroffen,
Mein Herz schlägt wild,
Meine Knie werden weich …

Talitha warf ihren Kopf zurück und mit dramatischer Geste strich sie ihr Haar von der Stirne. Die Köchin übernahm und sang mit tiefer Stimme:

Deine Augen sind rot, rot deine Wangen,
Du leidest an einem Fieber oder …

»Oder?«, wiederholte Talitha. Dann gab sie das Zeichen, und die beiden Frauen sangen den Rest des Refrains zweistimmig:

Oder du bist verliebt!

Sie lachten und fielen sich in die Arme.

»Kennst du das Gefühl, verliebt zu sein?«, fragte die alte Frau.

»Ich weiß nicht«, antwortete Talitha. »Vielleicht.«

»Man fühlt es im Bauch, unterhalb des Herzens, unterhalb des Magens, direkt unter dem Nabel.«

Talitha nickte. Genau so hatte sie sich gefühlt, als sie Titus am Nachmittag wiedergesehen hatte. Das Gefühl saß im Bauch. Unterhalb des Herzens.

Die Köchin strahlte. »Die Göttin Atagartis hat dich erwischt. Du hast den Vater deiner künftigen Kinder gesehen. Es passiert nur einmal im Leben. Lass dir die Gelegenheit nicht entgehen.«

»Atagartis aus Syrien?«

»Die Syrische Göttin. Sie ist in deinen Körper geschlüpft. Sie hat ihren Geliebten Haddad wiedergefunden. Sie wird dafür sorgen, dass es dir an nichts mangelt. Gehe zu ihm heute Nacht. Zögere nicht. Du wirst sein Kind unter deinem Herzen tragen, und an deinem Busen wirst du es nähren.«

Talitha war verwirrt. Im Herzen fühlte sie, dass die alte Frau recht hatte. Hatten die Frauen sie in der Grotte nicht auf diesen Augenblick vorbereitet? Hatten sie nicht gesagt, dass der nächste Schritt auf dem von der Großen Göttin bestimmten Weg darin bestand, einen Liebhaber zu finden und schwanger zu werden? Talitha hatte nicht gedacht, dass sie die Entscheidung so bald würde treffen müssen.

»Ich werde auf dich warten«, sagte die Köchin. »Selbst wenn ich die ganze Nacht aufbleiben muss.«

Talitha biss sich in die Unterlippe. Was sollte sie tun?

»Wer ist es denn?«, fragte die alte Frau.

»Titus«, flüsterte Talitha.

»Titus?« Die Köchin war überrascht. »So ein alter Mann!«

Paulus sandte die Diener der Herberge fort und bestand darauf, dass Titus ihn an diesem Abend versorgte. Titus half Paulus beim Ausziehen, er rollte den Schlafteppich auf dem hölzernen Bettgestell aus und deckte Paulus zu, wie er es unzählige Male für seinen früheren Herrn getan hatte.

»Weißt du, warum sie Justus Zadoq nennen?«, fragte ihn Paulus.

Titus schüttelte den Kopf.

»Es ist das hebräische Wort für ›der Gerechte‹, lateinisch ›justus‹.«

»Und warum hat er sich euch dann nicht so vorgestellt, mein Herr? Er weiß doch, dass ihr Hebräisch sprecht.«

»Weil er mich behandelt wie einen Ungläubigen. Hebräisch ist die Sprache Gottes. Ungläubige wie ich beleidigen Gott, wenn sie Hebräisch sprechen.« Paulus schloss die Augen. »Die Frage, ob man erwachsene Männer beschneiden muss oder nicht, spaltet unsere Gemeinden. Nicht, dass wir uns jemals über irgendwas einig gewesen wären ...« Paulus lächelte. »Aber darüber streiten sich die Gläubigen nun schon seit hunderten von Jahren. Das Gesetz des Mose ist in diesem Punkt unklar, wir sind auf unsere eigenen Auslegungen angewiesen.«

Titus schloss den Vorhang, der vor dem Eingang zu Paulus' Schlafzimmer hing. Müde legte er sich auf seinen Schlafteppich und zog die kilikische Decke über die Schultern. Anders als in Damaskus wurde es in Jerusalem kalt, sobald die Sonne unterging.

Der Mond tauchte den Innenhof in sein silbrig-blaues Licht. Titus ließ die Ereignisse des Tages noch einmal an sich vorüberziehen: Die Angst und die Erleichterung der Tauffeier, der Kuss des nabatäischen Sklavenmädchens, Paulus' Ausführungen zu Zadoq. Er schloss die Augen und flüsterte das aramäische Gebet, das ihm Barnabas beigebracht hatte. Nach jeder Zeile wiederholte er die Übersetzung, die er erhalten hatte:

Vater.

Dein Name ist heilig.

Dein Königreich kommt.

Dein Wille geschieht.

Gib uns zu essen!

Vergib uns!

Versuche uns nicht!

Bewahre uns vor dem Unglück!

Amen.

Titus wachte auf. Er hörte Schritte. Jemand schlich barfuß an sein Bett.

»Ich bin es, Talitha.«

Das Mädchen schlüpfte zu ihm unter die Decke. Er lauschte sorgfältig, in Paulus' Schlafkammer war es ruhig.

Talitha schmiegte sich an Titus und legte ihren Kopf auf seine Schulter. Sie spielte mit den Haaren auf seiner Brust.

Titus berührte ihre Wangen. Warum wohl hatte Justus sein Sklavenmädchen gesandt? Sollte sie Paulus ausspionieren, indem sie mit seinem persönlichen Diener ins Bett ging? Und wie oft und bei wie viel Männern hatte die Kleine das wohl schon machen müssen?

»Du könntest meine Tochter sein«, sagte Titus.

»Ist es vielleicht meine Schuld, dass du so ein alter Mann bist?« Sie kicherte. Ihre schlanken, warmen Finger glitten von der Brust hinunter über den Bauch.

»Was machst du da?«, fragte er.

»Hast du Angst, dass uns dein Herr erwischt? Was hast du schon von einem blinden, alten Mann zu befürchten?«

Und zum zweiten Mal an diesem Tag küsste sie ihn auf den Mund.

Als Talitha in die Küche kam, wartete dort die alte Köchin auf sie. Die Nacht war kalt und Talitha fror so, dass sie zitterte. Sie setzte sich auf einen Hocker und sagte: »Ich habe nicht damit gerechnet, dass du tatsächlich wach bleibst.«

»In einer Nacht wie dieser? Wie könnte ich da schlafen!« Die Alte legte eine Decke über Talithas Schultern und stellte einen Becher Wein vor sie auf den Tisch. Dann verließ sie die Küche und weckte die anderen Dienerinnen, um das freudige Ereignis gebührend zu feiern.

Talitha probierte von dem Wein. Sie dachte wieder an die Nacht auf dem Boot, an die Wärme, die durch ihren Körper geströmt war. Die Große Göttin irrte sich nie. Titus war ihr Mann und würde der Vater ihrer Kinder werden.

Es hatte nicht viel gebraucht, Titus zu erregen. Doch als er entdeckte dass sie noch Jungfrau war, zögerte er, und sie musste ihn beherzt auffordern. Er legte sie auf den Rücken und sang leise Liebeslieder in ihr Ohr, auch ein Wiegenlied, das sie noch nicht kannte. Die Worte, die die Matrone in der Felsgrotte zu ihr gesprochen hatte, wurden wahr: Sende Hymen fort, wenn der Zeitpunkt gekommen ist, und keine Sorge, du wirst schon wissen, wann es so weit ist. Er war sehr sanft mit ihr gewesen, hatte gewartet bis sie nicht mehr warten konnte. Er hatte sich auf den Rücken gedreht, und als Titus unter ihr lag, sie an den Hüften festhielt, blickte sie auf und sah wie der Vorhang vor der Schlafkammer zur Seite geschoben wurde. Paulus starrte sie an, doch hielt sie seinem Blick stand. Die Wogen der Lust hatten sie erfasst, bedrängten sie, trugen sie, doch erst als die größte Welle sie nach oben riss und dann unter ihr zusammenbrach, schloss sie die Augen. Titus presste eine Hand gegen ihren Mund, ein vergeblicher Versuch, den Schrei der Großen Syrischen Göttin zu unterdrücken. Atagartis und Haddad waren wieder eins, sie hatten die Körper der Liebenden zum Erbeben gebracht. Talitha hatte Titus in ihrem Bauch gefühlt, direkt unter dem Nabel, genau wie es die alte Frau beschrieben hatte. Als sie die Augen wieder öffnete, war Paulus verschwunden und der Vorhang geschlossen.

Die treue Köchin kehrte mit zwei verschlafenen Frauen zurück. Sie spielte die Rolle, die Talithas Mutter wohl übernommen hätte, und schenkte Wein aus, verteilte Mandelkuchen und mit Honig gesüßtes Gebäck, um die Nacht zu feiern, in der Talitha zum ersten Mal die Vermählung der Großen Göttin mit ihrem himmlischen Gatten erfahren hatte.

Am nächsten Morgen war Paulus abweisend und kühl. Er sprach kein Wort mit Titus und starrte schweigend vor sich auf den Boden. Barnabas dagegen redete ohne Unterlass, was Titus viel mehr störte. Als das Frühstück gebracht wurde, warme Milch und frisch gebackenes Fladenbrot, tauchte Barnabas ein großes Stück Brot in die Milch und stopfte es sich in den Mund. »Gestern Abend hat Paulus versprochen, in Zukunft nur noch Gemeinden zu besuchen, die sich zur Vorhaut bekennen.« Barnabas grinste triumphierend. »Er hat versprochen, sich von Gemeinden fernzuhalten, die sich an der judäischen Praxis orientieren. Um die will sich Kephas kümmern. Außerdem hat er sich breitschlagen lassen, sich an einer Spendenaktion zugunsten der Armen unter den Frommen von Jerusalem zu beteiligen.« Er lachte aus vollem Hals und spuckte dabei milchige Brotkrümel auf den Boden.

Titus fragte sich, was daran so lustig war.

»Gebt Geld! Gebt Geld!«, rief Paulus laut und warf seine Hände so plötzlich in die Höhe, dass Barnabas das Lachen im Halse stecken blieb und Titus einen Großteil der Milch, die er Paulus gerade reichen wollte, verschüttete.

»Ich werde euch zeigen, wie's gemacht wird.« Paulus stand auf, reckte seine geballten Fäuste gegen den Himmel und rief: »Kephas, warte nur bis du die Riesensummen siehst, die ich eintreiben werde! Leid wird es dir tun, dass du mich so schändlich behandelt hast!«

»Die Armen von Jerusalem?«, fragte Titus, als sich Paulus wieder hingesetzt hatte und erneut schweigend vor sich hin starrte. Justus hatte denselben Ausdruck benutzt.

»Die Armen unter den Frommen von Jerusalem. So nennen sich Jakobus und die Gruppe gesetzestreuer Judäer, die er um sich sammelt«, antwortete Barnabas mit vollem Mund. »Sie haben all ihr Hab und Gut verschenkt und leben jetzt von Spenden.«

»Mir wäre lieber, sie wären reich«, sagte Paulus. »Oder würden ihren Unterhalt mit ihrer Hände Arbeit verdienen. Männer ohne Verantwortung werden faul, gehen von Haus zu Haus, um sich durchfüttern zu lassen, fangen an, Gerüchte in die Welt zusetzen ...« Er trank von der Milch, die Titus ihm nun gab, spuckte sie aus und beklagte sich: »Lauwarm.« Dann kehrte er Titus seinen Rücken zu und wandte sich an Barnabas. »Ich hatte letzte Nacht einen Traum. Morgen breche ich nach Antiochien auf. Kommst du mit?«

»Du und deine verrückten Träume!«, maulte Barnabas. »Wann wirst du endlich erwachsen und planst deine Geschäftsreisen wie ein Geschäftsmann?«

Titus lief in die Küche, um heißere Milch zu holen. Talitha saß auf einem Hocker und schälte Kaktusfrüchte. Sie trug ein schwarzes Kopftuch.

»Warum versteckst du deine Haare?«, fragte Titus.

»Alle sollen sehen, dass ich nicht mehr zu haben bin. Ich bin jetzt verheiratet.«

»Verheiratet?«, wunderte sich Titus. »Wer ist denn der Unglückliche?«

»Du natürlich.«

Fast hätte Titus den Becher Milch erneut verschüttet. Dann murmelte er: »Eine Liebesnacht macht noch keinen Ehemann.«

Talitha ignorierte die Bemerkung und zog das Kopftuch tief ins Gesicht. »Begleite mich zur letzten Ruhestätte meiner Mutter. Es gehört sich nicht, dass sich eine verheiratete Frau ohne ihren Mann in der Öffentlichkeit zeigt. Bring deine Decke mit!«

Am Nachmittag trafen sich Titus und Talitha außerhalb des Damaskus-Tors. Sie hatte ein Pferd aus Justus' Stall geborgt und drückte Titus die Zügel in die Hand. Er warf die kilikische Decke auf den Rücken des Tieres und schwang sich darauf. Talitha ergriff seine ausgestreckte Hand und ließ sich nach oben ziehen. Sie schlang ihre Arme um ihn, drückte ihre Wange gegen seinen Rücken und sagte: »Oh Titus, die große Liebe meines Lebens und der Vater meiner ungeborenen Kinder.«

Titus dachte an die vergangene Nacht. Er hörte Talithas Stimme wieder, fühlte ihre Lippen, roch ihre Haare, schmeckte ihren Schweiß. Er wusste nicht, wohin der Ausritt ging, und es war ihm auch nicht wichtig. Das war das Leben, das ihm, eingesperrt hinter den Mauern von Damaskus, entgangen war, worüber die Dichter seit Menschengedenken ihre Verse schrieben und wovon der Kapitän so oft erzählt hatte: Ein Mann, der sich in eine schöne Frau verliebt, die bereit und willig ist, sich ihm hinzugeben. Plötzlich waren die Farben bunter, die Sonnenstrahlen wärmer, das Herz leichter und die Luft klarer.

Titus wollte den Göttern danken. Doch wie? Nun, da er getauft worden war, wollte er den Herrn Israels preisen. Oder sollte er zu dem Christus des Paulus beten?

Sie ritten nach Norden und dann ein kurzes Stück nach Westen. Talitha führte ihn zu einer Felsformation, die wie eine Mauer gerade in den Himmel stieg. Sie sprang vom Pferd und lief auf die Felsen zu, während Titus die Zügel an einem Baum festband. Als Titus sich wieder umdrehte, war Talitha verschwunden.

Er ging auf den Felsen zu. Ein Bach hatte sich einen schmalen Weg durch den harten Stein geschnitten, gerade breit genug für eine Person. Titus zog die Sandalen aus und watete durch das seichte, kühle Wasser, bis sich die enge Schlucht nach zahlreichen Windungen zu einem weiten, runden Platz öffnete. Dort wartete Talitha auf ihn.

In der Mitte des Platzes, umgeben von tiefgrünen Büschen, stand ein Tempel. Eine riesige, geflügelte Figur, halb Mensch und halb Adler, war auf die Wand gemalt. Aus einer Öffnung im Fels floss Wasser in ein künstliches Becken und von dort in den Bach.

»Ahura Mazda«, sagte Talitha und zeigte auf die Wandmalerei.

Titus war mit der Gottheit aus dem Osten vertraut, Ahura Mazda, der ungeschaffene Schöpfer des Universums.

Sie wuschen ihre Füße im Becken und betraten das Heiligtum. In der Mitte des Raumes stand ein muschelförmiges Gefäß aus Ton, das mit Asche gefüllt war. Daneben flackerte eine Öllampe.

Talitha nahm ein Stückchen Holz und holte aus dem Beutel unter ihrem Kleid einen kleinen Brocken Weihrauchharz. Sie ging zur Muschel, zündete das Holz an der Öllampe an und legte es in die Schale. Dann zerrieb sie den Weihrauch und streute die Krümel in die Flamme. Kleine Schwaden von weißem Rauch stiegen auf und schwebten durch eine Öffnung in der Decke ins Freie.

»Diese Flamme brennt seit der Erschaffung der Welt«, sagte sie und begann ein Lied zu singen. Ihre Stimme klang hell und klar. »Ein Gebet«, erklärte sie. »Ich habe es von meiner Mutter gelernt. Es ist in der Sprache der Großen Göttin.«

»Die Sprache Gottes?«

»Von allen Völkern haben nur die Perser die Sprache der Großen Göttin, der Mutter aller Mütter, bewahrt.«

Titus dachte an Barnabas, der ihm unbedingt das Gebet auf Aramäisch beibringen musste, der Sprache Jesu. Und er dachte an Justus von Palmyra, der sich weigerte, einem Ungläubigen seinen hebräischen Namen zu nennen, weil Hebräisch die Sprache Gottes war und nicht missbraucht werden durfte. Und er dachte an Paulus, der offensichtlich in allen Sprachen Gott verehren konnte.

»Wer ist das?« Titus zeigte auf eine Zeichnung, die auf den Felsen gemalt war. Sie stellte ein mythisches Wesen dar, ein Löwe auf zwei Beinen, halb Mensch und halb Tier.

»Ahriman, das Böse, Satanas«, antwortete Talitha ohne zu zögern.

Titus dachte an sein Gespräch mit Paulus während der Tauffeier.

»Paulus glaubt an Satanas«, murmelte er.

»Ahura Mazda bekämpft ihn Tag und Nacht. Satanas ist der Herr des Totenreiches.«

Ein Geier saß am Rand der Felsklippe, starrte sie von oben herab an, und hüpfte unruhig von einem Bein auf das andere. Der Anblick bereitete Titus Unbehagen und Schauer liefen über seinen Rücken. Er ging zurück zum Eingang des Tempels, nahm einen Stein und wollte nach dem Vogel werfen, doch Talitha hielt seinen Arm zurück. Sie segnete den Geier, und der Vogel flog davon.

»Meine Mutter wurde nicht beerdigt. Ein Grab verunreinigt die Erde und das Wasser. Schau!« Talitha zeigte nach oben auf eine Plattform aus Stöcken, die in der Form eines Gitters zusammengebunden waren und eine Felsspalte überbrückten. »Dort hat der Priester meine Mutter zur letzten Ruhe gelegt.«

»Und?«, fragte Titus.

»Die Vögel kommen und verzehren das Fleisch, bis nur noch die

Knochen übrig sind. Die Knochen fallen dann durch das Gitter in die Schlucht.«

Auf dem Rückweg nach Jerusalem trieb Titus das Pferd so sehr an, dass Talitha gezwungen war, sich fest an ihn zu klammern, um nicht vom Rücken des Tieres zu fallen.

Als er ihnen und dem Pferd eine Pause gönnte, fragte sie ihn: »Hast du je am Gottesdienst im Tempel des Haddad teilgenommen?«

»Wie kann man in Damaskus wohnen und nicht dem Gott von Damaskus seine Reverenz erweisen? Sein Tempel erstreckt sich über die halbe Stadt.«

»Atagartis, die Frau des Haddad, wohnt in Hierapolis am Euphrat. Ich habe ihren Palast gesehen. Ihre Statue ist aus purem Gold. Im Vergleich dazu sieht Haddads Haus wie eine billige Absteige aus.«

Titus zuckte nur mit den Schultern und machte sich für den Aufbruch bereit.

»Atagartis wohnt im Herzen jeder Frau. Ihr Altar steht auf einer Insel«, rief Talitha über seine Schulter, während sie beide Arme fest um Titus' Körper schlang. »Man muss sich nackt ausziehen und hinüberschwimmen. Wie die Fische im Wasser oder die Vögel im Himmel wird sich Atagartis niemandem unterwerfen! Sie hat ihren Mann fest im Griff.«

Sobald sich Paulus zur Ruhe begeben hatte, legte sich auch Titus hin. Er wachte auf, als Talitha an seiner Decke zupfte. Sie schlüpfte neben ihn. Er betrachtete ihren schlanken Körper, die kleinen Brüste, die langen, schwarzen Haare, und ihre samtene, dunkle Haut. Welch Ironie! Er musste nach Jerusalem reisen, um eine nabatäische Schönheit zu erobern!

»Du wirst mir schrecklich fehlen«, flüsterte sie in sein Ohr. »Mein Herr hat mir einen wichtigen Brief anvertraut. Die Karawane bricht morgen schon nach Palmyra auf.«

»Paulus und Barnabas wollen nach Antiochien.«

»Du und ich, wir werden uns wiedersehen«, flüsterte Talitha. »In dieser Welt oder der nächsten. Die Große Mutter hat es uns verheißen.«

Und wieder küsste sie ihn auf den Mund.

Bosra

An Galater (Gal 1,15-17)

Als es aber Gott gefiel, der mich schon vor meiner Geburt ausge-
sucht und in seiner Güte zum Apostel berufen hatte, offenbarte
er mir seinen Sohn und befahl mir, ihn unter den Kindern Israels
außerhalb Judäas zu verkünden. Ich wollte mich nicht von Fleisch
und Blut belehren lassen und ging deshalb nicht nach Jerusalem zu
denen, die schon vor mir Apostel waren, sondern zog nach Arabien
und kehrte später zurück nach Damaskus ...

Aprilis 21 = Nisan 20, fünfter Tag der Woche

Vier Tage später erreichte die Karawane die arabische Stadt Bosra,
die nördliche Hauptstadt der Nabatäer. Talitha hatte bei ihrem Leben schwören müssen, den Brief, den Justus ihr mitgegeben hatte,
nur seiner Ehefrau Anrum zu zeigen. Sie trug den versiegelten Papyrus zusammen mit Titus' Medaillon in ihrem Lederbeutel um den
Hals, unter ihrem Kleid.
Die mächtige Stadtmauer von Bosra war aus schwarzem Felsgestein
gebaut, die Straßen waren mit schwarzen Steinen gepflastert, auch
die Häuser waren schwarz und wirkten bedrohlich. Die Karawane
schlug ihr Lager im weiträumigen Hof eines Geschäftspartners von
Justus auf. Olivenöl aus Jerusalem wurde gegen Salzblöcke getauscht,
die in Palmyra verkauft werden sollten. Talitha erhielt den Auftrag,
fünf Seidengewänder an einen Textilhändler auszuliefern. Sie trug
ein Kopftuch und ein Kleid, das bis zu den Knöcheln reichte, die
gebotene Kleidung für eine verheiratete nabatäische Frau.
Der Markt in Bosra erstreckte sich über zwei Ebenen. Die Textilhändler hatten auf der unteren Ebene ihre Verkaufsstände. Die Luft hier
war feucht, und das schwache Licht der Öllampen brachte die Farben
der ausgestellten Stoffe nicht gebührend zur Geltung. Während der
Ladenbesitzer die Lieferung annahm und auf einer Tonscherbe quit-
tierte, blieb Talithas Blick an einem Stapel bunter kilikischer Decken
hängen. Unweigerlich musste sie an Titus denken und seufzte.

»Der Tarsus-Laden musste schließen«, sagte der Ladenbesitzer, der sie beobachtet hatte. »Er gehörte einem gewissen Paulus aus Damaskus, einem Judäer. Aber als König Aretas gegen Judäa in den Krieg zog, wurden alle judäischen Händler verjagt.« Er zeigte auf die kilikischen Decken und grinste. »Ich habe sie sehr günstig erstanden.«

Talitha zweifelte nicht daran.

Cäsarea

An Korinther (2 Kor 11,23-25)

Sie nennen sich Diener Christi? Ich mache mich jetzt zum Clown für euch: Ich bin ein besserer Diener Christi. Ich habe schwerer gearbeitet, war öfter im Gefängnis, bin unzählige Male verprügelt worden und fast daran gestorben. Fünf Mal bin ich von Judäern öffentlich ausgepeitscht worden, drei Mal haben sie mich mit Stöcken geschlagen und einmal sogar gesteinigt! Drei Mal habe ich Schiffbruch erlitten, einmal habe ich einen Tag und eine Nacht auf dem offenen Meer getrieben ...

Aprilis 22 = Nisan 21, sechster Tag der Woche

Als das Schiff endlich das offene Wasser erreichte und die Hafenanlage von Cäsarea am Horizont verschwand, schlug Titus' Herz höher. Dieses Schiff war 120 Fuß lang und damit fünf Mal größer als das Boot auf dem See von Galiläa. Aufgeregt wie ein kleiner Junge stieg er über Passagiere, Gepäck, Decken und Proviant. Ein kleiner Vorbau am Heck diente als Toilette, nur ein dünner Vorhang schützte vor den Blicken der Mitreisenden. Ob Paulus damit zurechtkam?

»Was meint unser Schiffsbauexperte zu unserem Boot?«, fragte Paulus, als Titus von seinem Erkundungsgang zurückkehrte.

»Der Rumpf ist solide gebaut. Doppelte Planken, beide Wände sind mit Nut und Feder ineinandergefügt. Und zwischen den Lagen ist mit Pech getränktes Tuch eingearbeitet. Ihr solltet es euch ansehen!«

»Das würde ich ja gerne tun, aber...« Paulus zeigte auf seine Augen. Barnabas hielt sich den Bauch vor Lachen und Titus lachte pflichtschuldig mit.

Das Schiff folgte der Küste, und als die Sonne unterging, ließ der Kapitän in einer geschützten Bucht den Anker werfen. Die Nacht war kühl und die Sterne strahlten hell, als die Mannschaft heißes Wasser an die Passagiere verteilte, das mit Honig gesüßt war. Titus wickelte sich in seine Decke, zog sie bis unter das Kinn und schloss die Augen. Eine schwache Dünung hob und senkte sanft das Schiff, und Titus stellte sich vor, dass er schwerelos durch die Luft schwebte.

»Wenn ich auf einem Schiff bin, bin ich unzufrieden«, sagte Paulus zu Barnabas. »Ich kann nichts tun, um schneller oder langsamer voranzukommen. Das Schiff erreicht den Hafen ohne mein Zutun. Vieles im Leben ist mit Warten verbunden, warten wie ein blinder Mann auf einem Boot.«

Titus öffnete die Augen und beobachtete Paulus, der seinen Becher mit Honigwasser hob und mit Barnabas anstieß, als wäre es Wein.

»Ein Reisender bekommt vielerlei Ratschläge«, sprach Paulus weiter. »Er muss aber seine eigenen Erfahrungen machen und seine eigenen Schlüsse ziehen. Erst wenn er am Reiseziel angekommen ist, falls er es überhaupt erreicht, wird er wissen, wer ihn gut beraten und wer ihn betrogen hat.«

Titus musste an seinen letzten Herrn, den Kapitän, denken. Er hatte auch gerne über das Reisen philosophiert. Wie die meisten Herren hatte der Kapitän mit großer Hingabe seine Sklaven geprügelt und sie beim kleinsten Vergehen oder auch ohne ersichtlichen Grund schwer bestraft. Einmal hatte er Titus drei Tage lang ohne Essen und Trinken in eine kleine Kammer gesperrt. Als sein Herr gebrechlich, schwach und taub wurde, fütterte, wusch und versorgte Titus ihn mit Hingabe. Es war seine Art gewesen, Rache zu nehmen: Der alte Mann, der ihn so lange Jahre misshandelt hatte, war nun völlig von ihm abhängig.

Ein Matrose kam und schenkte Paulus und Barnabas nach. »Reisen ist anfangs eine Übung im Zuhören«, sagte Paulus. »Aber dann kommt der Tag, an dem du reden und andere führen musst, der Tag, an dem du Verantwortung übernehmen und auf dem Kurs bestehen musst, weil dir klar wird, dass du mehr Erfahrung hast als die anderen.«

»Wenn du reist«, sagte Barnabas, »denke dir nicht aus, was du als Nächstes essen oder in was für einem Bett du schlafen wirst. Reisende müssen essen, was andere für sie kochen, und sie schlafen auf Betten, die andere für sie gerichtet haben. Freu dich am Überfluss, sei geduldig in der Not.«

»Reisen ist ein Übung in Demut«, fuhr Paulus fort als wäre es ein

Wettbewerb. »Du musst Leute, die du nicht magst, um Gefallen bitten.« Er nahm einen weiteren Schluck.

»Die Weisheit eines Weltreisenden«, sagte Barnabas. Dann nahm er Paulus' Finger in seine kräftigen Hände und wärmte sie.

Palmyra

An Korinther (1 Kor 12,1-2)

Liebe Brüder und Schwestern, ich möchte euch über die Macht der Geister nicht im Unklaren lassen. Ihr wisst ja, wie sie euch bewegt und in die Irre geführt haben, als ihr noch die stummen Götter verehrtet ...

Aprilis 28 = Nisan 27, vierter Tag der Woche

Talitha genoss die trockene Luft der Wüste. Die Nachmittagssonne, die gnadenlos auf die Karawane herunterbrannte, machte ihr nichts aus. Als die ersten Bestattungstürme von Palmyra am Horizont auftauchten, schienen die Kamele neue Kraft zu schöpfen, und die Männer, die seit Bosra kaum miteinander gesprochen hatten und stumm neben den Tieren hergestapft waren, wurden laut und geschwätzig. Die Karawane erreichte Palmyra, als die Sonne gerade hinter den Bergen verschwand. Die Luft kühlte schnell ab, bald erhoben sich die eisigen Nachtwinde und wirbelten kleine Säulen aus Sand durch die Straßen der Stadt. Talitha, staubig und schmutzig von der Reise, stieg von ihrem Pferd und lief sofort zu den Gemächern der Frauen.

Anrum, Justus' Ehefrau, stand mit dem Rücken zum Eingang.

Talitha kniete nieder und senkte den Kopf. »Ich bringe dir einen Brief von deinem Mann. Ich musste bei meinem Leben schwören, ihn niemandem außer dir zu zeigen.«

Anrum drehte sich um und betrachtete Talithas langes Kleid und das Kopftuch. »Als Jungfrau hast du Palmyra verlassen«, knurrte sie, »und als Hure kehrst du zurück.« Sie riss den Brief aus Talithas Fingern, brach das Siegel und las. Die Haut auf ihren Wangen spannte sich. »Weißt du, was das hier ist?«

Talitha schüttelte den Kopf.

»Er bietet mir die Scheidung an.«

Talitha verbeugte sich, bis sie den Boden mit der Stirn berührte. Sie wartete darauf, dass Anrum sie gehen ließ. Die Knie schmerzten auf dem harten Boden, und ihr Rücken tat weh vom langen Ritt. Doch

Anrum sagte nichts. Schließlich hob Talitha den Kopf.

»Bist du schwanger?«, fragte Anrum und sah ihr in die Augen.

»Ich weiß es noch nicht«, antwortete Talitha.

Anrum stampfte mit einem Bein auf. »Meine Mutter hat mich Anrum genannt zu Ehren der Babylonischen Mutter aller Mütter. Und ich habe nie ein Kind empfangen. Kannst du dir vorstellen, was es heißt, wenn du dein ganzes Leben lang versuchst, schwanger zu werden? Und dann kommt ein Mädchen, die nur ein einziges Mal mit einem Mann schläft und nicht tausende Male wie ich, und sie wird schwanger?«

Wieder verbeugte sich Talitha, bis ihre Stirn den Boden berührte. Sie empfand Mitleid mit Anrum.

»Als Justus das letzte Mal aus Jerusalem zurückkam, konnte ich seine Lust fühlen, aber er wollte sich nicht zu mir legen. Nicht die erste Nacht und nicht die zweite Nacht.«

Talithas Rücken tat schrecklich weh. Aber sie wagte es nicht, sich aufzurichten.

»Also dachte ich, dass er eine andere Frau hat. Jede Frau würde das denken, nicht wahr? Antworte!«

»Ja«, sagte Talitha. »Jede Frau hätte das gedacht.«

»Falsch!«, rief Anrum. »Ich kann es mit jeder anderen Frau aufnehmen! Es gibt nichts, was eine andere hat, das ich nicht anbieten könnte! Aber ich habe nicht mit Fleisch und Blut zu kämpfen, meine Konkurrenz sind die Götter! Verstehst du, was ich sage?«

»Nein. Ich verstehe es nicht«, bekannte Talitha.

»Ich verstehe es auch nicht!« Anrum fasste Talithas Kinn und zwang sie aufzusehen. »Nach einer Woche sorgte ich dafür, dass er sich maßlos betrank, und zerrte ihn ins Bett.« Sie machte eine Pause. »Welche menschenverachtende Religion zwingt einen erwachsenen Mann, seinen Penis verschneiden zu lassen?«

Talitha sah Zorn, Entsetzen und Verzweiflung in Anrums Augen.

»Die Wunde war entzündet. Rote Ränder, blaue Druckstellen, gelber Eiter. Wir haben es trotzdem versucht. Aber wie konnte ich? Mit jedem Stoß rammte er seinen judäischen Speer direkt in Anrums Herz!«

Wieder war Talitha überwältigt von Mitleid für Justus' Frau.

»In jener Nacht bin ich schreiend davongelaufen. Wir haben seither nicht miteinander gesprochen. Und jetzt sendet er dich. Und du weißt noch nicht, ob du schwanger bist!« Anrum machte dem Eunuchen, der die Gemächer der Frauen bewachte, ein Zeichen und rief: »Wirf sie hinaus in die Dunkelheit! Dort soll sie heulen und vor Kälte mit den Zähnen klappern! Von einem nabatäischen Sklavenmädchen lässt sich Anrum nicht demütigen! Mögen sich die Dämonen der Wüste an dieser Hure vergnügen!«

Talitha rief: »Aber Justus ist nicht der Vater!«

Ein harter Schlag des Eunuchen brachte Talitha zum Schweigen. Er packte sie an den Haaren und schleifte sie durch die Schlafkammer und den Hof bis auf die Straße.

Die rohe Kraft des Sturmes traf Talitha mit voller Wucht, als sie versuchte aufzustehen. Endlich war sie mühsam auf die Beine gekommen, da traf sie ein ausgedorrter Strauch, der wie ein Ball durch die Luft flog, auf die Brust, und sie verlor erneut das Gleichgewicht. Vom Wind getrieben taumelte sie die Straße entlang, hinaus in die mondlose Wüstennacht. Wohin sie auch blickte, bewegten sich Schatten, Palmyras Dämonen tanzten um sie herum.

»Ich darf nicht sterben!«, schrie sie. »Ich trage neues Leben unter meinem Herzen!«

Plötzlich gab der Boden unter ihren Füßen nach, ihr linkes Bein versank im Sand, und als sie versuchte, es herauszuziehen, brach auch ihr rechtes Bein ein. Sie griff nach dem Ledertäschlein mit Titus' Medaillon und drückte es fest an ihre Brust. Einen Augenblick später hatte der Sand sie verschlungen.

Antiochien

An Galater (Gal 2,11-12)

Als Kephas nach Antiochien kam, habe ich ihn in aller Öffentlichkeit zur Rede gestellt, weil er im Unrecht war. Bevor nämlich Leute aus der Gemeinde des Jakobus auftauchten, hatte er mit denen gegessen, die die mosaischen Speisevorschriften nicht einhalten ...

Aprilis 29 = Nisan 28, fünfter Tag der Woche

Die untergehende Sonne färbte die massiven steinernen Hafenanlagen von Seleukia in dunkle Rottöne. Paulus und Barnabas heuerten einen Fuhrmann an, der sie in seinem Pferdewagen die letzten Meilen nach Antiochien brachte. Barnabas übernachtete bei Verwandten, Paulus aber zog es vor, sich in einer Herberge einzumieten, die von einem Bekannten aus Damaskus geführt wurde.

Als Titus am nächsten Morgen aufwachte, war Paulus bereits angezogen. Ohne weitere Erklärung nahm er seinen Stock, legte seine Hand auf Titus' Schulter und schob ihn durch die Tür auf die Straße.

»Ohne Frühstück?«, fragte Titus. Er war hungrig, doch sein Herr reagierte nicht.

Auf dem Weg den Hügel hinab zum Forum, stolperte Paulus über einen Stein und seine Hand rutschte von Titus' Schulter. »Du Idiot!«, schnaubte er und schlug Titus mit dem Stock auf den Rücken. »Willst du mich umbringen?«

Als Paulus seine Hand wieder auf Titus' Schulter legte, zitterte sie und fühlte sich feucht an. Paulus war nervös.

Trotz der frühen Stunde war der Markplatz bereits mit Leuten gefüllt. Paulus dirigierte Titus zu einem bestimmten Tuchladen. Die Wände des dunklen, kühlen Verkaufsraumes waren vom Boden bis zur Decke mit Regalen ausgestattet, in denen die Ware lag.

Paulus prüfte eine Decke mit den Fingern. »Ziegenhaar«, sagte er laut. »Mittelmäßige Qualität, rau, kratzt, würde ich keinem Esel zumuten.«

Der beleibte Ladenbesitzer wandte sich um und rief erfreut: »Willkommen Paulus!«

»Schalom, Alexander.«

Die beiden Männer umarmten sich und küssten sich auf die Wangen. Paulus kam sofort zur Sache. »Du schuldest mir hundert Decken.«

»Der Winter war lang und kalt«, erwiderte Alexander. »Die Nachfrage nach den Decken war größer als gewöhnlich. Ich habe alle verkauft.«

»Wir hatten eine Abmachung«, sagte Paulus. »Wir haben letztes Jahr einen Preis ausgehandelt, und ich habe im Voraus bezahlt. Du hast versprochen, die Ware zu liefern.«

Das Lächeln auf Alexanders Gesicht verschwand. »Bitte, mein lieber Bruder …«

»Den ›lieben Bruder‹ kannst du dir schenken«, fauchte ihn Paulus an. Seine kalten Finger krallten sich fest in Titus' Schulter.

»Ich war immer aufrichtig mit dir«, sagte Alexander. »Bei Gott …«

Paulus ließ Titus los und hob beide Hände in die Höhe. »Kein Grund zum Schwören, Alexander. Zwischen Ehrenmännern ist ein Ja ein Ja und ein Nein ein Nein. Du hast mein Geld genommen. Du hast mir dein Wort gegeben, nun halte es auch!«

»Zum ausgehandelten Preis kann ich nicht liefern«, entgegnete Alexander. »Der Einkaufspreis für kilikische Decken hat sich verdreifacht. Ich wäre ruiniert.«

»Wir haben einen Vertrag.« Paulus zog eine kleine Papyrusrolle aus dem Ärmel seines Gewandes und öffnete sie. »Unterschrieben von dir und mir vor Zeugen.«

Alexander schwieg lange. Als er wieder aufsah, sagte er mit einem unbeholfenen Lächeln: »Was soll ich deiner Meinung nach denn tun? Ich habe Kinder, Frau, Sklaven, und alle wollen versorgt werden.« Dann legte er die Hände auf seinen runden Bauch. »Und ich möchte auch nicht verhungern.«

»Auch ich habe eine Familie und Sklaven zu versorgen.«

»Willst du, dass ich auf die Straße gehe und bettle?«, empörte sich Alexander. »Würde es dich glücklich machen, deinen Bruder als Bettler vor einem griechischen Tempel zu sehen?«

Paulus' Hand, die wieder auf Titus' Schulter lag, zitterte.

Auf Alexanders Stirn formten sich Schweißperlen. »Du und deine neumodische Religion! Ihr Nachfolger Christi redet groß von Liebe. Liebet eure Feinde! Liebe deinen Nächsten! Liebe dies und liebe das! Und was ist mit: Liebe deinen Bruder? Ist es Liebe, wenn du deine eigenen Verwandten ruinierst?«

»Liebe ist Liebe, und Geschäft ist Geschäft«, antwortete Paulus bissig, kehrte Alexander den Rücken zu, schob Titus vor sich durch den Ausgang und verließ den Laden.

Alexander folgte ihnen und rief über den geschäftigen Marktplatz hinweg: »Und Familie ist Familie!«

Paulus eilte die Straße zur Herberge hinauf und schob Titus vor sich her. Als sie zu dem Stein kamen, über den Paulus auf dem Hinweg gestolpert war, vermied ihn Paulus geschickt.

»Aha!«, murmelte Titus vor sich hin, »Ärger erhöht das Sehvermögen.«

Paulus, der das offensichtlich gehört hatte, gab ihm einen Schlag auf den Hinterkopf. »Ich lasse mich von niemandem zum Clown machen! Keiner übervorteilt einen Geschäftsmann aus Damaskus!«

»Niemand übervorteilt einen Geschäftsmann aus Damaskus«, wiederholte Titus pflichtbewusst. Dann fragte er: »Ist Alexander wirklich euer Bruder?«

Paulus ließ ihn los und warf die Arme in die Höhe. »Ich habe keinen Bruder. Der Herr hat mich schon genug gestraft mit einer alten Jungfer, die ich versorgen muss! Mein halbes Leben verbringe ich damit, ihr hungriges Maul zu stopfen. Oh Herr, warum hast du mir das Leben so schwer gemacht!«

»Aber eure Schwester hat euch lieb«, sagte Titus.

»Herodias hält mich für einen religiösen Fanatiker. Niemand hat mich lieb.« Eine Katze lief über die Straße, und Paulus verpasste ihr einen Tritt.

»Barnabas hat euch lieb«, sagte Titus.

»Barnabas? Ja, das stimmt. Er ist mein einziger Freund.«

Am folgenden Morgen traf Kephas mit seiner Frau in Antiochien ein. Sie wohnten bei einer wohlhabenden Witwe, einem Mitglied der griechischen Synagoge. Die Witwe lud Paulus und Barnabas zum Abendessen ein.

Zu Titus' großer Erleichterung verlief die Mahlzeit ohne Zwischenfälle. Die Gastgeberin schien die Gesellschaft der berühmten Männer zu genießen und zeigte vornehme Zurückhaltung gegenüber Barnabas, der sich maßlos betrank und dessen unanständige Witze und lautes Lachen den anderen Gästen auf die Nerven gingen.

Als Titus seinem Herrn später beim Zubettgehen zur Hand ging, machte Paulus eine Reihe bissiger Bemerkungen. »Kephas lässt sich von reichen Frauen aushalten. Ich aber, ein blinder alter Mann, ich lebe von meiner Hände Arbeit.«

Titus schwieg, aber Paulus fragte weiter: »Und was hältst du von Kephas' Frau?«

»Sie hat den ganzen Abend kein Wort gesprochen«, antwortete Titus.

»Eben. Nicht ein Wort.«

»Vielleicht spricht sie kein Griechisch. Ich meine, sie ist ja die Frau eines einfachen Fischers.«

»Um Himmels willen«, rief Paulus, »Antiochien ist eine der modernsten Städte der Welt! Wie soll so eine Landpomeranze aus Galiläa die Damen von Antiochien beeindrucken? Sie sprechen alle mindestens drei Sprachen, lesen Bücher, führen eigene Geschäfte, ziehen sich gepflegt an, und bei Gott, nirgends auf der Welt gibt es so viele schöne Frauen wie hier! Vergiss nicht, ich war nicht immer blind.«

Die Sätze kamen gedämpft aus dem Nachthemd, das Titus Paulus überstreifte.

»Danke«, sagte Paulus und zog das Hemd gerade. »Die Frauen von Antiochien brauchen ein Vorbild. Kephas' Frau ist eine Beleidigung für jede gebildete Frau. Ich wette, sie trägt ein Kopftuch zu jeder Tages- und Nachtzeit!«

Sie hatte tatsächlich ihr Kopftuch nie abgenommen.

»Hast du zugehört, als Kephas die Geschichte von der Heilung seiner Schwiegermutter erzählte?«

»Ja«, bestätigte Titus. Die Geschichte hatte ihn beeindruckt. An dem Tag, an dem er Jesus von Nazareth zum ersten Mal begegnet war, lud Kephas den Propheten zu sich nach Hause ein. Aber seine Frau war nicht da und seine Schwiegermutter war krank. Wer würde für den Gast kochen? Jesus berührte Kephas' Schwiegermutter und die

Frau war auf der Stelle gesund, ging in die Küche und kochte für die Männer.

»Nicht einmal diese Geschichte hat Kephas seine Frau erzählen lassen. Denk doch mal! Es geht hier um ihre eigene Mutter! Und sie lässt ihren Mann reden!« Paulus schüttelte den Kopf. »Was für ein jämmerliches Schauspiel! Kein Ehemann kann seine Schwiegermutter leiden!«

Titus konnte sich viele gute Gründe vorstellen, warum ein Mann seine Schwiegermutter gut leiden konnte. »Vielleicht ist sie eine gute Köchin«, schlug er vor.

»Das muss es sein!«, rief Paulus mit gespielter Begeisterung. »Wenn du den wilden Geschichten eines Fischers glauben darfst, dann war die Schwiegermutter todkrank. Aber sie springt dem Tod noch einmal von der Schippe, und was macht sie? Sie verschwindet in die Küche und kocht! Zeig mir die Frau in Antiochien, die für ihren Haushalt kocht! Dafür hat man Sklaven!« Wieder schüttelte Paulus den Kopf. »Was für ein Vorbild ist das?«

Antiochien war berühmt für eine leicht parfümierte Seife aus Olivenöl, die der Haut einen samtenen Glanz verlieh. Paulus sandte Titus morgens fort, um einen Vorrat davon für die Reise zu besorgen. Als Titus vom Markt zurückkam, unterhielt sich Paulus im Hof der Herberge mit einem Fremden. Der Mann hatte wie Alexander einen festen, runden Kugelbauch und eine Glatze, er war klein und sein Gesicht war glatt rasiert.

»Diotrephes der Juwelier«, stellte Paulus ihn vor.

»Ich bin ein alter Freund von Paulus«, sagte Diotrephes, stand auf, umarmte Titus und küsste ihn auf die Wangen.

Titus wich einen Schritt zurück. Noch nie hatte sich ihm ein freier Mann vorgestellt, bloß weil er der Diener eines Freundes war, und er war noch nie von einem fremden Herrn mit einem Kuss begrüßt worden.

Diotrephes lachte. »Daran wirst du dich gewöhnen müssen. Wir Griechen glauben nämlich, dass es vor Gottes Augen weder Freie noch Sklaven gibt. Wir sind alle gleich.«

»Griechen?«, rutschte es Titus hervor.

»Ich komme aus Griechenland. Ich bin Mitglied der Gemeinde Gottes in Korinth«, sagte Diotrephes.

Titus überwand sich und stellte eine Frage, die ihn schon lange beschäftigte. »Ich bin verwirrt«, sagte er. »Es gibt so viele judäische Gruppen. Die einen nennen sich Hebräer, die anderen Griechen. Dann gibt es die Beschnittenen und die mit der Vorhaut und so weiter.«

Diotrephes lachte. »Verwirrend, das gebe ich zu. Die ›Griechen‹ lassen die Heiligen Schriften im Gottesdienst auf Griechisch vortragen, die ›Hebräer‹ auf Hebräisch. Es gibt ›griechische‹ Gemeinden, die auf der Beschneidung Erwachsener bestehen, und es gibt ›hebräische‹, die darauf verzichten. Es ist eben alles durcheinander.«

»Jesus, Jakobus, Kephas und Johannes sind also ›Hebräer‹, während Paulus und Barnabas ›Griechen‹ sind, obwohl sie auch Hebräisch verstehen?«

Diotrephes nickte.

»Aber nicht alle Hebräer sind Judäer?«

Diotrephes lachte. »Ich bin Grieche, weil ich aus Griechenland komme, selbst wenn ich dort Mitglied einer ›hebräischen‹ Gemeinde wäre. So ist jeder, der aus Judäa kommt, ein Judäer, ob er nun religiös ist oder nicht. Und von Außenstehenden werden ›Griechen‹ und ›Hebräer‹ überall in der Welt als ›Judäer‹ bezeichnet, ganz gleich, ob beschnitten oder unbeschnitten, Nachfolger Christi oder nicht.«

»Auch Jesus war nicht aus Judäa«, unterbrach Paulus die Unterhaltung. »Er war aus Galiläa. Für Jerusalemer war Jesus ein Ausländer, ein Samaritaner, ein Ungläubiger, ein Heide.«

Titus begleitete Paulus und Diotrephes zu einem Gasthaus, in dem sich die Nachfolger Christi zu ihren wöchentlichen Treffen am Abend des ersten Wochentages versammelten. Er vermutete, dass auch Kephas anwesend sein würde, war aber äußerst erstaunt, als er feststellte, dass der Ehrengast kein anderer war als Justus von Palmyra. Er war zusammen mit einer Delegation des Jakobus aus Jerusalem angereist und am Nachmittag eingetroffen. Die Männer waren barfuß und auch diesmal wie Sklaven gekleidet.

Die Speiseräume des Gasthauses waren um eine Terrasse herum angeordnet, die den Orontes Fluss überblickte. Die hebräischen und griechischen Nachfolger Christi bemühten sich, diesen Gottesdienst gemeinsam zu feiern. Die hebräischen Gruppen belegten zwei Säle und das Mahl, das sie zu sich nahmen, war unter strenger Beachtung der mosaischen Gebote vorbereitet worden: gebratene Tauben, scharf gewürzt und mit Getreidekeimen und frischem Gemüse serviert. Der Wein kam von einem Weinberg an den Hängen des Karmel-Gebirges.

Die Mitglieder der griechischen Gemeinde bestellten das Tagesessen: gekochtes Ziegenfleisch, Kohl und mit Käse überbackene Weizenkeime, der Wein kam aus Antiochien.

»Ich hatte gehofft, der Mann würde Rückgrat zeigen«, meinte Paulus zu Diotrephes, als er feststellte, dass Barnabas mit den Hebräern aß.

»Was für ein Heuchler!«

Diotrephes rieb sich die Hände und seine Augen funkelten vor Aufregung. »Merk dir, wo der Hinterausgang ist«, sagte er zu Titus und wies auf die Tür. »Wer weiß, vielleicht brauchen wir ihn noch.«

Während der Mahlzeit schien Paulus entspannt. Er erzählte Witze, machte Komplimente über das Essen, bedankte sich bei den Frauen, die das Essen brachten, grüßte jeden mit Namen und hörte aufmerksam zu. Wie konnte jemand diesen Mann nicht mögen?

Nachdem das Geschirr abgeräumt war und die Frauen, die in einem anderen Raum gegessen hatten, auf Hockern vor den Liegen der Männer saßen, erhob sich Justus und begab sich zur Mitte der Terrasse, wo ihn alle sehen und hören konnten. Er hob einen mit Wein gefüllten Kelch und segnete ihn. Mittlerweile war Titus mit dem Ritual vertraut, und als er den Kelch erhielt, trank er daraus und gab ihn an seinen Nachbarn weiter mit den Worten: »Blut Christi, für dich vergossen.«

Der geschäftliche Teil der Veranstaltung war somit eröffnet. Justus ergriff das Wort und hielt eine sorgfältig vorbereitete Rede. Er bat um Spenden. Die Delegation, die er leitete, würde von Antiochien nach Galatien, Asien, Makedonien, Achaia und Italien reisen und um eine Kollekte für die Armen unter den Frommen von Jerusalem bitten.

Seine laute Stimme war angenehm sanft und wurde dennoch bis in die letzten Winkel der Speisesäle gut vernommen. Seine Aussprache war die eines Gebildeten, seine Grammatik fehlerfrei, er setzte die Pausen so, dass sie Spannung erzeugten, kurz: der Vortrag war rhetorisch ausgefeilt und Justus hatte die volle Aufmerksamkeit der Gemeinde. Ohne Zweifel war er von einem Meister der Rhetorik ausgebildet worden.

»Das Gesetz Mose«, sagte er, »schreibt eine Tempelsteuer vor für alle Judäer, egal wo sie wohnen, in Jerusalem, Damaskus, Babylon, Alexandrien, Antiochien, Ephesus, Korinth, Rom, Spanien oder anderswo. Jakobus, Johannes und Kephas, die Säulen der Gemeinden in Jerusalem, werden sicherstellen, dass die Tempelsteuer, die ihr zahlt, für den Unterhalt der Armen unter den Frommen von Jerusalem verwendet wird.«

Justus ließ seine Rede mit den Worten Jesu von Nazareth ausklingen:

Selig sind die Armen!
Euch gehört das Reich Gottes!

Justus von Palmyra trat zur Seite.

Paulus erhob sich und Titus führte seinen Herrn zur Mitte der Terrasse.

»Brüder und Schwestern!«, begann Paulus. »Wie ihr wisst, verlangt mein Beruf, dass ich viel und weit reise. Wie oft, denkt ihr, habe ich den Tempel in Jerusalem gesehen?« Er wartete einen Moment, bevor er die Frage selbst beantwortete: »Zwei Mal! Justus hat recht. Es lohnt sich nicht, sein Leben lang die Tempelsteuer zu bezahlen, um ein Gebäude aufrechtzuerhalten, das man selbst nicht nutzen wird. Die Mehrheit der Kinder Israels lebt über die ganze Welt verstreut. Die Wenigsten werden den Tempel je sehen. Unsere Väter und Mütter haben etwas verstanden, das diese Jerusalemer Starrköpfe nie kapieren werden: der Herr Israels wohnt nicht in einem Gebäude, das von Menschenhand errichtet wurde, er lebt in unseren Herzen!«

Verglichen mit der Stimme und dem Vortrag seines Vorredners machte Paulus' Stimme wenig Eindruck, und sein Damaszener Akzent wirkte fehl am Platz. Titus fand es unangenehm, der Fistelstimme zuzuhören. Paulus hatte einfach nicht die Ausstrahlung eines Justus von Palmyra.

»Wahrlich, wahrlich, ich sage euch«, fuhr Paulus fort, »es ist besser, das Geld den Witwen und Armen in Antiochien zu geben und die Hungrigen und Kranken in dieser Stadt zu versorgen, als es in den Unterhalt des Tempels in Jerusalem zu stecken. Folgt nicht dem Buchstaben des Gesetzes, das wäre nicht im Sinne Gottes, der uns das Gesetz gegeben hat. Nicht dem toten Buchstaben, dem lebendigen Geist Gottes sind wir verpflichtet!«

Einige Gemeindeglieder pflichteten Paulus mit lauten Rufen bei. Diotrephes' Augen leuchteten vor Freude. Titus aber dachte daran, dass Paulus in seinen Verhandlungen mit Alexander darauf bestanden hatte, dass Alexander nicht die Intention, sondern den Buchstaben des Vertrages einhielt, den die beiden unterschrieben hatten.

»Will ich damit sagen, dass niemand für die Frommen von Jerusalem spenden soll?«, fuhr Paulus fort. »Keineswegs. Gebt großzügig! Gott liebt einen fröhlichen Geber. Aber gebt von eurem Überfluss! Eine gute Gabe misst sich an dem, was man hat, und nicht an dem, was man nicht hat. Ihr sollt nicht Not leiden, damit andere in Überfluss leben können. Es geht um einen gerechten Ausgleich!«

Justus wandte sich mit einer theatralischen Geste Paulus zu und wollte ihn umarmen. Die Männer in den beiden Speiseräumen der Hebräer standen auf und klatschten freudig in die Hände. Auch ihre Frauen applaudierten.

Paulus aber hob die Arme. »Ich bin noch nicht fertig.« Die Hebräer setzten sich wieder und Titus ahnte Schlimmes. »Lasst euch von Leuten wie Justus und Kephas nicht in die Irre führen!«, rief Paulus. Es wurde still. »Seit Generationen wissen wir Griechen unter den Kindern Abrahams, dass ein Stück Schweinefleisch nicht zur ewigen Verdammnis führt, oder ein Geschäft, das am Sabbat abgeschlossen wird, oder das Versäumnis, die Tempelsteuer zu entrichten.«

Justus von Palmyra verschränkte die Arme vor seiner Brust, sein Gesicht wurde bleich.

»Wir brauchen uns nicht an den Buchstaben des Gesetzes zu halten, solange wir die Intention des Gesetzes wahren! Aber vielleicht ist das nur meine persönliche Überzeugung«, die Ironie in Paulus' Stimme war unverkennbar, »und die persönliche Überzeugung tausender Kinder Israels außerhalb von Judäa seit hunderten von Jahren. Und vielleicht haben die da«, er zeigte in die Richtung der beiden Speiseräume der Hebräer, in denen die Mitglieder der Delegation aus Jerusalem aßen, »vielleicht haben die da Recht, und wir müssen jede winzige Anweisung, die in der Torah steht, bis aufs letzte Jota befolgen, und deshalb machen sie uns Angst und fühlen sich verantwortlich für uns und weisen uns zurecht!«

Paulus machte eine Pause, und Titus' Blick fiel auf Diotrephes, der jedes Wort mit den Lippen formte noch bevor Paulus es aussprach, und Titus verstand, dass die beiden die Rede ausformuliert und geprobt hatten.

»Warum, so frage ich euch, warum musste Jesus am Kreuz sterben? Wenn wir immer noch das Gesetz Mose bis auf den kleinsten Punkt erfüllen müssen, dann sage ich euch unmissverständlich: Jesus ist umsonst gestorben.« Paulus sah zum Tisch hinüber, an dem Kephas lag. »Steh auf, Kephas!«

Kephas erhob sich langsam.

»Gestern warst du zu Gast bei einer Tochter Israels, und du hast alles gegessen, was auf den Tisch kam, ohne dich um die Bestimmungen des Gesetzes zu scheren: Käse, gegrillter Tintenfisch, Schweinekoteletts. Es gibt Zeugen, die dich gesehen haben und die bestätigen können, dass ich die Wahrheit sage. Zum Beispiel deine Frau.«

Kephas' Frau zog verunsichert an ihrem Kopftuch.

»Wenn du dich auf deinen Reisen wie ein Grieche verhältst, mit welchem Recht verlangst du dann von einem Griechen, sich wie ein Judäer zu verhalten? Beantworte mir diese Frage und ich halte für immer den Mund.«

Kephas sagte nichts. Einige der Männer, die mit Justus angereist waren, stellten ihm auf Aramäisch Fragen. Und als Kephas nicht antwortete, richteten sie sich an seine Frau, die sofort in Tränen ausbrach. Die barfüßigen Delegierten schüttelten zornig die Köpfe.

»Ich werde hier nicht mehr gebraucht«, sagte Paulus zu Titus.

Diotrephes stand bereits am Hinterausgang und hielt die Tür auf. Sie gingen hinaus in die Dunkelheit, waren schon außer Sichtweite des Gasthauses, als sie Barnabas donnernde Stimme hörten.

Er lief ihnen nach, und als er sie erreichte, blieb er stehen, beugte sich vor, stützte sich auf seine Oberschenkel und rang nach Luft. Dann brüllte er: »Hast du endgültig den Verstand verloren?«

»Warum hast du mich verraten?«, fragte Paulus in seiner hohen Stimme. »Warum hast du dich zu den Hebräern gesetzt?«

»Ich habe mich zu meinem Schwager gesetzt. Um Himmels willen, ich übernachte in seinem Haus!«

»Du scheinheiliger Heuchler!«

»Na, wer sagt denn immer: Den Griechen ein Grieche und den Hebräern ein Hebräer? Das ist genau, was ich getan habe!«

»Du bist ein Verräter!«, schnauzte Paulus.

»Und du, du bist ein eingebildeter, arroganter, egoistischer Starrkopf! Und wo gehst du jetzt hin? Nach Bosra kannst du nicht mehr, nach Damaskus kannst du nicht mehr, nach Jerusalem kannst du nicht mehr, und nach diesem Auftritt bist du in Antiochien auch nicht mehr willkommen.«

»Ich brauche kein Zuhause.«

»Du hast keine Freunde, du bist in dich selbst verliebt! Ich hoffe von ganzem Herzen, dass ich dich nie wieder sehen werde!«, brüllte Barnabas, drehte sich um und ging.

»Mögen dich die Flöhe von tausend Kamelen jede Nacht deines Lebens quälen!«, kreischte Paulus hinterher.

Doch Barnabas machte nur eine wegwerfende Bewegung. Der gewaltige, laute Mann zog es vor, ohne ein weiteres Wort in der Dunkelheit zu verschwinden. Paulus aber zitterte am ganzen Körper.

Diotrephes hatte die Flucht sorgfältig vorbereitet. Während des Abendessens hatten Diener der Herberge die Sachen der beiden Männer auf Maulesel gepackt und warteten bereits außerhalb der Stadtmauer. Den Hafen von Seleukia erreichten sie kurz vor Mitternacht und gingen sofort an Bord eines Schiffes, das mit den ersten Sonnenstrahlen ablegen sollte.

Die Reisenden schliefen auf dem offenen Deck. Titus lag auf dem Rücken und betrachtete die Sterne. Gerne hätte er sich von Barnabas verabschiedet. Er konnte den unsensiblen Grobian zwar nicht leiden, aber für ihn war das kein Grund, unhöflich zu sein, und schließlich hatte ihn der Gott der Judäer zu seinem Paten bestimmt.

Das sanfte Schaukeln des Schiffes erinnerte Titus an die Nacht auf dem See in Galiläa und an Talitha. Auf dem Boot hatte sie ihn zum ersten Mal berührt.

Titus schloss die Augen. Was für eine seltsame Religion war es, in

der sich die Anführer über Essen und Penisse stritten, vorbereitete Schimpfreden hielten und die Flucht ergriffen, wenn es brenzlig
wurde? Warum war es Paulus so wichtig, Kephas vor allen Leuten zu
demütigen, dass er dafür sogar seine Freundschaft zu Barnabas aufs
Spiel setzte? Das war doch sicherlich nicht im Sinne des Gottes der
Judäer. Oder vielleicht doch?

TEIL II:
VON EPHESUS NACH TROAS

In der syrischen Wüste

An Korinther (1 Kor 15,12-14)
Wenn aber Christus überall angepriesen wird, als sei er von den To-
ten wieder zum Leben erweckt worden, wie können einige von euch
behaupten, dass Tote nicht wieder lebendig werden können? Wenn
das unmöglich ist, dann ist auch Christus nicht auferweckt worden,
und alles, was wir predigen und ihr glaubt, ist blanker Unsinn …

Aprilis 29 = Nisan 28, fünfter Tag der Woche

»Wach auf, Kind!«, rief eine Stimme. Sie versuchte, sich zu bewegen, aber Arme und Beine gehorchten ihr nicht. Sie wollte die Augen öffnen, aber die Lider blieben geschlossen. Sie versuchte, sich zu erinnern, aber sie wusste nicht einmal ihren eigenen Namen. Wo war sie? Was war geschehen?

Die Stimme klang vertraut. Die Mutter sprach zu ihr. Sie sah sich auf dem Bett liegen, in der Kammer, die sie als Kind mit ihrer Mutter geteilt hatte. Sie verließ ihren erstarrten Körper und bewegte sich zu dem schmalen Fenster, durch das ein breiter, weißer Lichtstrahl drang, der einen hellen Fleck auf den roten Boden zeichnete. Sie blickte hoch in den leuchtend blauen Himmel und erinnerte sich an ihren Namen: Talitha. Eine schwarze Wolke schob sich vor die Sonne und alle Farben wurden grau. Die Mutter war tot, erinnerte sie sich.

Die Stimme, die sie aufgeweckt hatte, verzerrte sich zu einem schrillen Schrei: »Was hast du bei den Toten zu suchen?«

Plötzlich fühlte sich Talitha vom Fenster weggezogen und auf das Bett gedrückt. Sie wurde wieder eins mit ihrem regungslosen Körper. Das Licht verschwand. Stimmen durchdrangen die Dunkelheit, laute Stimmen, verärgerte Stimmen. Frauen und Kinder weinten. Knochen knackten. Steine fielen von der Decke. Eisige Kälte griff nach ihren Beinen und Armen, und Talitha hörte auf zu atmen. Doch dann erinnerte sie sich an Titus, und für den Bruchteil eines Augenblicks widerstand sie dem Wunsch, alles loszulassen. Sie hatte ein Leben zu leben und ein Leben zu geben.

Talitha atmete tief ein, hustete, spuckte den Staub und Sand in ihrem Mund auf den Boden. Die Beine ließen sich wieder bewegen, und die Arme gehorchten ihr. Sie lag auf dem Rücken. Durch eine Spalte in der Decke schimmerte Sonnenlicht. War sie durch diese Öffnung gefallen?

Die alten Frauen von Palmyra erzählten Geschichten von der glorreichen Vergangenheit der Stadt, die zur Zeit Abrahams Tadmor genannt worden war und die die Alten heute noch so nannten. Bevor man angefangen hatte, die Toten in Grabtürmen zu bestatten, hatten die Familien Tadmors geheime, unterirdische Paläste für ihre Verstorbenen gegraben. War sie in einen solchen Palast der Toten gefallen?

Talitha setzte sich auf. Ihr Kleid war zerrissen, und die Schulter schmerzte, aber ihre Knochen waren heil. Sie versuchte, die Wände emporzuklettern, sie trug Steine zusammen und stapelte sie aufeinander, doch konnte sie die Öffnung in der Decke nicht erreichen. Und als sich der Tag neigte und die Nacht Einzug hielt, wandte sich Talitha in ihrer Verzweiflung an die Toten. »Wächter des Hades!«, rief sie. »Sage Ereschkigal, der Königin der Nacht: Eine Tochter Inannas will mit ihr reden.«

»Was haben die Lebenden bei den Toten zu suchen?«, donnerte eine tiefe Stimme, und die Erde erzitterte.

Tarsus

An Galater (Gal 1,18.21)
Drei Jahre nach meiner Offenbarung habe ich kurz Jerusalem be-
sucht und habe zwei Wochen lang bei Kephas gewohnt. ... Dann
bin ich durch Syrien und Kilikien gereist ...

Maius 3 = Lyar 2, dritter Tag der Woche

»Bist du je in Tarsus gewesen, Paulus?«, fragte Diotrephes, während
er sich über die Seite des Schiffes lehnte.

»Nur ein Mal«, erwiderte Paulus. »Auf der Durchreise.«

Titus kniff die Augen zusammen und machte an der Küste einen Pier
aus und einige hohe Vorratsgebäude, die diesen säumten.

Diotrephes schüttelte den Kopf. »Du interessierst dich nicht wirklich
für kilikische Decken, habe ich Recht?«

»Ich habe einmal einen Mann gekannt, der wusste alles über persische Flöten«, antwortete Paulus. »Doch der Mann hatte keine Zähne. Ohne Zähne kann man eine persische Flöte nicht spielen.«

Diotrephes lachte. »Recht hast du. Du könntest auch etwas ganz anderes verkaufen als Decken.«

Paulus nickte. »Zum Beispiel den Römern predigen, dass sie einen
Schwerverbrecher, den sie zum Tode verurteilt und hingerichtet haben, wie einen Gott verehren sollen. So was verkaufen, kann nicht
jeder.«

Als das Schiff am nächsten Tag in Milet anlegte, verabschiedete sich
Diotrephes von Titus mit einer Umarmung. »In zwei oder drei Wochen wirst du in Korinth sein. Die Stadt wird dir gefallen. Du wirst
das Fünfzig-Tage-Fest bei uns feiern.«

»Das Fünfzig-Tage-Fest?«, fragte Titus.

»Fünfzig Tage nach dem Passah feiern gläubige Judäer den Tag, an
dem Gott Moses das Gesetz gegeben und seinen Geist gesandt hat,
um es auszulegen. In Jerusalem halten sie das Gesetz Gottes in Ehren, wir feiern lieber den Geist Gottes. Es wird dir gefallen.«

Von Paulus verabschiedete sich Diotrephes mit einem Zitat:

Als mich die Geliebte verließ, weinte sie und sagte:
»Abschied muss sein, Sappho.«
Paulus antwortete ohne einen Augenblick zu zögern:
»Geh schon, du selbstsüchtiges Weib!
Deine Liebe hat mir die Freiheit geraubt.«
Als Diotrephes von Bord ging, meinte Paulus wehmütig zu Titus:
»Sapphos Gedichte sind voller Erotik. Sie sind für Leute wie mich
und Diotrephes. Die schlüpfrigen Dialoge des Aristophanes sind für
Sklaven wie dich, die keine Ahnung von Literatur haben!«

Damaskus

An Korinther (2 Kor 12,1-2.4)

Ich weiß, es wird euch nicht beeindrucken, aber ihr zwingt mich dazu. Und so muss ich mich eben selbst loben und von meinen Visionen und göttlichen Offenbarungen erzählen: Vor vierzehn Jahren war da ein Mann in Christus – ich weiß nicht, ob er in seinem Körper war, ich weiß nicht, ob er außerhalb seines Körpers war, das weiß Gott alleine –, dieser Mann wurde in den dritten Himmel entrückt. ... Und er hörte Unerhörtes, Worte, die Menschen nicht laut aussprechen dürfen ...

Maius 6 = Lyar 5, fünfter Tag der Woche

Talitha, von Kopf bis Fuß in ein dunkles Kleid gehüllt, einen schwarzen Schal um den Kopf gewickelt, schlug mit den Fäusten gegen das Eingangstor des Tarsus-Ladens. Als niemand antwortete, schlug sie erneut und mit noch mehr Wucht dagegen.

Schließlich öffnete sich das Tor einen Spalt und eine Frauenstimme fragte: »Wer bist du?«

»Ich heiße Talitha. Ich bin Titus' Frau. Bist du Herodias, die ihn gekauft hat?«

»Ich wusste nicht, dass Titus eine Frau hat«, antwortete Herodias.

»Ich bin die Mutter seiner ungeborenen Kinder.«

»Oh«, seufzte Herodias. Sie ließ Talitha ein, führte sie in die Küche und forderte sie auf, sich auf einen Hocker zu setzen. Herodias schien erleichtert, als sie von Talitha erfuhr, dass ihr kleiner Bruder nach Antiochien aufgebrochen war.

»Das ist gut«, sagte Herodias. »Wir sind nämlich ausverkauft. Mit all dem frommen Kram im Kopf weiß man ja nie, was er als Nächstes tut. Eines Tages vergisst er noch ganz, dass er ein Geschäft zu führen hat. Nach Damaskus kann er nicht zurück, ich nehme an, er wird von Antiochien nach Ephesus weiterreisen.«

Herodias holte eine Schüssel hervor, kaltes, gebratenes Ziegenfleisch war darin. Sie reichte Talitha eine Gabel und forderte sie auf, sich zu bedienen. »Mein Bruder war immer sehr ehrgeizig. Mit zwölf hatte er die gesamte Torah auswendig gelernt. Mutter war sehr stolz auf ihn.«

Talitha versuchte mit der Gabel ein Stück Fleisch aufzuspießen, was aber nicht einfach war, da Herodias die Schüssel auf ihrem Schoß hielt.

»Und was hältst du von Barnabas?«, fragte sie Talitha.

»Barnabas ist der Pate meines Mannes geworden.«

»Pate?« Herodias klang besorgt. »Aber die haben ihn doch hoffentlich nicht …«

»Paulus bestand darauf, dass er sich taufen lässt.«

Herodias seufzte erleichtert. »Ich hatte schon gedacht, sie hätten ihn …«

»Beschnitten? Nein.«

»Ich glaube nicht an diesen Taufkram«, sagte Herodias. »Seine Sünden bekennen und versprechen, nie wieder ein böser Mensch zu sein, und das Ganze noch in aller Öffentlichkeit. Das ist einfach nicht meine Sache.«

»Titus musste nichts Derartiges tun.«

»Weil Paulus eben ein echter Damaszener ist. Mit Gefühlsduselei wie es in griechischen Synagogen Mode geworden ist, gibt der sich nicht ab. Du weißt schon, was ich meine: Heilungsgottesdienste, bei denen niemand geheilt wird, sich im Namen Gottes umarmen und auf den Mund küssen, beim Psalmensingen tanzen und solche Dinge. – Was hältst du von Barnabas?«, fragte Herodias ein zweites Mal.

Talitha zögerte.

»Kein Grund zur Höflichkeit«, meinte Herodias. »Ich kann ihn auf den Tod nicht ausstehen.« Sie stopfte sich ein großes Stück Fleisch in den Mund.

Nachdem sie gemeinsam die Schüssel geleert hatten, stellte Talitha eine Frage, die sie schon lange beschäftigte: »Wovor läuft Paulus eigentlich davon?«

»Ich sag's mal so: Die Nabatäer sind nicht unsere engsten Freunde.« Herodias deutete auf das nabatäische Kleid, das Talitha trug.

»Meine Mutter hat mich gelehrt, auf mein Volk stolz zu sein«, sagte Talitha trotzig.

»Wir hatten einen Laden in Bosra und haben sogar mit dem nabatäischen Königshof Geschäfte gemacht. Unter König Aretas. Wir haben Zelte für seine Soldaten geliefert.«

»War das, als die Nabatäer gegen die Römer Krieg führten?«, fragte Talitha.

»Etwa zu der Zeit.«

»Aber in Damaskus sind die Römer eure Kunden!«

Herodias lachte. »Wir sind Geschäftsleute, keine Politiker.«

Talitha versuchte es noch einmal. »Vor wem läuft Paulus davon?«

»Als Paulus seine erste Vision hatte, gab es nur zwei Christusgläubige in unserer Verwandtschaft, Andronicus und Iunia in Bosra. Deshalb hat Paulus dort einen Laden eröffnet. Er wollte in ihrer Nähe sein. Unglücklicherweise hatte Herodes von Galiläa gerade die Nase voll von seiner Frau, und leider war seine Frau die Tochter von König Aretas. Und als sich Herodes scheiden ließ, rächte sich Aretas für die Schande, indem er seinem Statthalter befahl, allen Judäern in Bosra das Leben schwer zu machen. Die judäischen Geschäfte wurden geschlossen, die Ware beschlagnahmt, und die Besitzer in den Schuldturm gesperrt, bis Verwandte und Freunde das geforderte Lösegeld aufbrachten. Paulus versprach dem Statthalter eine riesige Summe und wurde freigelassen.«

»Doch Paulus hat nie gezahlt«, riet Talitha.

Herodias nickte. »Ein Damaszener lässt sich nicht erpressen.«

Talitha stand auf und begann die Schüssel, in dem das gebratene Ziegenfleisch gewesen war, mit einem feuchten Lappen auszuwischen. Als sie die Ärmel ihres Kleides hochkrempelte, kamen Kratzer und blaue Flecken zum Vorschein.

»Wie ist das denn passiert?« Herodias berührte den verletzten Arm. »Das sieht ja furchtbar aus.«

»Ich habe einen Tag und zwei Nächte im Reich der Toten verbracht.«

»Aha – und da haben die Toten dich verprügelt?«, spottete Herodias.

»Ich habe mit den Geistern der Unterwelt verhandelt.«

»Haben sie dir auch gut zugehört?«

»Ich habe meine Freiheit mit dem Leben bezahlt.«

»Auf mich wirkst du ganz lebendig«, sagte Herodias.

»Ich habe mein Kind verloren.«

Herodias lachte laut auf.

Talitha fühlte, wie sich ihr Bauch vor Wut zusammenzog. Freie oder Sklavin, reich oder arm, sie ließ sich von niemandem verspotten. »Es gibt mehr zwischen Himmel und Erde als das, was wir mit den Augen sehen und mit den Händen fühlen können, wenn wir wach sind«, fauchte sie und ließ die Schüssel auf den Boden fallen. »Ich habe gesehen, wie die Toten mir mein Baby aus dem Leib gerissen haben. Und als ich zu mir kam, blutete ich.«

Herodias legte eine Hand auf Talithas Arm. »Beruhige dich!«

»Selbst nachdem sie mein Kind hatten, wollten mich die Geister der Unterwelt nicht gehen lassen. Isis erschien. Sie trug mich auf ihren Flügeln durch die Decke des Palastes und setzte mich ganz in der Nähe einer Karawane ab, die mich nach Damaskus mitnahm.«

Herodias saß immer noch auf ihrem Hocker. Sie nahm Talitha in die Arme ohne aufzustehen. »Tut mir leid, mein Kleines. Ich wollte dir nicht wehtun. Aber du klingst so wie mein Bruder. Es ist nicht leicht damit umzugehen.«

»Man darf sich nicht über die Geister lustig machen«, sagte Talitha.

»Nicht jeder erfährt den Geist Gottes. Aus meiner Sicht hast du einen Schlag auf den Kopf bekommen und hattest das Glück, dass dich die Karawane gefunden und versorgt hat, bevor es zu spät war. Und was dein Baby angeht, hast du einfach deine Tage bekommen.«

»Ich habe zugeschaut, als die Toten das Baby aus meinem Leib gerissen haben«, wiederholte Talitha.

»Oh, ich glaube dir, dass du das so erlebt hast«, sagte Herodias. »Aber bitte glaube auch mir, dass ich dein Erlebnis anders beurteile.«

»Ich bin den Toten entkommen! Sie sind jetzt zornig auf mich.«

Herodias ließ Talitha los, griff hinter sich und holte aus einem Tonkrug ein Stück Gebäck, das von Honig triefte. Sie aß langsam, ohne Talitha davon anzubieten. »Geschwister müssen miteinander auskommen. Wir suchen uns unsere Brüder und Schwestern nicht aus«, sagte Herodias. »Ich akzeptiere die Visionen meines Bruders. Für ihn sind sie Wirklichkeit. Für mich sind sie es nicht.«

Talitha betete still in ihrem Herzen, dass die Große Mutter Paulus'

Schwester die Augen öffnete, damit auch Herodias die Welt der Geister sehen konnte.

»Würdest du mir einen großen Gefallen tun?«, wechselte Herodias das Thema. »Würdest du meinem Bruder einen Brief überbringen?«

Talitha zögerte. Sie war immer noch verärgert. Nach Palmyra zurückkehren konnte sie aber nicht, und das Vertrauen, das ihr Herodias mit solch einem Auftrag entgegenbrachte, überraschte und rührte sie gleichermaßen. »Ich würde alles tun, um in Titus' Nähe zu sein«, sagte sie schließlich.

Herodias stand auf und ging von der Küche durch den Hof zum Nebenzimmer. Talitha folgte ihr.

In der Mitte der Kammer stand ein schmaler, robuster Tisch, der Talitha bis an die Hüfte reichte. Entlang der Wände war ein Holzregal aufgestellt, dessen Fächer etwa einen Fuß weit, tief und hoch waren und in denen Buchrollen lagen.

»Die Rollen gehören Paulus«, sagte Herodias. »In letzter Zeit hat er versucht, sein Latein zu verbessern. Er hat Gedichte von Horaz, Vergil und Ovid auswendig gelernt. Manchmal reist er sogar mit einem Sklaven, der ausgebildet wurde, lateinische Literatur öffentlich vorzutragen. Silvanus heißt der junge Mann.«

Herodias schob einige Rollen zur Seite und zog eine dahinter verborgene Vase hervor. Darin befand sich ein versiegelter Brief. »Das hier ist wichtiger als die Bücher. Bring dieses Schreiben zu Paulus. Er wartet schon darauf.«

Talitha nahm den Brief und steckte ihn zu Titus' Medaillon in den Lederbeutel, den sie an einem Band um ihren Hals trug, unter ihrem Kleid, dicht über ihrem Herzen.

Ephesus

An Korinther (1 Kor 8,5-6)

Selbst wenn es sogenannte Götter geben sollte, sei es im Himmel
oder auf der Erde – und es gibt ja tatsächlich viele Götter und
Herren –
So gibt es für uns doch nur einen Vatergott,
Von dem alles ist und zu dem wir werden,
Und es gibt für uns nur einen Herrn Jesus Christus,
Durch den alles ist und durch den wir sind …

Maius 9 = Lyar 8, zweiter Tag der Woche

Paulus und Titus gingen am späten Nachmittag in Ephesus von
Bord. Gruppen tanzender Frauen in festlicher Kleidung drängten
sich durch die breiten Straßen, an den Theatern vorbei, den öffentlichen Badehäusern, den griechischen Tempeln, hinauf zum überfüllten Markt.

Titus erkannte ohne Schwierigkeiten den Tarsus-Laden. Zusätzlich
zu kilikischen Decken wurden Stapel von bunten Tischtüchern,
Zeltleinwand, reich bestickte Gewänder und einfache Hauskleider
angeboten. Der Laden wurde von einem Ehepaar betrieben, beide
waren etwa Mitte vierzig. Der Mann, Andronicus, war ein entfernter
Verwandter von Paulus, und wie seine Frau Iunia war er in Syrien
geboren und aufgewachsen.

»Ich weiß nicht, warum du überhaupt noch in Syrien arbeitest«, sagte
Iunia. »Wie konntest du nach Damaskus zurückkehren, nachdem
König Aretas unsere Geschäfte in Bosra schließen ließ? Warum soll-
te man sich denn mit Kamelen und Nabatäern beschäftigen, wenn
man auch mit Schiffen und Römern seine Geschäfte machen kann?
Wir jedenfalls haben es nicht bereut, dass wir weggezogen sind.«

»Wenn alle Syrien verlassen«, erwiderte Paulus, »wer wird sich dann
an die große Gelehrsamkeit Israels erinnern? An die wahre Lehre
und die rechte Auslegung der Schrift? Wie sollen unsere Söhne das
Erbe unserer Väter weitertragen?«

Die Unterhaltung kam aber bald auf Alexander von Antiochien und seine Schwierigkeiten, kilikische Decken zu liefern.

Mit einem Mal gruben sich Paulus' Finger fest in Titus' Schulter. Paulus drehte sich um und rief in die Richtung des Hinterzimmers: »Silvanus!«

Ein groß gewachsener junger Mann mit blonden Haaren erschien in der Tür. »Paulus, mein Herr, welche Freude!«

Paulus betastete Silvanus' Gesicht und Arme, er nahm beide Hände des Sklaven und drückte sie. »Ach, wie sehr habe ich dich vermisst! Hast du nichts, mit dem du einen alten Mann erheitern kannst?« Er deutete mit einer Kopfbewegung auf Titus und fügte hinzu: »Ich bin schon viel zu lange in unbelesener Gesellschaft.«

Silvanus trug ein lateinisches Gedicht vor und Paulus übertrug es ins Griechische:

> *Es war einmal, dass Mädchen*
> *Den Charme verblühen ließen*
> *Und keusch nur einem Mann*
> *Die Treue hielten.*
> *Einst bat ein Mann,*
> *Der Jungfrau Durst zu stillen.*
> *Doch heutzutage bitten*
> *Die Mädchen selbst daran.*

Andronicus und seine Frau lachten.

Titus war es peinlich, sich in Gegenwart einer freien Frau wie Iunia ein unanständiges Gedicht anzuhören. Paulus schien es nicht zu stören. Er umarmte Silvanus, nahm den blonden Schopf des jungen Mannes in seine Hände und zog ihn an seine Brust.

»Mein Herr, Clemens von Philippi, sendet dir seine Grüße«, sagte Silvanus nun.

Als Paulus seine Hand wieder auf Titus' Schulter legte, fühlte sie sich leicht an. »Such nicht nach Tiefgang bei Ovid«, belehrte er Titus. »Es ist der Mangel an Ernst in Ovids Gedichten, der so reizvoll ist. Und kein anderer trägt sie so gut vor wie Silvanus.«

Paulus und Titus zogen bei Aquila und Priska ein, die ebenfalls von Damaskus nach Ephesus gezogen waren. Sie wohnten in einem großzügigen, frei stehenden Haus auf dem Südhang der Stadt. Aquila, der etwa vierzig Jahre alt war, hatte lockiges, schwarzes Haar und trug die weiße Toga eines römischen Bürgers. Als sie ankamen, wollte er gerade das Haus verlassen. Er sollte an einer Sitzung des Stadtrats teilnehmen, doch nun nahm er sich die Zeit, Titus persönlich das Gästezimmer zu zeigen, während Priska Paulus in die Küche entführte.

»Ich habe deinem Herrn einmal das Leben gerettet«, sagte Aquila zu Titus. »Ich musste meine guten Beziehungen zu den Römern spielen lassen. Als Judäer kommt man leicht in Schwierigkeiten mit den Behörden. Seither fühlt er sich mir verpflichtet, und jedes Mal, wenn er nach Ephesus kommt, wohnt er bei uns, und wenn Priska und ich nach Damaskus kommen, wohnen wir bei ihm.«

Aquila ging ans Fenster der Schlafkammer. »Schau, da drüben auf dem Hügel stehen die Villa des römischen Statthalters, das Theater, das Bordell, und du erkennst wahrscheinlich auch das Forum und die Hauptstraße, auf der du gekommen bist. Rechts davon, am oberen Markt, steht der Tempel der Isis.«

»Die ägyptische Isis?«, fragte Titus.

Aquila nickte. »Sie ist überall, die Mutter aller Mütter.«

Die Frauen auf dem Boot konnten mit Talitha über nichts anderes reden als über das Fest. Nirgendwo gab es eine größere Feier zu Ehren der Großen Mutter als in Ephesus, sagten sie. Drei Tage lang hatten sie nichts gegessen, und nun, da das Schiff im Hafen angelegt hatte, brachen sie das Fasten und stillten ihren Hunger mit Brot, das sie mitgebracht hatten und das der Demeter geweiht war, und spülten es mit süßem Wein hinunter, der von Dionysos gesegnet worden war.

Eine Frau hatte es Talitha besonders angetan. Sie hieß Euodia, war Tuchhändlerin, kam ursprünglich aus Lydien und betrieb ein Textilgeschäft in Philippi. Euodia hatte lange dunkle Haare wie Talitha, war etwa zehn Jahre älter, und tanzte für ihr Leben gern.

»Was mir am Fest der Artemis von Ephesus am besten gefällt ist, dass alle auf der Straße tanzen!«, rief Euodia, nahm Talitha an der Hand und wirbelte sie herum.

»Was muss ich denn tun, um an den Festlichkeiten teilzunehmen?«, fragte Talitha.

»Dich angemessen kleiden«, antwortete Euodia. »Und du brauchst Glauben.«

»Mein Glaube kann Berge versetzen.«

»Das sollte reichen. Um das andere kümmere ich mich.« Euodia nahm Talithas Kopftuch ab, sodass ihre Haare ungehindert über die Schultern bis zu den Hüften herunterfallen konnten. Sie gab Talitha ein rotes Kleid, das ihr genau passte und nur bis zum Knie reichte. »Artemis-rot«, sagte Euodia, »meine Spezialität. Im Westen dürfen alle Frauen, verheiratet oder nicht, ihre Schönheit in der Öffentlichkeit zeigen. Vor allem während des Festes!«

Die Frauen vom Schiff nahmen Talitha an die Hand und tanzten durch die Hafenanlagen die Hauptstraße hinauf, leichtfüßig und überglücklich, und immer wieder riefen sie: »Artemis der Epheser! Artemis der Epheser! Wir kommen!«

Paulus verbrachte den gesamten Nachmittag damit, sich die Anliegen zweier Sklaven aus Korinth anzuhören. Chloe, ihre Herrin, hatte sie nach Ephesus gesandt, um Paulus zu überreden, so schnell wie möglich nach Korinth, der Stadt der Liebe, wie sie Paulus nicht ohne Ironie nannte, aufzubrechen.

Als die Sonne unterging, brachte Titus seinem Herrn eine einfache Mahlzeit aufs Zimmer.

»Weißt du, was Herodias immer sagt?«, fragte Paulus.

Titus schüttelte den Kopf.

»Sie sagt, ich mag nur Leute, die mich mögen.« Paulus schmierte mit den Fingern eine Portion Weichkäse auf ein Stück Brot. »Ehrlich gesagt, Titus, es wäre besser, ich hätte gar keine Freunde. Sie machen so schrecklich viel Arbeit.«

Nach dem Abendessen trank Paulus wie gewohnt einen Becher Wein. »Alle wollen nur mit mir streiten«, meinte er nachdenklich. »Ich werde nicht gleich nach Korinth weiterreisen. Lieber schreibe ich ihnen. Aquila hat einen ausgezeichneten Sekretär, Sosthenes. Ihm werde ich den Brief diktieren.«

»Diotrephes wird enttäuscht sein«, sagte Titus. »Er erwartet uns.«
»Bevor wir die Reise fortsetzen können, müssen wir ohnehin auf Geld von Herodias warten.«

Nach dem Essen ging Titus den Hügel hinunter zum Forum, wie er es in den zurückliegenden zwei Wochen jeden Abend getan hatte. Er half Andronicus und Iunia die Ware, die tagsüber vor dem Laden auf Tischen ausgelegen hatte, in das Lager hinter dem Verkaufsraum zurück zu tragen.

»Herodias hat geschrieben«, begrüßte Andronicus Titus. »Wir haben den Brief gar nicht erst angenommen, sondern den Boten gleich weitergeschickt.«

»Wie sah der Bote denn aus?«, fragte Titus.

»Es war eine junge Frau.«

»Eine Frau?«

»Das kann man wohl sagen. Hoch gewachsen, schlank, dunkle lange Haare. Jeder Mann drehte sich um, und jede Frau begann, um ihren Liebhaber zu bangen, als sie vorbeiging. Sie heißt Talitha.«

Titus' Herz schlug schneller. »Talitha?«

»Kennst du sie?« Andronicus sah ihm in die Augen. »Eine Nabatäerin.«

»Wer die Frau einmal gesehen hat, wird sie nie wieder vergessen«, rief Iunia aus dem Lagerraum.

Andronicus zwinkerte Titus zu.

»Ihr rotes Kleid war durchsichtig«, rief Iunia. »Es wäre anständiger gewesen, wenn sie ganz nackt herumgelaufen wäre. Ich habe ihr die Adresse einer alten Witwe aus der Gemeinde gegeben, bei der sie übernachten kann. Wenn du sie nicht getroffen hast, hat sie vielleicht erst bei der alten Frau vorbeigeschaut.«

»In Ephesus kann auf dem Weg vom Hafen zum Tempel der Artemis einer jungen Frau so Manches widerfahren«, sagte Andronicus und lachte. »Vor allem während der Festtage. Die Straßen sind voll lüsterner Weiber, die sich dem nächstbesten Mann an den Hals werfen!«

»Ich glaube, ich weiß, wo ich sie finden kann«, sagte Titus, drehte sich auf der Stelle um und rannte in die Nacht hinaus.

Die singenden und tanzenden Pilger waren nicht in Eile. Langsam schob sich die feiernde Menge durch die breite, gepflasterte Straße. Es dauerte mehrere Stunden, bis Talitha und ihre Freundinnen den mächtigen Tempel der Großen Göttin außerhalb der Stadt erreichten. Sie erklommen die Stufen, die zur Plattform führten, auf der der Tempel errichtet war, und traten ein in den Palast der Großen Göttin. Die tanzende Prozession wand sich langsam durch einen Wald massiver Marmorsäulen, bis Talitha endlich sah, wovon die Frauen auf dem Schiff erzählt hatten: die schwarze Artemis von Ephesus, die vor hunderten von Jahren vom Himmel gefallen war.

Als Talitha die kleine, hölzerne Statue erreichte, kniete sie nieder. Die Göttin, aufrecht stehend und die Arme weit geöffnet, trug ein Kleid aus dem gleichen feurig roten, durchsichtigen Stoff wie das Kleid, das Talitha anhatte.

»Du grausame Göttin«, betete Talitha im Stillen, formte aber jedes Wort mit den Lippen. »Du hast mir den Vater meiner Kinder offenbart und dann die Frucht meines Leibes vernichtet.« Ihre Hände zitterten und Tränen trübten ihren Blick.

»Sei nicht ungehalten«, sagte eine Stimme neben ihr. Eine Priesterin der Artemis legte ihre Hand auf Talithas Kopf und segnete sie. »Dein Kind ist auch ihr Kind. Die Große Mutter trauert genau wie du. Geh hin in Frieden! Die Artemis der Epheser wird dir deinen Wunsch gewähren.«

»Ich habe um einen Jungen gebeten«, sagte Talitha.

»Ein Junge wird es sein«, sagte die Priesterin und gab Talitha einen kleinen Gegenstand in die Hand, der in ein Stück roten Stoffes eingewickelt war.

Talitha hob die Arme und ließ ihre Augen ein letztes Mal auf der Statue ruhen. Sie empfand die Gegenwart der Großen Artemis, fühlte die Kraft der unersättlichen Jägerin, ihre Beständigkeit und ihre zärtliche Sanftheit. Sie dachte an die zwei Nächte im Palast der Toten, an die Stimmen, die zu ihr aus der Dunkelheit gesprochen hatten, an das Geräusch brechender Knochen, an die unerträglichen Krämpfe, an den Durst, und an den Ruf der Mutter, der sich in einen gequälten Schrei verwandelte. Talithas Körper begann zu erzittern und sich wild zu schütteln, aber Artemis, die jungfräuliche Mutter, streckte die Hand nach Talitha aus, berührte Talithas Schulter sanft und erfüllte ihr Herz mit tiefem Frieden.

Titus war die ganze Strecke gelaufen. Er hatte die Männer, Frauen und Kinder überholt, die langsam vom Forum im Herzen von Ephesus zum Tempel der Artemis außerhalb der Stadtmauern prozessierten. Die Straße war mit mächtigen Marmorplatten ausgelegt, Geschäft reihte sich an Geschäft. Wie der Tempel des Haddad in Damaskus stand der Tempel der Artemis nicht auf einer Anhöhe, sondern stolz mitten im Tal, am Ufer eines schmalen Flusses. Und als ihn die ruhelose Pilgerschar nach vorne schob zum Altar, entdeckte er Talitha, auf den Knien, die Arme in die Höhe gestreckt. Jedes Mal, wenn er an einer der gewaltigen Säulen vorbeiging, befürchtete er, dass er sie aus den Augen verlieren würde, doch jedes Mal erschien sie näher, und schließlich stand er neben ihr und berührte sanft ihre zitternde Schulter.

Sie drehte sich um, umarmte ihn, beschwor ihre Liebe und nannte ihn wieder den Vater ihrer ungeborenen Kinder.

»Hast du je von Pessinus gehört?«, fragte sie unvermittelt und zeigte auf die Statue der Artemis. »Schau dir ihre Krone an. Sie besteht aus Stadtmauern und Türmen, genau wie die Krone, die die Syrische Atagartis trägt. Artemis ist die Große Mutter in einem griechischen Kleid.«

Titus betrachtete die Statue näher. »Große Mutter? Wegen ihrer vielen Brüste?«

»Warum sollte sie Brüste über ihrem Kleid tragen? Die meisten Frauen tragen ihre Brüste unter den Kleidern, fest mit dem Körper verbunden.«

»Ich habe gehört, dass die Statue von den Amazonen hierher gebracht worden ist, als sie Ephesus gründeten«, sagte Titus. »Die aufgereihten Beutel sollen die rechte Brust der Amazonen darstellen, die sie sich entfernen ließen, damit sie leichter das Schwert ziehen und den Speer werfen konnten. Symbole kann man doch auch über dem Kleid tragen.«

Talitha hielt mit beiden Händen ihre Brüste, die durch das transparente rote Kleid deutlich zu sehen waren. »Ein Busen sieht doch ganz anders aus! Schau dir die schwarze Artemis an! Haben diese Beutel Brustwarzen?«

»Ich weiß nicht.« Titus stellte sich dumm und betrachtete Talithas Busen eingehend.

Talitha holte aus, als wollte sie ihn schlagen, doch Titus hielt ihren Arm fest. »Wenn es keine Brüste sind, was sind die Beutel dann?«, fragte er.

»Hoden.«

»Stierhoden?«

»Du hast also wirklich noch nie von Pessinus gehört?« Talitha löste sich aus seinem Griff. »Pessinus ist eine Stadt zwischen Phrygien und Galatien. Sie verehrten die Große Mutter Kybele dort lange bevor Artemis nach Ephesus kam. Hast du wenigstens von Attis gehört?«

»Attis«, wiederholte Titus und erinnerte sich an die Legende. »Nachdem er der Frau, die er liebte, untreu geworden war, kastrierte er sich selbst.«

»Die Priester von Pessinus kastrieren sich selbst. Also: Was sind diese Beutel nochmal?« Talitha zeigte auf die Statue der Artemis.

Titus schüttelte den Kopf. »Die schmutzige Fantasie einer Frau.«

»Der Horror eines Mannes«, erwiderte sie und erhob die Hand erneut gegen ihn.

Titus versuchte auszuweichen, was in dem Gedränge von Pilgern kaum möglich war. »Ich glaube, ich glaube!«, rief er. »Hilf meinem Unglauben!«

Titus zwängte sich durch die Menschenmenge, erreichte schließlich den Ausgang, und sobald er den Tempel verlassen hatte, rannte er hinunter zum Fluss. Talitha folgte ihm auf dem Fuße. Der Pfad führte durch Gebüsch und Schilfrohr, und als er sich zu einer Lichtung weitete, drehte sich Titus um und fing Talitha mit ausgebreiteten Armen auf. Er küsste sie auf den Mund und zog sie langsam zu Boden, auf das trockene, warme Gras.

Als Titus aufwachte, schoben sich die ersten Sonnenstrahlen über die Bergkette, und Talitha küsste sein Ohr.

»Ich habe etwas, das dir gehört«, sagte sie und zeigte ihm einen Brief.

»Von Herodias?«

Talitha reichte ihm Herodias' Brief. Titus prüfte das Siegel, es war noch nicht aufgebrochen.

»Ich habe noch etwas. Schließ die Augen«, sagte sie.

Talitha legte einen metallenen Gegenstand in seine Hand.

Titus öffnete langsam die Augen. Auf seiner Handfläche lag der Talisman, den ihm seine Mutter gegeben hatte. »Wo hast du das her?« fragte er. Er fühlte, wie eine Träne die Wange hinunterrollte. Schnell wischte er sie ab.

»Du hast die Göttin verloren, als euch das Maultier in Jerusalem umgestoßen hat«, sagte Talitha.

»Ich hatte gedacht, sie wäre für immer verschwunden«, sagte Titus.

»Und das hier hat mir die Priesterin der Artemis heute gegeben.« Talitha brachte ein Medaillon zum Vorschein, das in ein rotes Stück Stoff gewickelt war. Es war eine exakte Kopie des Glücksbringers, den er in der Hand hielt, Talithas Version war lediglich neu und glänzte. Die kleine silberne Göttin, die ihm die Mutter hinterlassen hatte, mit den zur Seite ausgestreckten Armen, der Mauer auf dem Kopf, und den vielen Brüsten oder Beuteln war eindeutig eine Nachbildung der schwarzen Artemis von Ephesus.

Titus kämpfte mit den Tränen. »Meine Mutter kam aus Ephesus«, murmelte er.

»Du siehst, unsere Ehe ist im Himmel geschlossen worden. Diese Göttin wird eines Tages unserem Sohn gehören, den du letzte Nacht gezeugt hast«, sagte Talitha und küsste ihn.

Talitha schob das unverschlossene Tor auf. Eine alte Frau mit strohblondem Haar saß auf einem hölzernen Stuhl im Hof. Eine grau gestreifte Katze lag aufgerollt auf ihrem Schoss, eine weitere Katze lag zu ihren Füßen.

»Ich heiße Ma-ri-a«, sagte die Frau und betonte dabei sorgfältig jede Silbe, als redete sie mit einem Kleinkind. Sie hatte nur noch einen Zahn im Mund. »Sieh dir dieses Haus an. Meinst du, es wird die Zeit überstehen?«

»Hast du schon was gegessen?«, fragte Talitha.

Maria schüttelte energisch den Kopf.

»Ist dir kalt?«

Maria nickte.

»Kann ich ein paar Tage bei dir wohnen?«

»Ja. Ich freue mich über jeden Besuch.«

Talitha ging in die Küche und fand Oliven und Brot und eine Decke. Sie legte die Decke um Marias Schultern und setzte sich dann auf den Boden neben sie. Die Abendluft war angenehm kühl. Sie brach das Fladenbrot in kleine Stückchen, gab Maria davon. Sie selbst aß wenig. Die Olivenkerne spuckten sie in den Hof, Maria spuckte am weitesten.

»Wenn es um Olivenkernweitspucken geht, sind einem die Zähne nur im Weg. Es gibt wenigstens eine Sache, auf die man sich im Alter freuen darf«, sagte sie, und sah zu, wie die beiden Katzen erst die Olivenkerne und sich dann gegenseitig jagten. Als Maria versuchte sich aufzurichten, verzog sie ihr Gesicht vor Schmerz. »Bete für gesunde Beine im Alter.«

»Warum sind deine Haare eigentlich nicht weiß?«, fragte Talitha.

»Ich färbe mir die Haare. Ich möchte attraktiv sein. Ich möchte nicht, dass mich der Herr Gott Israels vergisst. Er ist ein Mann, er wird sich eher nach mir umdrehen, wenn ich mich hübsch mache.«

Talitha nahm Marias eiskalte Finger in ihre Hände. Sie fühlte jeden einzelnen Knochen und die geschwollenen Gelenke. »Wenn der Gott Israels ein Mann ist, ist er dann ein Ehemann?«, fragte sie.

»Der Gott Israels ist ein Vater. Er hat viele Kinder, Söhne und Töchter.«

»Wenn der Gott Israels ein Vater ist«, sagte Talitha langsam, »und wenn er Kinder gezeugt hat, dann muss es auch eine Mutter geben, eine Frau Gott. Oder?«

»Selbstverständlich«, sagte Maria. »Das ist der Geist. Ohne den Geist gibt es kein neues Leben. Ein Mann kann ja schlecht schwanger werden.« Sie kicherte.

»Meine Mutter hat immer gesagt: Die Große Mutter hat viele Namen.« Talitha betrachtete Maria. »Ist ›Geist‹ auch einer ihrer Namen?«

»Geist, Tugend, Weisheit. Sie waren bei Gott dem Herrn, als er die Welt erschuf. Am Anfang war Weisheit und Weisheit wurde zum Wort. Denn der Herr Gott hat die Welt durch das Wort erschaffen. ›Es werde Licht‹, hat Frau Weisheit geflüstert und der Herr Gott erkannte die Weisheit des Wortes und hat das Wort der Weisheit laut ausgesprochen, und die Weisheit wurde schwanger und gebar das Licht. Denn ohne Licht kann man Dunkelheit nicht sehen. Dann flüsterte ihm Frau Tugend ins Ohr, und der Herr Gott sprach es aus und sagte: Inmitten des Wassers werde ein Raum. Und die Tugend gebar den Himmel. Denn ohne Raum zwischen Himmel und Wasser kann es im Leben auch keine Tugend geben.«

»Eine wunderschöne Geschichte«, sagte Talitha.

»Das hat auch der Mann gesagt, dem dieses Haus gehört.« Maria zeigte auf das Wohngebäude.

»Die Erde entstand, als die Große Mutter Gott dem Herrn ins Ohr flüsterte«, wiederholte Talitha.

»Männer könnten Großes leisten, wenn sie uns nur besser zuhören würden.«

Die beiden Frauen lachten.

Titus betrat Aquilas Haus und überreichte Paulus das Schreiben seiner Schwester. Herodias hatte ihm einen Schuldbrief gesandt, der von einem Geschäftsmann aus Ephesus ausgestellt worden war. Paulus musste sich nur bei der angegebenen Adresse vorstellen, um das Geld einzufordern. Damit schienen die finanziellen Schwierigkeiten für den Moment gelöst.

Gegen Abend kam Johannes zu Besuch. Vor sechs Wochen, als Titus dem Jünger Jesu zum ersten Mal in Jerusalem begegnet war, hatte ihn der stille Mann wenig beeindruckt. Johannes wollte den Beginn des Sabbats zusammen mit Paulus und der Gemeinde, die sich bei Aquila traf, begehen. Aquila begrüßte ihn herzlich und Priska brachte einen Teller mit Fladenbrot und Salz, den Johannes segnete.

Die Vorspeisen wurden im Hof serviert. Paulus und Johannes saßen auf hölzernen Hockern, und die Diener standen um sie herum. Titus stellte sich hinter seinen Herrn.

»Geht es dir gut, Paulus?«, fragte Johannes.

»Mir geht es ausgezeichnet«, antwortete Paulus.

»Es tut mir sehr leid, dass dich Justus von Palmyra so schlecht behandelt hat. Er meint es zwar gut, aber wie so oft richten Neubekehrte mehr Schaden an als Nutzen.«

»Nicht der Rede wert«, winkte Paulus ab. »Ich habe ihm längst vergeben.«

Johannes musterte Paulus aufmerksam. Nach einer Weile meinte er: »Christus bedeutet für dich vor allem, dass Gott dir vergeben hat. Richtig?«

»Ich glaube, dass durch den Tod Jesu alle Sünden vergeben sind«, antwortete Paulus.

»Sünden sind erst vergeben, wenn sie vor einem Bruder oder einer Schwester zugegeben wurden.«

»Und wenn man seine Sünden nur vor Gott bekennt?«

»Es gibt keine Sünde, die man nicht auch vor Menschen bekennen kann.«

»Oh doch«, widersprach Paulus. »Ich kenne einen Mann, der eine so schreckliche Sünde begangen hat, dass man nicht darüber reden kann.«

»Hat Gott ihm vergeben?«

»Ja.«

»Und er hat niemals mit jemandem darüber gesprochen?«

»Es gibt Dinge, die sind so schrecklich, dass niemand gezwungen sein sollte, darüber zu reden oder davon zu hören.«

Titus fragte sich, um was für ein Verbrechen es sich wohl handeln könnte, auf das Paulus hier anspielte. Dann wurde ihm klar: Wenn Paulus davon wusste, obwohl der Mann, der das Verbrechen begangen hatte, niemandem davon erzählt hatte, dann sprach Paulus offensichtlich über sich selbst. Titus vermutete, dass auch Johannes dies so verstanden hatte.

Mit einem das Thema abschließenden Unterton meinte Johannes: »Ich glaube, dass die Sünde erst dann ihre Macht über einen Menschen verloren hat, wenn der Mensch in der Lage ist, mit jemandem darüber zu reden.«

Johannes war Mitte dreißig und damit mindestens fünfzehn Jahre jünger als Paulus. Er war groß gewachsen, hatte bronzefarbene Haut und einen kräftigen Schopf dunkler Haare.

»Ich bewundere dich«, sagte Johannes nach einer Weile zu Paulus. »Du glaubst, dass Jesus von Nazareth der Christus ist, der Sohn Gottes, obwohl du Jesus nie gesehen hast. Du bist die Zukunft der Gemeinde Gottes.«

»Kephas ist die Zukunft«, erwiderte Paulus.

»Nicht Petrus.« Johannes zog offenbar vor, Kephas mit seinem griechischen Namen anzusprechen. »Sein Stern leuchtet hell, weil er ein Augenzeuge ist. Seine Erzählungen sind unterhaltsam, aber deine Geschichte, Paulus von Damaskus, deine Geschichte ist wahr.«

Titus musterte seinen Herrn genau. Paulus war angespannt. Warum konnte er das Kompliment nicht annehmen? Nicht alles, was ein Jünger Jesu über ihn zu sagen hatte, musste bösartig sein. Oder vielleicht doch?

»Ich glaube, dass Jesu Tod eine Bedeutung hat«, sagte Johannes mit seiner sanften und monotonen Stimme. »Das glaube ich ganz fest, und trotzdem verstehe ich noch nicht, warum er sterben musste.« Johannes machte eine Pause. »Jeden Tag verstehe ich ein klein wenig mehr, was uns Jesus sagen wollte und was wir damals nicht verstanden haben.«

Paulus setzte sich gerade hin und hob den Kopf. »Wie steht es mit deiner Gesundheit?«, fragte er.

»Nicht gut. Ich habe sehr abgenommen und die Ärzte wissen nicht warum. Jeden Tag habe ich Schmerzen im Unterleib, und oft bekommt mir das Essen nicht. Dadurch wird das Reisen zur Qual.«

»Es tut mir leid, das zu hören«, sagte Paulus.

»Danke für dein Mitgefühl.«

Priska klatschte in die Hände. »Es ist Zeit, sich in den Speiseraum zu begeben.«

Nur ungern machten die Diener Platz und sahen zu, wie die Herren ins Speisezimmer verschwanden und ihre Plätze auf den Liegen einnahmen. Vor allem Silvanus schien enttäuscht, die Unterhaltung zwischen Paulus und Johannes nicht weiter verfolgen zu können. Aber Priska hatte allen klar gemacht, dass nur für einen Diener Platz vorhanden sei und dass Titus wohl am besten geeignet sei, Paulus zu bedienen.

Titus stellte sich neben Paulus, reichte ihm die Teller mit den Speisen und stellte sie wieder ab. Mittlerweile war er so auf seinen Herrn eingespielt, dass Paulus kaum noch etwas sagen musste.

Verglichen mit Johannes wirkte Paulus zerbrechlich. Seine breite Glatze, der weiße Bart, der starre Blick seiner blinden Augen, seine leicht nach vorne gekrümmte Haltung ließen ihn älter erscheinen, als er tatsächlich war.

Wieder fiel es Johannes zu, die Unterhaltung zu eröffnen. »Ich habe gehört, dass Chloes Sklaven morgen nach Korinth zurückkehren werden. Ich hoffe, du erlaubst mir, den Männern zwei kurze Briefe mitzugeben, es ist da eine unangenehme Sache aus der Welt zu schaffen.«

Johannes legte zwei Schreiben auf den schmalen Tisch, der vor seiner Liege stand. Beide Briefe bestanden je aus einem Blatt, das zusammengefaltet war und dessen Ecken mit Wachs versiegelt waren.

»Was ist passiert?«, fragte Paulus.

»Justus von Palmyra hat Korinth besucht.«

Paulus verschluckte sich, hustete und rang nach Luft. »Was? Justus ist bereits in Korinth?«

»Der Juwelier Diotrephes hat Justus und seine Delegation als Räuberbande, Lügner, und Bettelprediger beschimpft, weil sie um Spenden für Jerusalem geworben haben.«

»Das klingt nach Diotrephes«, murmelte Titus.

»Demetrios, der Vorsänger der Gemeinde, hat ein Machtwort gesprochen und die Leute beruhigt. Am Ende hat Gaius die Brüder bei sich übernachten lassen, Diotrephes hätte sie am liebsten aus der Stadt gejagt. Gaius aber war ja immer schon vernünftig.«

»Gaius ist ein guter Mann, ich habe ihn getauft«, sagte Paulus. Er hatte sich jetzt wieder gefasst. »Und was hast du in deinen beiden Briefen geschrieben?«

»Ich habe die Gemeinde ermahnt, einander zu lieben. Alles andere ist unwichtig. Und ich habe einen Dankesbrief an Gaius geschickt und ihn wegen seiner vorbildlichen Gastfreundschaft gelobt. Wenn du mich fragst: Mir ist diese ganze Kollektenangelegenheit unheimlich lästig. Am liebsten hätte ich nichts damit zu tun. Jesus hat mich nicht zum Steuereintreiber berufen.«

»Es freut mich, das zu hören«, schmunzelte Paulus.

»Heute Morgen haben sich Brüder aus Galatien bei mir gemeldet. Sie wollten wissen, wie man so eine Spendenaktion am besten organisiert. Ich habe sie an dich verwiesen. Du bist ein ehrenwerter Kaufmann, du kennst dich in Geldangelegenheiten besser aus.«

»Ich rate den Gemeinden, nicht alles auf einmal zu sammeln, sondern jedes Mal, wenn sie sich treffen, einen kleinen Betrag in die Gemeinschaftskasse zu legen. So kommt am Ende mehr zusammen und niemand übernimmt sich.«

»Ein ausgezeichneter Vorschlag.« Johannes nickte zustimmend.

Dann unterhielten sich die beiden Männer über den Pfingstgottesdienst, der bald gefeiert werden würde.

»Vor vierzehn Jahren bin ich getauft worden«, sagte Paulus. »Zu Pfingsten.«

»Vor vierzehn Jahren«, sagte Johannes nachdenklich. »Das war das Jahr, in dem Jesus gekreuzigt wurde.«

Paulus nickte. »Fünfzig Tage nach Ostern. Ich bin eine Spätgeburt.«

Nach der Mahlzeit wartete Silvanus voller Unruhe im Hof. »Herr, was habt ihr Johannes gefragt? Ihr habt sicher viele Fragen gestellt.«

Paulus richtete sich auf. »Ich denke nicht, dass dich das irgendetwas angeht«, sagte er schließlich. »Was hättest du ihn denn gefragt?«

Silvanus gestikulierte wild mit den Armen und reihte eine Frage an die nächste: »Wie sah Jesus aus? Welche Haarfarbe? Wie groß war er? Hat er nachts geschnarcht? Konnte er Griechisch? Wann ist ihm denn klar geworden, dass er der Christus ist? Ist er zur Schule gegangen? War er ein anständiger Mensch? Hat er jemals ein Gebot Mose gebrochen? Wie hieß sein Vater? Hat er sich je verliebt? Hatte er Schmerzen, als er gekreuzigt wurde? Weiß Johannes, ob jemand den auferstandenen Jesus berührt hat?«

Silvanus starrte Paulus an und wartete auf eine Antwort. Aber Paulus schien gar nicht zugehört zu haben. Und so versuchte er es nochmals: »Herr, ihr habt Jesus nie gesehen, nicht wahr? Ihr müsst doch auch voller Fragen stecken! Johannes hat Jesus gut gekannt, er hat ihn hautnah erlebt, er kümmert sich seit vierzehn Jahren um Jesu

Mutter. Johannes weiß alles über Jesus, was man wissen kann. Ihr habt ihn doch bestimmt ausgefragt.«

»Ich habe nichts dergleichen getan«, sagte Paulus.

»Nicht eine Frage?«

»Johannes hat mir gesagt, was Jesu letzte Worte waren, bevor er starb: Es ist vollendet.«

»Das war alles?«

»Der Mensch Jesus interessiert mich nicht. Ich glaube an den einen Herrn Gott, den Gott Abrahams, Isaaks und Jakobs, der Jesus gesandt hat. Derselbe Gott, der auch mich berufen und ausgesandt hat.«

Silvanus sank langsam zu Boden. Es war, als hätte ihn alle Kraft verlassen.

»Der Herr Gott spricht durch den Geist«, sagte Paulus. »Jeder, der getauft wird, erhält den gleichen Geist, den Jesus erhalten hat. Wir sind alle Kinder Gottes. Gott macht keine Unterschiede.«

Silvanus saß auf dem Steinboden und schüttelte den Kopf. »Nicht eine Frage«, murmelte er fassungslos.

Titus begleitete seinen Herrn zur Schlafkammer. Als Paulus seine Hände zum Abendgebet hob, hob auch Titus seine Hände. Paulus betete auf Hebräisch.

»Wofür habt ihr gebetet?«, fragte Titus hinterher und bückte sich, um die Sandalen seines Herrn zu lösen.

»Sei mir gnädig, Herr«, sagte Paulus. »Ich bin in großer Not, und meine Augen sind blindgeweint vor Trauer. Meine Tage sind voll Leid und meine Jahre voller Seufzen. Mein Unglück raubt mir alle Kraft und meine Knochen tun mir weh. Ich bin der Spott meiner Gegner und meinen Nachbarn bin ich eine Schande. Meine Bekanntschaften schämen sich wegen mir, und auf der Straße machen die Leute einen weiten Bogen um mich herum.«

Titus schluckte. »Habt ihr da nicht ein wenig übertrieben?« Er konnte zwar den Hinweis auf die Augenkrankheit verstehen, auch auf die Gegner und die fehlenden Freunde. Aber dennoch, Paulus ging da doch etwas zu weit.

»Ich habe das Gebet nicht geschrieben«, erklärte Paulus. »Es ist ein Psalm. Hinterher fühle ich mich immer besser.«

Titus schüttelte den Kopf. Die judäische Religion war schon seltsam.

»Würdest du dir zutrauen, ohne mich nach Korinth zu reisen, um einen Brief zu überbringen?«, fragte Paulus unvermittelt.

Titus kniete immer noch vor seinem Herrn und kämpfte mit den Sandalen. »Wenn ihr mich sendet, dann gehe ich«, antwortete er.

Paulus legte seine Hand auf Titus' Kopf und segnete ihn auf Hebräisch. »Ich möchte, dass du schon morgen mit Chloes Männern nach Korinth abreist. Sie brechen mit dem ersten Morgengrauen auf. Silvanus kann mich versorgen, solange du fort bist. Ich warte hier in Ephesus, bis du wieder zurückkommst.«

Titus nickte gehorsam.

Korinth

An Korinther (1 Kor 5,1.4-5)

Mir ist von sexuellen Ausschweifungen unter euch berichtet worden, wie sie nicht einmal bei Nicht-Judäern vorkommen: ein Mann schläft mit der Frau seines Vaters! ... Wenn ihr euch das nächste Mal im Namen des Herrn trefft, werde ich als Geist anwesend sein, ausgestattet mit der Zauberkraft des Herrn Jesus, um diesen Mann dem Satan zur Vernichtung seines Körpers zu übergeben, damit seine Seele gerettet wird am Tag des Herrn ...

Maius 24 = Lyar 23, dritter Tag der Woche

»Kannst du Patmos sehen?«, fragte Johannes, als das Schiff den Hafen von Ephesus verließ.

Titus kniff die Augen zusammen, suchte den Horizont ab und schüttelte den Kopf.

»Es wird noch ein paar Tage dauern, bis Patmos erscheint, aber im Herzen sehe ich die Insel bereits«, sagte Johannes. »Patmos ist, wo Himmel und Wasser sich berühren, wo ich so sein kann, wie ich bin, wo ich mit dem Geist Gottes verschmelze.«

»Und was macht ihr auf Patmos?«, fragte Titus.

»Ich schreibe.«

»Und was schreibt ihr?«

Johannes ließ seinen Blick über das Wasser schweifen. »Ein Schleier schwebt über dem Chaos unseres Lebens. Auf Patmos ist dieser Schleier dünner als anderswo und kann von Gott im Herzen eines Dichters leicht beiseitegeschoben werden.«

»Schreibt ihr Gedichte?«

»Wenn mich der Geist erfasst, höre ich eine Stimme so laut und so klar wie den Ton einer Trompete, und ich habe Visionen.«

»So wie Paulus?«

»Ich schreibe ein Buch. Ich schreibe alles auf, was ich höre und sehe.«

Die Reise von Ephesus über Milet nach Patmos verlief bei sonnigem

Wetter und gleichmäßigem Wind ohne Zwischenfälle. Auf der Insel ging Johannes von Bord.

Stephanas, der graubärtige Geschäftsmann aus Korinth, der die beiden Sklaven der Chloe, Fortunatus und Achaicus, nach Ephesus begleitet hatte, war Titus gegenüber reserviert. Nicht ein Mal unterhielt sich Stephanas mit ihm, und selbst am Abend des ersten Tages der Woche, als Stephanas mit den zwei Sklaven das Ritual zum Gedenken der letzten Mahlzeit Jesu feierte, schloss er Titus nicht mit ein.

Zehn Tage nachdem das Schiff Ephesus verlassen hatte, erreichte es die Bucht von Kenchräa, dem östlichen Hafen Korinths. Stephanas mietete einen Pferdewagen, und obwohl genügend Platz für Titus vorhanden gewesen wäre, nahm er ihn nicht mit. Als der Wagen losfuhr, rief Stephanas: »Wenn du denkst du kannst uns ausspionieren und dann Paulus Bericht erstatten, hast du dich getäuscht!«

Paulus hatte Titus den Namen einer Herberge am Stadtrand gegeben, die einem Judäer gehörte und von einer Diakonin der Gemeinde Gottes in Kenchräa verwaltet wurde. Als Titus den Innenhof der Herberge betrat, musterte ihn eine weißhaarige Frau skeptisch.

»Phoebe?«, fragte Titus vorsichtig. Das war der Name, den Paulus genannt hatte.

Sie nickte. »Hat Paulus dich geschickt?« Phoebe zeigte auf die kilikische Decke unter Titus' Arm. »Es gibt nur einen Laden in Korinth, der solche Decken führt, und der bezieht sie von Paulus. Ist dein Herr noch im Hafen?«

Phoebe war etwa Ende fünfzig und hatte einen leicht gekrümmten Rücken. Aus einer kleinen Warze auf der linken Wange wuchsen drei dicke, schwarze Haare.

»Paulus ist in Ephesus«, sagte Titus.

»Er ist nicht gekommen? Trotz unseres Briefes?«

»Er hat mich gesandt. Er hat auch gesagt, dass ich hier übernachten könnte. Umsonst.«

Phoebe lachte laut auf. »Du? Ein Sklave? Umsonst?« Sie spuckte auf den Boden und zeigte auf das offene Tor. »Wir führen eine ehrenwerte Herberge! Wir nehmen nur Sklaven auf, wenn sie ihre Herren begleiten.«

Titus verbrachte den Abend in einer Taverne. Er trank billigen Wein und knabberte an dem letzten trockenen Brotfladen, den er aus Ephesus mitgebracht hatte. Die Taverne war voller betrunkener Seeleute, die junge Frauen in ihren Armen hielten. Titus fühlte sich mit einem Male alt, hässlich und einsam. Als sich die Tische leerten, wankte er nach draußen. Es war nach Mitternacht, und es regnete in Strömen. Er sehnte sich nach Damaskus. In Damaskus regnete es nie. Er rannte zum Marktplatz und fand einen trockenen Platz in den Arkaden, wo er seine Decke ausbreitete.

Als Titus am nächsten Morgen aufwachte, hatte er entsetzliche Kopfschmerzen. Ein junger Mann saß neben ihm auf dem Steinboden, an eine Säule gelehnt, ein Blatt Papyrus auf dem Knie, und schrieb mit einer Rohrfeder.

»Ich heiße Lucius«, stellte sich der junge Mann vor ohne aufzublicken. »Deine kilikische Decke ist mir aufgefallen. Ich nehme an, du bist Paulus' neuer Diener. Chloe schickt mich, um dich nach Korinth zu bringen. Mein Vater kennt Paulus gut.«

»Wie heißt dein Vater?«

»Sosipater«, sagte Lucius. »Er ist in Syrien geboren und hatte ein Textilgeschäft in der Stadt.«

Schon kurze Zeit nachdem sie Kenchräa hinter sich gelassen hatten, verließ Lucius die gepflasterte Straße und führte Titus einen Weg entlang, der durch Olivenhaine führte. Das Gras war noch feucht und der Boden weich vom Regen der vorangegangenen Nacht. Die beiden Männer zogen ihre Sandalen aus. Titus war noch nie barfuß auf Gras gelaufen. Gras war zu kostbar in Damaskus, um darauf herumzutrampeln, es wurde künstlich bewässert und von Gärtnern sorgsam gepflegt.

Der Dunst, der aus den Wiesen stieg, gab der Morgensonne eine rötliche Farbe. Allmählich gingen die Olivenbäume in Obstbäume über, und schließlich waren sie in den berühmten Weingärten von Korinth angelangt. Die süßen Rosinen, die hier produziert wurden, wurden auch auf den Märkten von Damaskus als begehrte Delikatesse gehandelt.

»Mein Vater sagt, dass die schwierigste Reise, die ein syrischer Geschäftsmann in seinem Leben machen kann, die Reise von Kenchräa, Korinths Hafen im Osten, nach Lechaion, Korinths Hafen im Westen, ist.« Lucius lächelte. »In Korinth trifft Ost auf West, trifft die alte Welt der Griechen auf die neue Welt der Römer.«

»Ich habe einmal einem Schiffskapitän gedient, der gerne von einem Tempel der Aphrodite in Korinth erzählte, in dem fünfhundert Priesterinnen arbeiten, die mit jedem Mann schlafen, der sich ihnen anbietet«, sagte Titus.

»Was der Kapitän verschwiegen hat, ist wo sich der Tempel befindet«, antwortete Lucius mit einem Schmunzeln und zeigte auf den riesigen Berg, hinter dem die Sonne aufgegangen war und auf den sie zuliefen. »Korinth liegt am Fuß dieses Berges. Der Tempel ist auf dem Gipfel. Der Aufstieg ist sehr gefährlich und dauert drei bis vier Stunden, das meiste ist steiler, kahler Fels. Jeder Matrose, der es tatsächlich bis oben hin schafft, wird so erschöpft sein, dass keine Priesterin Gefahr läuft, von ihm belästigt zu werden. Ich bin sicher, dein Kapitän zog es vor, in der Stadt zu bleiben und zu träumen.«

Titus musste an Talitha denken. »Die Große Mutter ist überall«, murmelte er.

Sie betraten Korinth durch ein breites Tor in der gewaltigen Stadtmauer, und Lucius führte Titus zum Forum. Die Südseite des weiten Marktplatzes war von Wohnhäusern gesäumt, die sich von dort aus wie dicht aufeinander gesetzte Würfel den Hang hinauf erstreckten. Dahinter stieg eine nackte Felswand in den Himmel.

Lucius zeigte Titus das Geschäftshaus der Chloe, das am höchsten Punkt des leicht abfallenden Marktes stand und den weiten Platz und den massiven Apollotempel überblickte. Dann verabschiedete er sich.

Entlang der Außenwand von Chloes Geschäft, es war ein Friseur- und Kosmetiksalon, waren hölzerne Stühle aufgereiht, die für die männliche Kundschaft vorgesehen waren. Um die Frauen kümmerte man sich in der etwas intimeren Atmosphäre des Innenhofes.

Titus' Beine waren müde von der dreistündigen Wanderung von Kenchräa nach Korinth. Er setzte sich in einen der Stühle und legte die kilikische Decke, in der seine wenigen Habseligkeiten eingewickelt waren, auf den Boden. Im Stuhl neben ihm saß ein Kunde, der sich von einer jungen Frau die Haare schneiden ließ.

Als sich die Friseurin über den Mann beugte, um die schwarzen Bartstoppel unter der Nase mit einem kleinen, scharfen Messer zu rasieren, starrte er ihr ohne jede Scham auf den Busen, der sich durch das Kleid abbildete.

»Wie gefällt dir denn die Aussicht, Erastus?«, rief eine Frau, die gerade aus dem Laden kam.

Erastus grinste. »Guten Morgen, Chloe, du bist umwerfend schön, wie immer.«

Titus drehte sich um. Chloe wirkte jünger als er sie sich vorgestellt hatte. Sie hatte lange blonde Haare, ihre Lippen waren rot bemalt, die Augenbrauen waren sorgfältig gezupft und dunkel gefärbt. Sie trug kleine Ohrringe aus Gold, ein goldenes Halsband, und mehrere Ringe an ihren Fingern. Das dunkelblaue Kleid aus Seide betonte ihre schlanke Figur.

»Musst du heute arbeiten, am Sabbat?«, fragte sie Erastus.

»Die Stadtverwaltung hält sich nicht an den judäischen Kalender.«

»Auch die Bärte meiner Kunden ruhen nicht.«

Chloe sah zu Titus hinüber und zeigte auf die kilikische Decke. »Hat dich Lucius also gefunden. Du musst Titus sein, Paulus neuer Diener.«

»Der bin ich«, sagte Titus.

»Stephanas hat mich vor dir gewarnt. Seit Stephanas Johannes getroffen hat, hat er sein Vertrauen zu Paulus verloren. Und deshalb traut er auch dir nicht.« Chloe stellte sich hinter Titus und fuhr mit den Fingern durch sein Haar. »Ich schneide dir jetzt die Haare.« Und bevor sich Titus weigern konnte, goss sie ihm warmes Wasser über den Hinterkopf.

»Was hat dir dein Herr über mich erzählt?«, fragte sie.

»Nichts«, antwortete Titus wahrheitsgemäß.

»Auch gut. Dann kann ich dir ja alles selbst erzählen.«

Als Chloe mit dem Haarewaschen fertig war, setzte sich Titus auf. Chloe begann zu schneiden und plauderte vor sich hin. »Paulus wird dir von Gaius erzählt haben. Ich war mit Gaius' Vater verheiratet, der ebenfalls Gaius hieß. Caesar hatte dem Urgroßvater meines Mannes vor hundert Jahren Land in Korinth geschenkt. Und seither hat die Familie aus dankbarer Erinnerung an den großen Kaiser den ältesten Sohn immer Gaius genannt. Den zweiten Sohn nannte mein Mann einfach Secundus …« Chloe legte das Messer weg, nahm Titus' Kopf in beide Hände, drehte ihn so, dass sie ihm in die Augen sehen konnte, und sagte: »Secundus heißt ›der Zweite‹, für den Fall, dass dein Latein etwas rostig ist.«

Titus nickte. Er konnte kein Latein.

»Den dritten Sohn nannte er Tertius und den vierten Quartus. Secundus starb als Kind und als Quartus geboren wurde, starb Gaius' Frau.«

Chloe ließ ihre Schere fallen. Als sie sich vorbeugte, um sie aufzuheben, rutschte der Saum ihres Kleides nach oben und entblößte ihre Beine.

Erastus drehte sich um.

»Verehrter Stadtkämmerer!«, sagte Chloe, stellte sich hinter Erastus, schnitt eine Haarsträhne ab und hielt sie ihm vor die Augen. »Wenn du das noch einmal machst, wirst du den Laden glatzköpfig verlassen.«

Erastus grinste.

Chloe wandte sich wieder an Titus. »Gaius Senior, mein erster Mann, ist vor einem Jahr gestorben. Als wir das Testament öffneten, stellten wir fest, dass er die Herberge seinem ältesten Sohn, Gaius Junior, vererbt hatte, den Friseurladen aber mir. Und für Tertius und Quartus hatte er gar nichts vorgesehen.«

Während Chloe weiter die Haare schnitt, mischte sich Erastus ein und erläuterte den rechtlichen Hintergrund. Gaius wollte seine beiden Brüder schützen. Sie sollten nicht leer ausgehen. Wenn er Chloe heiratete, konnte er seine Brüder rechtlich als seine eigenen Kinder anerkennen lassen – schließlich war Chloe offiziell deren Stiefmutter – und so die Steuerbestimmungen des Erbschaftsrechts umgehen, die Kaiser Augustus vor fünfzig Jahren erlassen hatte. Nach diesen Bestimmungen konnten Ehepaare mit weniger als drei Kindern nichts vererben, das gesamte Vermögen fiel an den Staat. Da Secundus, der verstorbene zweite Sohn, auch als Kind zählte, hätte Gaius durch die Heirat mit seiner Stiefmutter das Familienvermögen gerettet. Obwohl die Lösung dem Geiste der Augusteischen Gesetze widersprach, war sie juristisch einwandfrei, und es gab vergleichbare Präzedenzfälle.

Chloe massierte Titus' Kopfhaut mit Öl. »Ich habe der Ehe zugestimmt, aber nur unter einer Bedingung: kein gemeinsames Schlafzimmer.«

»Natürlich«, kommentierte Erastus schmunzelnd.

Chloe nahm ein Handtuch und wischte das überschüssige Öl ab, das von Titus' Kopf tropfte, während Erastus Titus zuzwinkerte: »Aber dann ist Chloe doch dem Charme von Gaius' blauen Augen erlegen…«

Chloe ignorierte Erastus' Bemerkung. »Die Gemeinde fand nichts daran auszusetzen«, erzählte sie weiter. »Doch als Justus von Palmyra bei uns auftauchte, hielt er eine feurige Predigt. In den Augen des judäischen Gottes, behauptete er, sei unsere Ehe eine schreckliche Sünde. Nach dem Gesetz Mose dürfen Vater und Sohn nicht mit derselben Frau schlafen.« Chloe legte die Schere weg. »Gaius hat bloß gelacht. Doch die Gemeinde zerstritt sich über die Frage, und Erastus …«

»Ich muss vorsichtig sein«, fuhr dieser dazwischen. »In meiner Position kann ich es mir nicht leisten, den Anschein zu erwecken, dass ich Leute bevorzuge, die zum selben religiösen Verein gehören wie ich.«

Chloe verpasste Erastus einen leichten Klaps auf den Hinterkopf. »Erastus hat Gaius vor den Behörden angezeigt.«

»Das Gericht bestätigte, dass die Ehe im Rahmen der geltenden Gesetze gültig sei«, verteidigte sich Erastus. »Als Gaius' Anwalt während der Verhandlung bemerkte, dass die Umgehung der Steuervorschriften des Augustus im ganzen Imperium eine Art Sport geworden sei, haben alle gelacht, selbst der Richter.«

»Und so mussten wir uns mit der Frage auseinandersetzen, ob das Gesetz Mose wichtiger ist, als das geltende römische Gesetz in Korinth«, sagte Chloe. »Und als uns Diotrephes mitteilte, dass Paulus in Ephesus sei, bat ich Stephanas, der gerade zu einer Geschäftsreise nach Ephesus aufbrach, zwei meiner Diener mitzunehmen. Sie sollten Paulus die Situation schildern und ihn überreden, sofort nach Korinth zu kommen.«

Chloe trat einen Schritt zurück und betrachtete Titus. Offensichtlich zufrieden mit dem Werk, hielt sie ihm einen Spiegel aus poliertem Metall hin. Titus gefiel, was er sah. Chloe hatte die Haare oben auf dem Kopf sehr kurz geschnitten und sie nach vorne gekämmt, ohne sie zu teilen. Er sah nicht mehr aus wie ein Syrer, er sah jetzt aus wie ein Grieche.

»Die Gemeinde verfasste ebenfalls einen Brief, in dem sie die Situation aus ihrer Perspektive schilderte«, fuhr Chloe fort.

»Der Brief war im Grunde nur eine Liste von kurzen Fragen«, ergänzte Erastus.

Chloe ratterte eine Frage nach der anderen herunter. »Ist Sex wirklich so eine schlimme Sache? Sollte man Jungfrauen zum Sex ermutigen? Müssen Verheiratete Sex haben? Und muss eine Frau ohne Sex auskommen, wenn der Ehemann stirbt?«

Erastus schüttelte sich vor Lachen. Die junge Frau, die Erastus rasierte, erschrak, hob das Messer in die Luft und trat einen Schritt zurück.

Erastus sagte: »Der Wortlaut des offiziellen Briefes war: Ist es gut für einen Mann, eine Frau nicht zu berühren? Chloes Version ist viel besser.«

»Bei euch Judäern geht es immer nur um Sex«, murmelte Titus.

»Ich bin keine Judäerin«, widersprach Chloe. »Ich bin Mitglied der Gemeinde Gottes in Korinth. Noch nie habe ich eine judäische Synagoge betreten, und ich werde es auch niemals tun!«

Nach dem aufschlussreichen Besuch bei Chloe, der ihm obendrein noch eine neue Frisur gebracht hatte, machte Titus sich zum Juwelierladen des Diotrephes auf. Chloe hatte ihm den Weg beschrieben.

»Ich habe dir ja gesagt, dass wir uns noch vor Pfingsten in Korinth sehen würden«, begrüßte ihn der kleine, kahle Mann und hieß ihn willkommen.

Am Abend des nächsten Tages, dem ersten Tag der judäischen Woche, versammelte sich die Gemeinde Gottes, eine Gruppe von acht Männern und fünf Frauen, in der Herberge des Gaius, um das Pfingstfest zu begehen. Neben Diotrephes, der Paulus in Antiochien beigestanden war, und seiner Frau, war Demetrius, der Vorleser der

Gemeinde und ein Freund des Johannes, anwesend. Auch er hatte seine Frau mitgebracht. Titus wurde dem Hausherrn Gaius vorgestellt. Dieser trug die Toga eines römischen Bürgers, und seine Augen waren so auffallend blau wie Erastus am Tage zuvor spöttisch bemerkt hatte. Auch der Stadtkämmerer kam mit seiner Frau, ebenso der Geschäftsmann Stephanas. Und natürlich Chloe mit ihren Sklaven Fortunatus und Achaicus und der jungen Frau, die Erastus die Haare geschnitten hatte. Gaius' jüngerer Bruder Tertius war ebenfalls anwesend.

Das Essen war vom Koch der Herberge vorbereitet worden. Die Frauen trafen sich in einem Nebenzimmer und gesellten sich nach der Mahlzeit zu den Männern im größeren Speiseraum. Chloe setzte sich auf den Hocker vor Titus. Sie zog die Haarspangen aus ihrem langen, blonden Haar und ließ es offen über ihre Schultern fallen.

Demetrius, ein stattlicher Mann mit einem langen, schwarzen Bart, trug die Pfingstgeschichte vor, die er auswendig gelernt hatte.

»Das Orakel des Herrn!«, begann Demetrius in seiner tiefen Stimme.

»Gesegnet, wer das Orakel des Herrn verkündet«, antwortete die Gemeinde einstimmig.

Demetrius rezitierte: »Moses versammelte siebzig Älteste des Volkes und stellte sie alle um das Zelt auf. Dann kam der Herr Gott in einer Wolke herab und sprach zu ihnen, und er nahm etwas von dem Geiste, der auf ihm war, und gab ihn den siebzig Ältesten. Und als der Geist auf ihnen ruhte, begannen sie zu prophezeien.«

Diotrephes bereitete den silbernen Kelch vor. Er segnete ihn, trank daraus und reichte ihn an Stephanas. Dann erhob er die Hände und betete laut. Stephanas nahm ebenfalls einen Schluck, reichte den Kelch weiter und begann laut zu beten. Beide Männer redeten gleichzeitig, jeder in einer anderen Sprache. Und so ging es weiter, jeder, der trank, pries Gott laut mit erhobenen Händen, jeder in einer anderen Sprache, und niemand in Griechisch.

Auch Titus nahm einen Schluck und reichte den Kelch an Chloe weiter. Dann betete er das einzige Gebet, das er kannte, das nicht auf Griechisch war, das aramäische Gebet Jesu, das ihm Barnabas beigebracht hatte. Nach und nach erinnerte er sich an die Worte und sprach sie mit großer Selbstsicherheit laut aus. Wenn er an das Ende des Gebetes gekommen war, begann er wieder von vorne.

Die Gruppe wurde immer lauter, die Frauen standen auf, hoben die Hände in die Höhe und priesen Gott mit Tränen in den Augen. Sie wirkten aufgewühlt und tief bewegt.

Schließlich gab auch Titus der Stimmung nach. Er hob die Hände, stand auf und mischte sich unter die tanzenden, betenden Frauen und Männer. Seine Füße bewegten sich zum Rhythmus seiner eigenen Stimme.

Chloe kam auf ihn zu, legte ihre Arme um seinen Hals, und drückte ihr Gesicht gegen seine Schulter. Ihre Stimme klang sanft und zärtlich, doch Titus verstand nicht, was sie sagte. Er legte seine Hände auf ihren Rücken, fühlte die Wirbelsäule und Rippen der schlanken Frau durch das leichte Sommerkleid, spürte ihren flachen Busen.

Sie küsste seinen Hals und flüsterte: »Ich liebe dich, mein Bruder.« Und noch lange nachdem sie ihn losgelassen hatte, um Erastus zu umarmen, hatte Titus den angenehmen Geruch ihrer Haare in der Nase.

»Herr Gott sei gepriesen!«, tönte Demetrius' tiefe Stimme, und alle antworteten: »Halleluja, gelobt sei der Herr Gott!« und nahmen wieder ihre Plätze ein, die Männer auf den Liegen, die Frauen auf den Hockern davor.

Demetrius faltete den Brief des Johannes auseinander, den Stephanas zusammen mit dem Brief des Paulus nach Korinth gebracht hatte, und las laut daraus vor: »Ich schreibe euch kein neues Gebot, wenn ich schreibe: Liebet einander!«

»Preiset den Herrn!«, rief Chloe. »Ich habe euch alle lieb!«

Wieder erhoben sich die Frauen, wieder mit Tränen in den Augen, und wieder begannen sie laut in fremden Sprachen zu beten.

Nach einer Weile las Demetrius weiter aus dem Brief des Johannes vor: »Viele Betrüger sind in die Welt hinausgezogen, die nicht bekennen, dass Jesus Christus im Fleisch gekommen ist. Wer so denkt, ist der Betrüger und der Gegen-Christus.«

»Er meint Paulus«, rief Diotrephes empört und stand von seiner Liege auf. »Was bildet sich Johannes denn ein? Und was soll das denn sein, ein Gegen-Christus?«

»Johannes war der Lieblingsjünger Jesu. Er lag an Jesu Brust während des letzten Abendmahls«, erwiderte Demetrius. »Er ist der Mann, dem Jesus seine Mutter anvertraut hat. Er hat das leere Grab gesehen. Und Paulus? Paulus hat nichts dergleichen vorzuweisen!« Gaius stand auf und ermahnte Demetrius und Diotrephes. Da sich die Gemeinde in Gaius' Haus traf, war es seine Pflicht, für Ordnung zu sorgen.

Der Zeitpunkt war gekommen, sich dem Brief des Paulus zu widmen. Weil er der Überbringer des Briefes war, war es Stephanas' Aufgabe, ein paar einleitende Worte zu sagen: »Ich habe den Brief sorgfältig gelesen und beschlossen, heute Abend nur den Ausschnitt vortragen zu lassen, der die größte Dringlichkeit hat: Paulus' Meinung zum Streit um Gaius und Chloes Heirat.« Stephanas setzte sich.

Demetrius rollte den Brief bis zu einer bestimmten Stelle auf und las vor: »Es wurde mir berichtet, dass eine Frau aus eurer Gemeinde auf eine Art und Weise sexuell misshandelt wird, wie es selbst unter Nicht-Judäern unerhört ist. Gaius verlangt von der Frau seines Vaters, dass sie mit ihm schläft. Und ihr wisst davon und duldet solch ein Verhalten! Ihr solltet euch schämen! Wenn ihr euch das nächste Mal zum Gottesdienst versammelt, werde ich im Geiste anwesend sein. Und ich werde von euch verlangen, dass ihr Gaius dem Teufel übergebt! Satanas soll seinen Körper zerstören! So wird Gaius' Seele am Tag des Herrn vielleicht noch gerettet werden!«

Absolute Stille. Titus starrte zu Boden. Er schämte sich für seinen Herrn.

Stephanas räusperte sich. »Ich habe mich zwar von Paulus taufen lassen, das heißt aber nicht, dass ich mit dem übereinstimme, was er schreibt.«

Chloe hielt sich die Hände vor die Augen. Sie zitterte am ganzen Körper und weinte.

Gaius erhob sich und rief mit zorniger Stimme: »Paulus tut so, als würde ich meine Mutter vergewaltigen! Chloe ist nicht meine leibliche Mutter, und wir lieben uns! Hat Jesus nicht geboten, einander zu lieben? Hat uns Johannes in dem Brief, den wir gerade gelesen haben, nicht aufgefordert, einander zu lieben? Ist Liebe nicht wichtiger als judäischer Aberglaube?«

Diotrephes, Titus' Hausherr, sprang auf: »Richtig! Was kümmern uns die Regeln dieser unkultivierten, primitiven Barbaren! Wir sind Griechen! Christus hat uns vom Gesetz Mose erlöst!«

»Das Gesetz Mose ist kein Aberglaube, und das Volk Israel sind keine Barbaren!«, donnerte Demetrius' Stimme.

Diesmal versuchte Gaius nicht, die Streithähne zu trennen. Die Frauen brachen in Wehgeschrei aus, als wäre eine Leiche zu beklagen. Sie zerrissen die Kleider, zerzausten die Haare und schmierten Asche auf die Stirn. Chloes junge Friseurin stieß plötzlich einen lauten Schrei aus und erstarrte.

»Der Geist hat sie ergriffen«, rief die Frau des Erastus.

Die Friseurin hatte ihr Oberkleid vorne aufgerissen, sie stand barfuß auf Zehenspitzen, beide Arme nach oben gestreckt, die zerzausten Haare hingen über die Schulter. Sie flüsterte in einer Sprache, die Titus nicht verstand.

»Stephanas! Übersetzen, übersetzen!«, rief Diotrephes.

Stephanas erhob sich und schloss die Augen. »So spricht der Herr!«

Die Gemeindeglieder bildeten einen Kreis um die junge Frau und Stephanas, streckten die Arme zur Seite aus, Handfläche nach oben, und schlossen die Augen.

»Bleibt verheiratet, aber lebt enthaltsam«, verkündete Stephanas. »Eure Liebe ist stark genug. Eure Lust wird euch nicht verbrennen.«

Erastus' Frau rief, »Halleluja! Gelobt sei der Herr!«, doch diesmal reagierten die anderen Frauen nicht. Die Stimmung blieb gedrückt.

Allmählich entwickelte sich eine hitzige Diskussion. Gaius war empört. »Wie komme ich dazu, nicht mit der Frau zu schlafen, die ich geheiratet habe?« Erastus gab zu bedenken: »Dem Römischen Reich ist es egal, was im Bett eines Ehepaares passiert – oder wie in eurem Fall vielleicht nicht passiert – erbrechtlich macht es aber einen großen Unterschied, ob ihr verheiratet seid oder nicht.« »Wir müssen Gottes Gesetz, wie es Mose anvertraut wurde, halten, ob wir es verstehen oder nicht«, warf Demetrius ein, und Diotrephes entgegnete: »Es gibt gar kein judäisches Gesetz, das verbietet, die Stiefmutter zu heiraten«, worauf Demetrius eine Passage auf Hebräisch zitierte, was Stephanas wiederum empörte, weil niemand außer Demetrius Hebräisch verstand.

Schließlich zogen sich Gaius und Chloe zurück und sprachen unter vier Augen, während die Gemeinde unter Demetrius' Leitung griechische Psalmen sang. Als das Ehepaar wieder erschien, erklärte Gaius, dass er das Wort des Geistes als Wort Christi anerkennen wolle. Falls es die Gemeinde für ausreichend hielte, wolle er sich nicht von Chloe scheiden lassen, beide würden aber ein Gelübde ablegen, in Zukunft sexuell enthaltsam zu leben.

Erastus ließ ordnungsgemäß darüber abstimmen und protokollierte die Entscheidung. Die Mehrheit stimmte für diese Lösung, nur Diotrephes war dagegen, und Titus enthielt sich der Stimme.

Daraufhin nahm Chloe ihren Mann Gaius an die Hand und führte ihn in die Mitte des Speiseraumes. Die Gemeindeglieder bildeten einen Kreis um das Paar und legten den beiden die Hände auf. Titus berührte Chloe an der Schulter.

Chloe sagte: »Wir bitten euch, Brüder und Schwestern, um Vergebung.«

Demetrius sprach für alle: »Der Herr Gott hat euch eure Sünden vergeben, und so vergeben auch wir.«

Titus fühlte sich nicht wohl dabei. Wie konnte er als Sklave einem Herrn etwas vergeben, das weder ungesetzlich noch unmoralisch war?

Demetrius verkündete: »Im Namen Jesu Christi, der wie ein Opferlamm als Sühne zur Vergebung eurer Sünden gestorben ist, erkläre ich, dass euch der Herr Gott vergeben hat. Geht und sündigt fortan nicht mehr!«

Dann kehrten alle zu ihren Plätzen zurück. Nur Chloe und Gaius blieben stehen. Chloe nahm ihren Mann in die Arme, sah ihm in die Augen und küsste ihn auf den Mund. Titus fragte sich, wie lange ihr guter Vorsatz diesmal wohl halten würde.

Wenige Tage später traf ein gewisser Timotheus ein. Titus hatte bisher nicht von ihm gehört, er war angeblich ein enger Freund des Paulus und aus Athen angereist. Timotheus wurde luxuriös in der Herberge des Gaius untergebracht.

Gegen Abend sandte Gaius Nachricht, dass sich Titus bei ihm zum Abendessen einfinden sollte. Titus war überrascht, als er Timotheus zum ersten Mal sah. Der junge Mann konnte kaum älter als zwanzig sein, war bartlos und hatte strohblonde Haare. Er lag auf dem Ehrenplatz zur Rechten neben Gaius. Sein Gewand war nach oben gerutscht und enthüllte haarlose Waden. Titus fragte sich, ob er sich die Beine mit heißem Wachs hatte enthaaren lassen. Das machten eigentlich nur Frauen.

Gaius schnippte mit den Fingern, ein Diener betrat den Raum und schenkte jedem Wein ein.

Timotheus hob seinen Becher. »Auf den Apostel!«

Gaius und Timotheus leerten den Becher mit einem Zug. Der Diener schenkte sofort nach. Titus nahm nur einen kleinen Schluck.

»Timotheus stimmt mir zu«, begann Gaius. »Titus, wie kann dein Herr die Gemeinde dazu auffordern, mich an Satanas zu übergeben? Hat er erwartet, dass sie mich auf dem Scheiterhaufen verbrennen? Wir sind Griechen. Wir glauben an Demokratie und Selbstbestimmung. Wir unterstützen keine religiösen Fanatiker. Dein Herr macht sich lächerlich, er macht sich zum Clown. Wofür? Für Christus?« Gaius lachte schallend.

»Ein Clown für Christus! Gut gesagt, Gaius.« Timotheus zog mit beiden Händen am Saum seines Gewandes und bedeckte die haarlosen Waden. »Ich reise morgen schon nach Ephesus ab und werde mit Paulus sprechen. Titus ist offensichtlich nicht in der Lage, dem alten Mann Vernunft einzureden.«

Zu Titus' großem Kummer befahl ihm Timotheus, in Korinth zu bleiben, bis er weitere Anweisungen aus Ephesus erhalte. Der reiche, verzogene, arrogante junge Mann war sich sicher, dass Paulus der Dienste des Titus nicht bedurfte. Und selbst wenn, Hausssklaven waren billig und leicht zu ersetzen. Es war aus finanziellen Gründen nicht sinnvoll, Titus öfter als unbedingt nötig zwischen Korinth und Ephesus hin und her reisen zu lassen.

In den nächsten drei Wochen übernahm Titus Gelegenheitsarbeiten für Mitglieder der Gemeinde. Für Chloe kehrte er jeden Mittag und Abend den Hof ihres Salons. Gaius sandte ihn zweimal zu Phoebe nach Kenchräa, um einen wichtigen Gast aus Syrien willkommen zu heißen und vom Hafen in die Stadt zu begleiten. Lucius bat ihn, bei einem Krankentransport zu helfen. Seine Großmutter war bettlägerig und musste auf ein Schiff getragen werden. Sie wollte sich im berühmten Krankenhaus in Epidauros behandeln lassen und hatte eine zweitägige Reise entlang der Küste des Peloponnes vor sich. Die Gemeinde Gottes hatte zwar einen Fürbittegottesdienst und ein Heilungsritual für die Frau durchgeführt, doch ohne den erhofften Erfolg.

Diotrephes traf sich während einer Geschäftsreise mit Paulus in Ephesus und brachte einen kurzen Brief mit, der in Korinth im Gottesdienst verlesen wurde. Paulus schrieb, dass er bald über Troas nach Makedonien aufbrechen wolle.

Gaius' Versprechen, nicht mehr mit Chloe zu schlafen, kommentierte Paulus: »Die Bedingung, die ihr Gaius nach einem Mehrheitsbeschluss auferlegt habt, ist ausreichend.« Zusätzlich ermahnte er die Gemeinde, Gaius liebevoll zu betreuen, »damit ihn der übergroße Verlust nicht überwältige«. Und am Ende schrieb Paulus mit eigener Hand: »Wem ihr vergebt, dem vergebe auch ich.«

Gaius, den der bevormundende Ton zwar ärgerte, fand den Brief inhaltlich dennoch annehmbar, und Demetrius schien erleichtert, dass Paulus nicht sofort nach Korinth reisen wollte. Die Gemeinde schien ihren Frieden mit Paulus gefunden zu haben, jedenfalls für den Augenblick.

Nur die Sache mit der Kollekte für Jerusalem war noch nicht erledigt. Demetrius und Stephanas sahen nicht ein, warum sich Nicht-Judäer daran beteiligen sollten. Und Erastus, der Stadtkämmerer, der gerade ein Mosaik für einen Vorraum des Theaters gestiftet hatte, fand, dass das schwer verdiente Geld der Korinther in Korinth dringender gebraucht werde als in Jerusalem. Und solange sich Justus und Paulus nicht einigen konnten, wollte ohnehin niemand etwas spenden.

Am Morgen nachdem Paulus' Brief verlesen worden war, überreichte Diotrephes Titus eine Silbermünze. »Es ist jetzt an der Zeit«, sagte der kleine, runde Juwelier, »zu deinem Herrn zurückzukehren und ihm ausführlich Bericht zu erstatten.«

Ephesus

An Römer (Röm 16,6)
Grüßt mir Maria, die bei euch wohnt und eine schwere Last
trägt ...

Maius 29 = Lyar 28, erster Tag der Woche

Die Sonne schob sich hinter den Bergen empor, und die langen
Schatten im Hof schrumpften. Maria hatte versprochen, Talitha an
diesem Morgen die Haare zu schneiden. Talitha saß auf dem Boden,
Maria schob ihr Kleid hoch über die Schenkel und nahm Talithas
Kopf zwischen die Knie.

»Schließ die Augen, mein Kind«, sagte die alte Frau und goss Wasser
über Talithas Haar.

Der sanfte Druck der Fingerspitzen auf der Kopfhaut ließ Talitha an
das Ritual in der Judäischen Wüste denken, an die vielen Finger, die
sie berührt hatten, die jede Stelle ihres Körpers gestreichelt hatten.
Talitha schloss die Augen und hörte die Priesterinnen singen und
roch den süßen Duft ihrer Leiber. Sie spürte die Nähe der Göttin.
Die Große Mutter war gegenwärtig.

»Ich möchte, dass du wunderschön bist«, sagte Maria. Sie spülte Talithas Haare ein zweites Mal und begann mit einem kleinen, scharfen
Messer zu schneiden. Ihre zittrigen Hände waren jetzt ruhig und
führten das Messer in schnellen, gleichmäßigen Zügen. Strähne für
Strähne fiel Talithas schwarzes Haar auf den hellen, glatten Steinboden.

»Hast du Kinder?«, fragte Talitha.

»Drei Mädchen und vier Söhne.«

»Was ist mit deinem Mann passiert?«

»Ich habe nie geheiratet. Und der Mann, mit dem ich hier zusam-
menlebe, ist nicht mein Ehemann. Als mein Sohn starb, hat er mich
bei sich aufgenommen.«

»Es muss schrecklich sein, einen Sohn zu verlieren.«

Talitha lehnte sich weit zurück und legte ihren Kopf in Marias Schoß.

Sie schaute die alte Frau lange an. Maria hatte keine Tränen in den Augen.

Maria schob Talithas Kopf vor und fing wieder an zu schneiden. »Erst habe ich einen Sohn verloren. Dann einen Zahn nach dem anderen. Und jetzt quälen mich die Beine. Nachts kann ich vor Schmerzen nicht schlafen. Ich liege auf dem Rücken und warte bis die Sonne aufgeht. Dann sitze ich den ganzen Tag in meinem Stuhl und warte. Worauf? Dass es Nacht wird und ich mich hinlegen kann. – Johannes, so heißt der Mann, dem dieses Haus gehört, ist ein Träumer. Wer wird nach mir sehen?«

»Ich werde nach dir sehen«, sagte Talitha.

Maria legte ein Handtuch auf ihren Schoß und zog Talithas Kopf zurück. »Danke«, flüsterte die alte Frau.

Talitha blickte in den kleinen Spiegel, den ihr Maria vorhielt. Die Haare waren kurz geschnitten, sie reichten jetzt bis zur Schulter und nicht mehr bis zur Hüfte.

»Gefallen sie dir?«, fragte Maria.

»Ich sehe aus wie eine Frau aus der Stadt, nicht wie ein Barbarenmädchen aus dem Hinterland.«

»Ich möchte baden«, sagte Maria. »Würdest du mir helfen, Talitha?«

Talitha stellte drei schwarz glasierte Tonkrüge in die pralle Sonne in den Innenhof und füllte sie. Nach einer Stunde war das Wasser warm. Sie leerte zwei der Krüge in den großen, hölzernen Bottich, in dem gewöhnlich die Wäsche gewaschen wurde. Dann half sie Maria aus dem Stuhl, zog ihr die Kleider aus und reichte ihr die Hand, als sie sich langsam in den Bottich setzte.

Als Maria im warmen Wasser saß, schloss sie die Augen und ihr Gesicht entspannte sich.

»Kennst du Paulus von Damaskus?«, fragte Talitha.

»Paulus ist ein Mann, der ebenfalls große Schmerzen hat.«

»Paulus ist blind«, sagte Talitha. »Blindsein tut nicht weh.«

Maria sprach unbeirrt weiter, die Augen immer noch geschlossen. »Schmerz macht reizbar. Die Leute um einen herum gehen einem auf die Nerven. Warum müssen die anderen nicht auch leiden? Schmerz macht die Welt um einen herum immer kleiner, und am Ende ist man einsam und allein.«

»Blindsein tut nicht weh«, wiederholte Talitha.

Maria schüttelte den Kopf. »Wahrscheinlich kann er nachts nicht schlafen.«

Talitha erinnerte sich an ihre Hochzeitsnacht in Jerusalem. Paulus hatte plötzlich in der Tür zu seiner Schlafkammer gestanden und sie mit seinen blinden Augen angestarrt.

»Seine Krankheit hat einen Namen«, sagte Maria.

»Und wie heißt sie?«

»Schuld.«

Talitha schüttete Wasser aus dem dritten Krug in die Wanne.

»Weißt du, wie sich Schuld anfühlt? Sie tut körperlich weh. Sie raubt dir den Schlaf. Sie nimmt dir den Appetit. Sie nimmt die Farben aus deinem Leben und macht alles grau.« Maria zeigte auf ihre Beine. »Setz dich zehn Jahre lang in einen Sessel, weil deine Beine nicht mehr können, und du weißt, was Paulus an einem einzigen Tag erleidet.«

»Was hat er denn getan?«

Sie zuckte mit den Achseln.

Talitha nahm einen Lappen und wusch mit sanften Bewegungen den Rücken und die Schultern der alten Frau.

»Das Schlimmste aber ist«, sagte Maria mit ruhiger Stimme, »dass sich Paulus einbildet, mein Sohn Yeshua sei für seine Schuld gestorben.«

Talitha erschrak. »Bist du die Mutter Jesu?«

»Die Älteste war ein Mädchen, ich nannte sie Miriam. Dann kam Jakobus. Dann hatte ich Yeshua, oder Jesus, wie ihn die Griechen nennen. Ich hasse die Griechen.« Maria bewegte sich in der Wanne und wieder zeichneten sich Schmerzfalten auf ihren Wangen. »Yeshua ließ es sich gut gehen. Er hat gerne gefeiert, gerne gut gegessen und sich mit Freunden betrunken. Glaub mir, er ist nicht gestorben, um Paulus zu helfen.«

»Warum musste dein Sohn sterben?«

Maria schüttelte den Kopf. »Diese Frage kann eine Mutter nicht beantworten.« Sie lehnte sich gegen den Wannenrand und weinte.

Jeden Morgen schaute Talitha bei Priska und Aquila vorbei, um sich nach Nachrichten von Titus zu erkundigen. Und jeden Morgen kehrte sie enttäuscht zu Maria zurück.

Talitha wollte der Großen Mutter nicht undankbar sein. Schließlich hatte sie das Liebespaar wenigstens für eine Nacht in Ephesus vereint. Doch es fiel ihr immer schwerer, mit ihrer Traurigkeit umzugehen. Jede Nacht betete sie vor dem Einschlafen: »Große Mutter, kann es größere Qualen geben, als nicht beim Geliebten zu sein?«

Eines Morgens stand Paulus überraschend im Hof. »Talitha«, rief er und winkte sie zu sich. »Du bist Titus' Frau, nicht wahr?«

»Ich bin die Mutter seiner ungeborenen Kinder.«

Paulus betastete ihr Gesicht. »Morgen breche ich nach Troas auf. Komm mit uns mit. Ich könnte jemanden brauchen, der sich um die Wäsche kümmert und für uns kocht. Silvanus ist in dieser Hinsicht völlig unbegabt.«

»Ich kann mir eine Reise nicht leisten.«

»Wenn du für mich sorgst, sorge ich auch für dich. Titus wird irgendwann zu uns stoßen.«

»Ich bin Justus' Sklavin und kann nicht einfach tun, was ich möchte.«

»In Jerusalem hat Justus befohlen, dass du dich um mich kümmerst. Damals hatte ich keine Verwendung für deine Dienste, jetzt aber brauche ich dich. Ich bin sicher, wir werden eines Tages auch auf Justus treffen. Dann gebe ich dich zurück.«

Talitha dachte an Maria. Es war unwahrscheinlich, dass sie der alten Frau in dieser Welt nochmals begegnen würde. Und doch hatte sie keine Wahl. »Ich würde alles tun, um bei Titus zu sein. Alles.«

Paulus nahm seinen Stock. »Wenn das so ist, dann mache einen alten Mann glücklich und gehe mit mir in die Bibliothek. Du kannst doch lesen, oder?«

»Griechisch und Aramäisch, und ich kann auch mit Zahlen umgehen.«

»Was findest du bloß an so einem ungebildeten Kerl wie Titus?«

Paulus' Hand lag schwer auf Talithas Schulter, als sie den Hügel hinunter zur Bibliothek gingen. Paulus bat Talitha, ihm die Titel der Neuzugänge vorzulesen, die die Bibliothekare mit Kreide auf Tafeln am Gebäudeeingang geschrieben hatten. Unter anderem hatte die Bibliothek eine sorgfältig korrigierte Neuausgabe von Vergils Georgicon erworben. Paulus trug spontan ein Gedicht daraus vor.

Talitha konnte kein Latein. Die offenen Vokale verliehen den Sätzen Melodie und Rhythmus. Das Gedicht klang in Paulus' hoher, heller Stimme wie Musik aus einer anderen Welt, wie ein Liebeslied voll Schönheit, Schmerz und Tragik.

»Gedichte bringen Licht in meine Dunkelheit«, sagte Paulus, als sein Vortrag zu Ende war. »Lass uns einen ruhigen Platz suchen. Ich will mich setzen.«

Talitha führte ihn aus der Bibliothek hinaus, die Hauptstraße entlang zu einem öffentlichen Brunnen. Über eine Stunde lang saß er neben Talitha auf der niedrigen Mauer, in sich gekehrt und bewegungslos. Talitha nahm seine Hand, sie fühlte sich kalt und rau an und zitterte. Paulus' Augenlider waren weit geöffnet, die Augen verdreht, nur das von roten Äderchen durchzogene Weiße war zu sehen. Zwei Kinder zeigten mit den Fingern auf den alten Mann, entsetzt und fasziniert, bis die Mutter kam und sie fortzog.

Plötzlich sagte Paulus: »Weißt du, was ich am meisten vermisse? Am meisten tut mir leid, dass ich keine Kinder habe.«

Paulus begann leise auf Aramäisch zu singen. Talitha stimmte mit ein. Ihre klare, dunkle Stimme bildete einen reizvollen Gegensatz zu Paulus' hohem, jungenhaft reinen Gesang.

> *Eine Stimme hört man in Ramah,*
> *Eine Stimme, die weint und klagt.*
> *Eine Mutter sucht ihre Kinder.*
> *Doch die Kinder, die sind nicht mehr.*

»Ramah ist Benjamins Stadt«, sagte Paulus. »Ich bin aus dem Stamm Benjamin.«

In jener Nacht, lange bevor die Sonne aufging, wachte Talitha in Marias Haus auf. Ihr Bauch schmerzte. Die Mondtage hatten begonnen. Die Große Mutter trauerte um den Sohn, den Talitha nicht empfangen hatte.

Troas

An Korinther (2 Kor 2,12-13)

Ich bin nach Troas gekommen, um das Evangelium von Christus zu predigen, und mir wurde eine Tür aufgetan. Doch fand meine Seele keine Ruhe im Herrn, weil ich Bruder Titus nicht antraf. Deshalb habe ich mich von den Brüdern und Schwestern verabschiedet und bin nach Mazedonien weitergereist.

Iunius 24 = Sivan 25, fünfter Tag der Woche

Talitha verteilte die frisch gebackenen Fladenbrote auf die hölzernen Gestelle im Hof, damit sie auskühlten. Seit zwei Wochen war sie mit Paulus und Silvanus in Troas. Sie kümmerte sich um die Wäsche und half der Frau des Herbergswirtes in der Küche.

Herodias hatte ihr in Damaskus von Silvanus erzählt. Er sei ein ausgebildeter Vorleser, hatte sie gesagt. Silvanus' blondes Haar war kurz geschnitten, nach vorne gekämmt, und am Hinterkopf lagen kleine Naturlocken am Hals auf, so wie es seit Kaiser Augustus Mode geworden war. Seine graublauen Augen blitzten frech und übermütig. Männer im Osten hatten braune Augen. Er sprach fehlerfrei Griechisch, ohne syrischen Akzent.

Auf dem Schiff hatte sie ihn gefragt, woher er komme. Aus Noricum, hatte er geantwortet. Ein Germane also. Und als sie ihm sagte, dass ihre Mutter Nabatäerin gewesen sei, hatte er geantwortet: »Wie die Mutter des Großen Herodes.« Silvanus kannte sich wirklich aus.

Die hebräische Gemeinde in Troas hatte ihr eigenes Gebäude, in dem sie sich traf, eine langgezogene, schmale Halle. Dem Eingang gegenüber stand ein hoher Tisch, auf dem eine Holzkiste lag. Die kahlen Wände des Raumes und die Decke waren weiß getüncht, der Boden war nicht mit einem Mosaik geschmückt.

Talitha stand bei den Frauen, den Kindern und den Fremden, hinten im Raum. Ungefähr fünfzehn Männer bildeten einen Halbkreis um den Tisch.

Als Silvanus und Paulus den Gottesdienstraum betraten, begrüßte sie der Leiter der Synagoge. Er wollte den blinden Besucher zu einer der Bänke führen, auf denen die alten Leute saßen.

»Danke«, lehnte Paulus höflich aber bestimm ab, »ich ziehe es vor, dort zu stehen, wo jeder wahre Sohn Israels stehen möchte, am Altar.«

Silvanus führte Paulus in den Halbkreis und zog sich zurück zu den anderen Sklaven. Talitha tippte ihm auf die Schulter. Er drehte sich um und lächelte sie an.

Die gewohnte Abfolge von Gebeten und Hymnen verwandelte den schlichten Saal in heiligen Raum, Talitha spürte die Gegenwart des Großen Vaters, des Herrn Israels. Der Leiter der Synagoge öffnete die hölzerne Truhe und nahm eine Schriftrolle heraus.

»Die heutige Lesung berichtet von Mose, als er auf dem Berg Sinai die Zehn Gebote in Händen hielt«, sagte er. »Moses hat Gott gesehen. Sein Gesicht leuchtete. Unser Bruder Paulus von Damaskus, vom Stamm Benjamin, ein Hebräer aus einer alten hebräischen Familie, wird die Lesung für uns auslegen.«

Der Vorleser der Gemeinde trat vor, nahm die Rolle und begann den hebräischen Text zu singen.

Danach ergriff Paulus das Wort. »Als Moses die Zehn Gebote, die Gott selbst in zwei Steintafeln gemeißelt hatte, vom Berg Sinai ins Tal hinab trug, strahlte sein Gesicht. Doch Moses bedeckte es mit einem Schleier. Warum?« Paulus wartete einen Moment, bevor er seine Frage selbst beantwortete. »Damit das Volk nicht sehen konnte, wann der Glanz Gottes von seinem Gesicht verschwand.«

»Was willst du damit sagen?«, fragte der Vorleser.

»Derselbe Schleier, der die Kinder Israels daran hinderte zu erkennen, wann die Herrlichkeit Gottes von Moses Gesicht verschwand, liegt immer noch über den Heiligen Schriften, wenn wir sie lesen. Nur der Messias kann den Schleier entfernen. Ich glaube, dass Jesus von Nazareth der Messias ist.«

Paulus ging zu seinem Platz im Halbkreis der Männer zurück.

Auf dem Heimweg von der Synagoge, den Hügel hinab zur Herberge, hörte Talitha, wie sich Paulus und Silvanus über den Gottesdienst unterhielten.

»Ich habe die Hebräer verunsichert, nicht wahr?«, sagte Paulus.

»Ihr ward meisterhaft«, lobte Silvanus.

Paulus strahlte.

Die Sklaven der Herberge in Troas hatten die Gewohnheit, noch eine Weile in einer abgelegenen Ecke des Hofes beisammen zu sitzen, nachdem sich die Herrschaften zur Nachtruhe begeben hatten. Talitha gefiel der Brauch, und sie freute sich jeden Abend darauf.

Sie unterhielt sich gerade mit Clara, einer rothaarigen jungen Frau, die in der Küche arbeitete, als sich die Tür zu Paulus' Schlafraum im ersten Stock öffnete und Silvanus die Treppe herunter kam.

»Blonde Männer sind feurige Liebhaber«, flüsterte ihr Clara ins Ohr, zog den Kamm aus ihrem Haar und ließ es über ihre Schultern fallen, ohne ihre Augen von Silvanus abzuwenden. »Ich wette einen Denarius, dass ich mit ihm geschlafen habe, bevor die Sonne aufgeht.«

Talitha fühlte sich geschmeichelt, als Silvanus direkt auf sie zuging und Clara keines Blickes würdigte. Silvanus war viel jünger als Titus, noch keine zwanzig Jahre alt. Talitha nahm einen Hauch von einem Duftöl wahr. Er hatte sich nach dem Gottesdienst gewaschen und umgezogen. Sein Gewand war aus dünnem, hellem Stoff, es hing locker von einer Schulter und reichte nicht ganz bis zu den Knien. Seine Brust und der Großteil der Beine waren unbedeckt.

Als hätte er ihre Gedanken gelesen, sagte er: »Abends ziehe ich mir immer etwas Frisches an.«

»Wenn du ausgehst, um mit den Damen zu flirten?«

»Wenn ich ausgehe, um mit einer hinreißend schönen jungen Frau, die die Große Mutter verehrt, aber gelegentlich judäische Gottesdienste besucht, gepflegte Konversation zu betreiben.«

»Ich wollte Paulus predigen hören.«

»Und? Was denkst du?«

»Dass du ihn zu sehr gelobt hast. Lob und Lüge sind nahe Verwandte.«

»Ehrlichkeit und von einem Herrn geschlagen zu werden sind Bruder und Schwester«, entgegnete Silvanus.

Plötzlich zerriss ein gellender Schrei die nächtliche Stille. Er kam aus Paulus' Schlafkammer. Silvanus rannte zur Treppe, nahm mehrere Stufen auf einmal, und Talitha folgte ihm so schnell sie konnte.

Als sie die Kammer betraten, saß Paulus aufrecht auf dem Bett. Er zitterte am ganzen Körper und schlug mit den Fäusten gegen die Wand.

»Beruhigt euch, mein Herr!«, rief Silvanus.

Paulus begann in einer Sprache zu reden, die Talitha nicht erkannte. Silvanus packte seinen Herrn an den Schultern und schüttelte ihn. »Wacht auf, wacht auf!«, rief er, doch der Apostel schlug seinem Diener mit der Faust ins Gesicht. Silvanus taumelte rückwärts und stürzte benommen zu Boden.

Geistesgegenwärtig sprang Talitha aufs Bett und drückte Paulus' Oberarme mit den Knien gegen die Matratze.

Silvanus rappelte sich wieder auf. Mit Mühe gelang es ihm, die strampelnden und zuckenden Beine seines Herrn zu bändigen. Allmählich ließ Paulus' Widerstand nach, sein Körper erstarrte, und er fiel in einen tiefen Schlaf.

Silvanus reichte Talitha die Hand und half ihr vom Bett. Er hatte eine Platzwunde am rechten Auge.

»Wenn du mir deine Kleider gleich gibst, kann ich versuchen, die Blutflecken auszuwaschen«, sagte sie.

Silvanus zog sein Gewand aus und reichte es ihr. Er stand nur mit einem Lendentuch bekleidet vor ihr. »Das wäre sehr lieb von dir«, sagte er höflich.

Als Talitha den Hof betrat, wartete Clara unten an der Treppe auf ihn. »Was war da oben los?« Sie betrachtete Silvanus' Kleider in Talithas Hand.

Talitha strich sich mit den Fingern durch das zerzauste Haar. »Erst wollte Silvanus nicht«, sagte sie mit gespielter Lässigkeit, »aber dann hat er sich über mich hergemacht.« Sie streckte ihre rechte Hand aus. Clara war sichtbar verblüfft, aber sie glaubte Talitha. Sie öffnete einen Knoten in ihrem Kleid, holte einen Denarius hervor und legte ihn in Talithas Hand. Ihre Augen funkelten vor Hass. Und als Talitha versuchte, ihr den Denarius wieder zurückzugeben, schüttelte sie wütend den Kopf, wandte sich ab und verschwand in der Dunkelheit.

Am nächsten Morgen hatte Silvanus ein blau verfärbtes, geschwollenes Auge. Talitha half ihm, als er Wasser aus dem Brunnen schöpfte.

Sie setzte sich den Krug nach nabatäischer Art auf den Kopf und trug ihn hinauf in Paulus' Schlafkammer.

Paulus saß angezogen auf der Bettkante und hielt einen leeren Becher in der Hand.

»Wie habt ihr geschlafen?«, fragte Silvanus.

»Ich finde keine Ruhe. Tagsüber kämpfe ich mit Teufeln, in der Nacht kämpfe ich mit Dämonen.«

»Ich weiß«, sagte Silvanus.

»Letzte Nacht hat sich ein Engel auf meine Brust gesetzt. Ich habe um mein Leben gekämpft. Es ist ein Zeichen. Ich werde bald sterben.«

»Die Sonne strahlt. Ihr seid am Leben. Der Herr Gott, der die Gebete der reumütigen Sünder von Ninive den Flüchen seines Propheten Jonah vorgezogen hat, schenkt euch einen neuen Tag.«

»Meine Sünde ist schrecklicher als alle Sünden Ninives zusammen.«

Paulus ließ den Becher aus der Hand gleiten. Er fiel auf den Boden und zerbrach. Er schien es kaum wahrzunehmen. Nach vorne gebeugt, die Ellbogen auf den Knien, bedeckte er sein Gesicht mit den Händen und flüsterte kaum wahrnehmbar: »Warum hat mich niemand lieb?«

Die Gemeinde Gottes in Troas hatte nur vier Mitglieder. Außer dem Herbergswirt und seiner Frau nahmen noch der Sklave, der sich um die Gästezimmer kümmerte, und Clara am gemeinsamen wöchentlichen Mahl und dem daran anschließenden Gottesdienst teil.

Doch am Abend des ersten Tages der judäischen Woche, zwei Abende nachdem Paulus in der Synagoge gesprochen hatte, baten der Vorleser der Synagoge und drei weitere Männer darum, an der Andacht teilnehmen zu dürfen. Sie wurden mit offenen Armen empfangen. Zusammen mit Paulus, Titus und Talitha war die Gruppe auf elf Leute angewachsen.

Der Wirt eröffnete den Gottesdienst mit einem Gebet, seine Frau sang einen griechischen Psalm, und alle stimmten in den Refrain mit ein. An diesem Abend stand Paulus' Besuch im Mittelpunkt, und der Wirt gab jedem die Möglichkeit, Fragen an den Apostel zu richten.

Clara sprach als erste. »Warum warnen uns Petrus und Johannes vor dir? Und Jakobus und Judas, die Brüder Jesu, ebenfalls?«

Talitha erschrak. Der kritische Unterton war nicht zu überhören. Wie konnte sich eine junge Sklavin erdreisten, einen freien Mann in aller Öffentlichkeit so unverschämt zur Rede zu stellen?

Doch Paulus blieb ruhig. »Eine gute Frage«, sagte er. »Ich predige den auferstandenen Christus. Sie predigen Jesus von Nazareth. Wir leben unser Leben nicht für Jesus, der gestorben ist, sondern für Christus, der auferweckt wurde.«

Bevor Clara etwas erwidern konnte, ergriff der Vorleser der Synagoge das Wort. »Gibt es außer dir noch andere, die Jesus nicht gesehen haben, die sich aber Apostel nennen? Oder bist du der Einzige?«

»Es gibt viele«, antwortete Paulus. »Barnabas und Titus aus Damaskus. In Ephesus Apollo, Iunia und Andronicus, Aquila und Priska. Der Wirt Gaius, der Stadtkämmerer Erastus, der Juwelier Diotrephes sind angesehene Bürger von Korinth. Aus Philippi kennt ihr wahrscheinlich Clemens, den Verleger. Reicht das?«

»Gaius, Diotrephes, Clemens waren schon meine Gäste«, sagte der Wirt. »Aber sie nennen sich nicht Apostel.«

»Wir können nicht alle Apostel sein, nicht wahr?«

»Unsere Frage war, ob es außer dir noch Apostel gibt, die Jesus nicht gesehen haben«, beharrte der Wirt.

»Iunia und Andronicus waren Apostel, bevor ich berufen wurde«, antwortete Paulus.

»Aber Iunia und Andronicus haben Jesus gesehen!«, sagte die Frau des Wirtes. »Zusammen mit fünfhundert anderen Leuten. Drei Tage nach seiner Kreuzigung.«

»Sie haben den auferstandenen Christus gesehen«, korrigierte Paulus schnell. »Den auferstandenen Christus habe ich auch gesehen.«

»Und warum lebst du von deiner Hände Arbeit?«, fragte der Wirt. »Hat Jesus seinen Aposteln nicht befohlen, ohne Geld zu reisen, kein zweites Paar Sandalen und kein zweites Gewand einzupacken? Hat Jesus ihnen nicht befohlen, sich darauf zu verlassen, dass der Herr Gott sie versorgen wird?«

Paulus antwortete mit einer Gegenfrage: »Hat Jesus etwa erlaubt, dass Apostel mit Familie reisen? Petrus und Jakobus jedenfalls nehmen ihre Ehefrauen mit! Und du, du lässt sie noch umsonst in deiner Herberge übernachten! Glaubst du wirklich, dass Gott will, dass du dein sauer verdientes Geld Hochstaplern und Scharlatanen in den Rachen wirfst? Silvanus und ich, wir bezahlen für unsere Unterkunft. Wir machen keine Geschäfte mit dem Wort Gottes!«

»Apostel Paulus«, stellte die Frau des Wirtes mit sanfter und freundlicher Stimme ihre nächste Frage. »Hat Gott nicht Jesus von Nazareth und seine Apostel ausgesandt, um Dämonen auszutreiben, Tote wieder lebendig zu machen und Lahme und Blinde zu heilen? Warum kannst du niemanden heilen? Warum bist du selbst blind?«

»Wir tragen Gottes Botschaft in zerbrechlichen und vergänglichen Gefäßen aus Ton«, antwortete Paulus. »Warum? Damit ein für alle Mal feststeht, dass Gott alleine die Macht hat, Wunder zu tun.«

Talitha war beeindruckt. Jede Herberge hatte einen Tonkrug, in dem Reisende für andere Reisende Briefe hinterlegten. Das Gefäß selbst war nicht wertvoll, doch die Botschaften, die es enthielt, waren oft von großer Dringlichkeit für diejenigen, die darauf warteten. Keine schlechte Antwort.

»Du behauptest also, dass deine Krankheit und deine Unfähigkeit zu heilen die Macht Gottes beweist«, sagte der Vorleser der Synagoge. »Ha! Das ist die Art Argument, die man von einem syrischen Teppichhändler erwarten würde.«

Clara lachte laut auf.

Doch Paulus schien die Diskussion zu gefallen. Er hob eine Hand, und alle waren ruhig. »Wenn wir alt werden und krank, sterben wir. Jesus ist gestorben. Wie Jesus tragen wir den Tod in unseren Körpern.«

Paulus stand von seiner Liege auf, stützte sich auf Talithas Schulter und drehte sich langsam um die eigene Achse. Er wischte sich etwas Eiter aus seinem linken Auge, hob sein Gewand und zeigte auf eine offene Stelle an seiner rechten Wade. Im Licht der Öllampen wirkten seine haarigen Beine dünn, gebrechlich und alt.

»Wir lassen uns nicht zermürben«, sagte Paulus. »Auch wenn unser Körper dahinwelkt, unsere Seele wird jeden Tag erneuert.« Er hielt sich die Hände vor die Augen. »Dieses zeitlich begrenzte Leid bereitet uns auf die ewige Herrlichkeit vor, auf Schönheit ohne Ende.«

»Lobet den Herrn!«, rief die Frau des Wirtes.

Paulus nahm seinen Stock. »Hört euch ruhig an, was ein blinder Mann zu sagen hat, der sich zwangsläufig nicht mit dem beschäftigt, was sichtbar ist, sondern mit dem, was nicht gesehen werden kann. Alles Sichtbare vergeht, doch das Unsichtbare bleibt bestehen. Ich fürchte mich nicht vor dem Tod. Ich wäre lieber tot und bei Gott als am Leben in diesem kranken Körper. Amen.«

»Halleluja! Gelobt sei der da kommt im Namen des Herrn«, stimmte die Frau des Wirtes einen Psalm an, und der Vorsänger der Gemeinde fiel sofort mit ein. Alle schienen erleichtert darüber, dass Paulus' Ausführungen in einem versöhnlichen Ton geendet hatten.

Nach dem Treffen bat Silvanus Talitha wieder um Wasser für Paulus. Sie schöpfte einen Krug voll aus dem Brunnen im Hof und trug ihn in Paulus' Kammer.

Als sie den Raum betrat, hörte sie Silvanus sagen: »Ihr wart sehr überzeugend heute.«

»Ich bin es leid, mich vor allen Leuten verteidigen zu müssen«, antwortete Paulus. »Selbst diejenigen, die ich getauft habe, fragen sich, ob ich wirklich ein Apostel bin. Was ist daran so schwer zu verstehen? Kephas und Johannes sind Apostel Jesu, ich bin ein Apostel Christi. Und was für eine Art Apostel Jakobus ist, das weiß Gott allein. Morgen früh reisen wir aus diesem gottverlassenen Ort ab.«

Als Talitha den Krug von ihrem Kopf nahm, verlor sie kurz das Gleichgewicht und setzte das schwere Gefäß mit einem dumpfen Geräusch auf dem Boden ab.

Paulus zuckte zusammen, richtete sich auf und blickte in ihre Richtung. Talitha starrte zurück. Mit einem Wink schickte Paulus Silvanus aus dem Zimmer.

Talitha war barfuß. Sie ging geräuschlos von einer Seite des Zimmers zur anderen. Paulus' Augen folgten ihr. Sie hob das Kleid, er starrte auf ihre Beine.

»Ihr seid nicht blind«, sagte Talitha.

»Manchmal kann ich sehen«, sagte Paulus. »Aber meistens sehe ich nichts.« Er deutete zur Tür, durch die Silvanus verschwunden war. »Auch du hast dein Geheimnis.«

Talitha nickte und seufzte. Es war Paulus nicht entgangen, dass sie für den Burschen aus Noricum eine Schwäche hatte. Noch vor wenigen Tagen hatte sie ihr Leid der Großen Mutter geklagt: »Gibt es größere Qualen, als nicht beim Geliebten zu sein!« Jetzt wusste sie, es gibt größeren Kummer: In einen anderen Mann als den Geliebten verliebt zu sein.

Als Titus den Innenhof der einzigen judäischen Herberge in Troas betrat, drang ihm der Geruch von Mist in die Nase.

»Kann ich leider nicht ändern«, entschuldigte sich der Sklave, der für die Registrierung neuer Gäste zuständig war. »Unsere Nachbarn haben einen Stall und kümmern sich um die Esel, Maultiere, Pferde und das gelegentliche Kamel, während ihre Besitzer in Makedonien ihren Geschäften nachgehen. Bei einem Wetter wie heute weht uns der Wind den Gestank direkt in die Herberge.«

Titus stellte sich vor. »Paulus von Damaskus ist mein Herr.«

»Dann solltest du mit dem Wirt reden«, sagte der Sklave und sandte ihn in die Küche.

Der Hausherr saß auf einem Hocker und schaute seiner Frau zu, die von Topf zu Topf ging, kostete und nachwürzte.

»Paulus ist verschwunden. Einfach so«, sagte der Wirt und schnippte mit den Fingern. »Er war hier, im nächsten Augenblick war er fort.«

Seine Frau formte kleine Kugeln aus Teig, warf sie mit einer Drehung in die Luft, bis sie flach wie Teller waren, und legte sie auf die Holzplatte, die ihr als Arbeitsfläche diente. »Der Mann hat keine Manieren«, sagte sie und zeigte mit dem Kinn auf einen Tonkrug. »Er hat dir eine Nachricht hinterlassen.«

Titus zog ein gefaltetes Papyrusblatt aus dem Krug.

»Brauchst dich nicht zu schämen«, sagte der Wirt. »Ich kann auch nicht lesen.«

»Aber einen Brief aufmachen, das werdet ihr Männer wohl können«, schnaubte seine Frau.

Titus brach eilends das Siegel, faltete das Blatt auseinander und hielt es so, dass die Frau den Brief vorlesen konnte, ohne die Hände vom Teig nehmen zu müssen.

»Ich bin nach Troas gekommen, um das Evangelium von Christus zu predigen, und mir wurde eine Tür aufgetan«, las die Frau vor. »Ich hatte gehofft, dich hier zu treffen, und habe so lange gewartet wie ich konnte. Ich habe mich von den Brüdern und Schwestern verabschiedet und bin nach Mazedonien weitergereist.«

Der Wirt zuckte mit den Schultern. »Er hat sich von niemandem verabschiedet.«

»Herr!«, sagte eine junge Sklavin, die Titus bis dahin nicht aufgefallen war. »Erzählt ihm vom Arzt.«

Titus war fasziniert von der Ähnlichkeit, die die Frau mit Talitha hatte. Sie war etwa gleich alt, genauso groß, und selbst die neugierigen Augen waren ähnlich. Nur die Haarfarbe war anders. Sie hatte feurig rotes Haar.

»Silvanus und Talitha haben meine Frau um Rat gebeten. Sie machen sich Sorgen um Paulus«, sagte der Wirt.

Titus' Herz schlug schneller, als er Talithas Namen hörte.

»Fast jede Nacht«, sagte die Frau des Wirts, »wenn Silvanus nach Paulus sah, fand er den Apostel vor Angst zitternd im Bett, geplagt von schrecklichen Albträumen. Paulus ist sich so sicher, dass er bald sterben wird, dass er damit begonnen hat, sein Testament zu diktieren. Wir haben ihn von einem Arzt untersuchen lassen. Du solltest mit dem Arzt reden, Titus.«

Titus nickte höflich. Dann stellte er die Frage, die ihn viel mehr beschäftigte: »Ist Talitha noch hier?«

»Ist dir das Mädchen wichtiger als dein Herr?«, blaffte die Wirtsfrau mit scharfer Stimme.

Titus ließ sich zum Schlafsaal führen, in dem reisende Sklaven untergebracht wurden. Er rollte die kilikische Decke aus, legte sich auf den Rücken und schloss die Augen. Er vermisste Damaskus mit seinen mächtigen Stadtmauern, und er sehnte sich zurück nach dem stillen, ereignislosen Leben, das er so viele Jahre lang gelebt hatte. Er war hunderte Meilen weg von Zuhause, umgeben von religiösen Fanatikern. Wie gerne hätte er Talitha wiedergesehen! Sie hätte ihn in ihre Arme genommen und getröstet, sie hätte von der Großen Mutter gesprochen und mit ihm geschlafen.

Titus wachte auf, als ihn jemand sanft an der Stirn berührte. Im schummrigen Licht einer Öllampe erkannte er die rothaarige Sklavin aus der Küche.

»Der Arzt, der deinen Herrn untersucht hat, ist da«, sagte sie.

Titus stand widerwillig auf und folgte der jungen Frau. Als er sie vor sich hergehen sah, musste er wieder an Talitha denken.

Der Hausherr wartete in der Küche mit einem hageren, weißhaarigen Mann an seiner Seite, der Titus aufmerksam musterte.

Der Arzt kam gleich zur Sache. »Dein Herr ist nicht gesund. Seine Seele ist krank.«

Titus schüttelte den Kopf. Offensichtlich handelte es sich um einen jener Ärzte, die lieber die Seele behandelten als den Körper. Seiner Meinung nach versuchten solche Ärzte bei unheilbaren Fällen die Schuld auf ihre Patienten abzuwälzen. Mit Magenschmerzen bestraften die Götter den Geizigen, der sich zu viel Sorgen um Geld macht, mit Rückenschmerzen den Tyrannen, der Verantwortung nicht abgeben will, mit Impotenz den lüsternen Ehebrecher, der es in seiner Jugend zu wild getrieben hat. Oder hatte Paulus lediglich seine Arztrechnung nicht bezahlt, als er in aller Eile aufbrach?

»Ich nehme an, du bist ein religiöser Mensch«, sagte der Arzt. »Paulus glaubt, dass ihn Gott, wenn er stirbt, in einem neuen Körper auferstehen lassen wird. Aber wird er auch eine neue Seele erhalten?«

»Warum sollte die Seele körperliche Gelüste bekämpfen und auf so Vieles verzichten – gutes Essen, Wein, Sex – und nach dem Tode nicht weiterleben dürfen, sondern die Ewigkeit als andere Seele verbringen?«

»Niemand würde gerne in alle Ewigkeit krank sein, oder?«, entgegnete der Arzt. »Wenn deine Seele krank ist, dann ist ewiges Leben gar nicht so attraktiv.«

Titus glaubte nicht an ein Leben nach dem Tod. Ewiges Leben war etwas, das Könige und Generäle gesunden jungen Männern versprachen, die sie für ihre blutigen Kriege brauchten. Ewiges Leben war die Lüge, auf der Heldentum gebaut war, der Trost, der den Eltern, Geschwistern, Kindern und Ehepartnern gefallener Soldaten von den wahren Kriegsverbrechern, den weltlichen und religiösen Anführern des eigenen Volkes, vorgegaukelt wurde.

»Was ist eurer Meinung nach Paulus' Problem?«, fragte Titus. Er wollte so bald wie möglich wieder ins Bett.

»Er ist in sich selbst verliebt. Wie Narziss ertrinkt er in Selbstbewunderung, wenn er sich im Spiegel betrachtet.«

»Sind nicht alle reichen Leute selbstsüchtig?«

»Ich bin wohlhabend«, sagte der Arzt, »und doch unterhalte ich mich mit dir. Paulus hört nie zu. Er muss von allen bewundert werden. In seiner Welt existieren nur Götter und Dämonen, nur schwarz und weiß, keine Grautöne, keine Farben.«

»Paulus versteht sich als Gesandter Gottes«, entgegnete Titus.

»Ich habe Hunderte von Patienten behandelt, reiche und arme, Verehrer der Kybele, der Diana, der Großen Mutter, des Dionysos und des Mithras. Jede Glaubensgemeinschaft bringt Männer und Frauen hervor, die sich als Boten Gottes sehen. Die Illusion erlaubt ihnen, dem Elend, in dem sie sich befinden, einen Sinn abzugewinnen. Es tröstet sie. Sie brauchen das.«

Titus verspürte keine große Lust, sich mit dem Arzte über seine Theorien zu unterhalten. Am liebsten wäre er einfach gegangen.

Doch der Arzt ließ sich nicht beirren. »Paulus ist in seine Seele verliebt, aber er kann seinen Körper nicht leiden. Ich halte diesen Zustand für unheilbar. Und im Übrigen glaube ich nicht, dass Paulus' Blindheit körperliche Ursachen hat. Seine Seele erlaubt ihm nicht zu sehen, was er nicht sehen will.«

Der Arzt erhob sich, verabschiedete sich von den Wirtsleuten und verließ den Raum.

Titus hatte Mühe, seinen Ärger zu beherrschen. Dafür hatte man ihn geweckt? Um ihm zu erklären, dass sein Herr starrköpfig, eigensinnig und selbstbezogen sei? Niemand wusste das besser als Titus.

»Es muss schwer sein, einem Herrn zu dienen, der solch ein Versager ist«, sagte der Wirt und die junge Sklavin kicherte.

Zu Titus' Überraschung ärgerte ihn diese abfällige Bemerkung mehr als alles andere, das über Paulus gesagt worden war. Sein Herr ein Versager? »Vielleicht wird Paulus mehr für die Verbreitung des Evangeliums tun als Jesus«, sagte er trotzig.

»Welch schrecklicher Gedanke!«, rief der Wirt. »Paulus wird keinerlei Spuren hinterlassen! Seine Predigt ist zu oberflächlich für

Gebildete, zu kompliziert für Ungebildete, zu ›Griechisch‹ für die Synagogen der Hebräer und zu ›Hebräisch‹ für die Synagogen der Griechen.«

»Und im Gegensatz zu Jesus, spricht er nicht über Liebe«, ergänzte die Frau des Wirtes.

Titus zog aus dem Schlafsaal aus. Er wollte die Nacht unter freiem Himmel verbringen und die Sterne sehen. Er nahm seine Decke und legte sich in den Hof. Paulus' Familiendolch zog er aus der Scheide und schob ihn zwischen seine zusammengerollten Kleider, die ihm als Kissen dienten. Man wusste ja nie. Dann zog er die Decke über die Ohren. Sie roch süßlich nach den Liebesnächten mit Talitha. Wie sehr sehnte er sich nach ihrer Nähe. »Talitha, Talitha«, flüsterte er, »ich liebe dich mehr als mein eigenes Leben.«

Wieder wurde Titus durch eine sanfte Berührung seiner Stirn geweckt, und wieder war es die rothaarige junge Frau aus der Küche. Sie schlüpfte zu ihm unter die Decke. Genau wie Talitha es in Jerusalem getan hatte.

»Du tust mir leid«, flüsterte sie.

»Und warum?«

»Weil dich deine Freundin betrogen hat.«

»Wovon redest du?«

»Sie hat mit Silvanus geschlafen. Hier, in dieser Herberge. Du kannst jeden fragen. Sie hat ihm dabei sogar ein blaues Auge verpasst.«

»Du lügst!«, fuhr er sie an.

»Sie hat mit mir gewettet, dass sie Silvanus verführt, bevor ich es kann. Ich habe verloren. Einen ganzen Denarius.« Sie küsste Titus auf den Mund.

Titus presste die Lippen zusammen.

»Übrigens, ich heiße Clara. Vergiss nicht, Talitha meine Grüße zu bestellen!«

Clara schlüpfte aus ihrem Kleid. Das weiße Mondlicht schimmerte auf ihre kleinen Brüste.

»Es ist mir nicht danach«, sagte Titus.

»Aber mir«, erwiderte Clara.

Und bevor Titus etwas unternehmen konnte, hatte sie sich auf seinen

Oberkörper gesetzt, den Dolch unter dem Kissen hervorgezogen und drückte nun die Spitze mit der rechten Hand gegen Titus' Brust, genau über dem Herzen. Mit der anderen Hand griff sie zwischen seine Beine.

»Dein Kopf sagt Nein, aber alles andere sagt Ja!«, flüsterte sie.

Als sich Titus bewegte, schnitt Clara durch die Haut. Er zweifelte nicht, dass sie verrückt genug war, ihn umzubringen.

Sie nahm ihn in sich auf, ihre Hüften begannen zu zittern, ihre Schultern bebten, und mit weit aufgerissenen Augen starrte sie in den vollen Mond. Blut tropfte aus der kleinen Wunde auf Titus' Brust und rann auf die Decke. Jedes Mal wenn er sich bewegte, drückte sie die Messerspitze tiefer in die Haut.

Clara kam mit einem gewaltigen Schrei. Dann warf sie das Messer fort, sprang auf, ergriff ihr Kleid und rannte in die Dunkelheit. Titus blieb auf dem Rücken liegen, nackt, erregt, verstört.

Aus dem Schatten der Hausmauer waren Rufe und Klatschen zu hören. Titus fand einen Stein und warf ihn in die Richtung der heimlichen Zuschauer. Dann bedeckte er sich mit der kilikischen Decke. Talithas Duft war verschwunden. Ein sanfter Windstoß blies vom benachbarten Stall herüber. Die Decke roch plötzlich nach Kamelpisse.

Samothrake

An Korinther (2 Kor 12,3-4)

Und ich kenne diesen Mann – ob er in seinem Körper oder außer-
halb seines Körpers war, weiß ich nicht, das weiß Gott alleine –,
dieser Mann wurde ins Paradies entrückt ...

Iulius 6 = Tammuz 5, vierter Tag der Woche

Die Heilige Insel, ein gewaltiger Fels, erhob sich steil, fast senkrecht
aus der See, die Spitze, in weiße Wolken gehüllt, blieb Titus' Blicken
verborgen.

»Man kann nicht in Samothrake anlegen, ohne den Drei Göttinnen
seine Reverenz zu erweisen«, sagte Lucius, als das Schiff Anker warf
für die Nacht. »Sie beschützen die Seefahrer.«

Titus, seine Decke unter dem Arm, begleitete Lucius und die anderen
Matrosen an Land. Sie reihten sich ein in den Strom der Besucher,
die auf steilem, schmalem Fußweg die Felsinsel erklommen, auf dem
der Tempelbezirk angelegt war. Die Säulen der Eingangshalle standen
eng beisammen, wer zu dick war, passte nicht hindurch. Sie durchschritten den Tunnel und erreichten die breite Wendeltreppe, die sie
in vollständiger Dunkelheit nach oben führte. Als sie den Ausgang
erreichten, hatte Titus die Orientierung verloren, ihm war schwindlig, und die Sonne war hinter dem Horizont verschwunden.

Eine junge Frau, gekleidet in das weiße Gewand der Priesterinnen,
begrüßte Titus. Sie küsste ihn sanft auf die Stirn und segnete ihn in
einer Sprache, die er nicht verstand. Dann trat sie zur Seite, ließ ihn
durchgehen, und er folgte der gepflasterten Straße zum Tempel der
Drei Göttinnen.

Lucius holte ihn ein. »Von den Dreien ist Axieros die gefährlichste,
die brutalste, die empfindsamste.«

Das Ritual sollte um Mitternacht stattfinden. Einige Bullen waren
geschlachtet und über einem offenen Feuer tagelang geröstet worden. Sie hingen auf riesigen Speeren, die sich durch das offene Maul
in die Körper bohrten und die Stiere unter dem Schwanz wieder ver-

ließen. Der Kopf und die Hörner waren unversehrt, nur die Augen waren entfernt und durch glänzende, blaue Steine ersetzt.

Im Tempel legten sich die Seeleute auf den mit Teppichen ausgelegten Boden. Nackte Knaben mit gelb, rot, schwarzen Bändern um den Hals servierten die rituelle Speise: frisch gebackenes, mit Kräutern gewürztes Fladenbrot und Wein.

»Fruchtbarkeitsdämonen«, sagte Lucius. »Sie stehen für Manneskraft und Empfängnis. Die Priesterinnen haben gelernt, ohne uns Männer glücklich zu sein. Sie brauchen uns nur, um schwanger zu werden. Es ist unsere heilige Pflicht, sie nicht zu enttäuschen.« Lucius lachte. »Man sagt, dass Alexander der Große hier auf Samothrake gezeugt wurde.«

Eine Priesterin setzte sich neben Lucius. Sie umarmte ihn und küsste ihn auf den Mund. »Was auf Samothrake passiert, geht niemanden etwas an«, sagte Lucius zu Titus und erwiderte den Kuss.

Titus war Lucius unendlich dankbar. Der junge Mann war am Morgen nach jener unsäglichen Nacht mit Clara überraschend in Troas aufgetaucht und hatte ihm eine freie Überfahrt nach Makedonien vermittelt. Was hätte er ohne Lucius getan? Die Silbermünze, die ihm Diotrephes in Korinth gegeben hatte, war längst aufgebraucht.

Der Klang von Zimbeln verkündete den Beginn des heiligen Schauspiels. Alle standen auf und machten Platz, als die Hohepriesterin den Raum betrat, zwölf Priesterinnen folgten ihr in Zweierreihe, die Arme zum Himmel erhoben.

Die Pilger gliederten sich in die Prozession ein, verließen den Tempel und schritten in einem weiten Bogen durch den Olivenhain und umrundeten das Gebäude. Als sie den Eingang wieder erreichten, lagen zwei Planken auf den Marmorstufen, und ein Segel, auf dem zwei Stiere gemalt waren, war vor dem Eingang auf einem Mast aufgezogen. Sie schritten über die Planken in den Tempel, als wäre er ein Schiff. Die Hohepriesterin ging voran, die Priesterinnen und die Pilger folgten. Sobald sie das Gebäude betreten hatten, verteilten sich alle im Raum und suchten sich einen Platz auf dem Boden.

Eine Priesterin schlug mit einem ledernen Klöppel gegen einen riesigen Gong, die Schwingungen waren so stark, dass Titus meinte, vom Boden abzuheben. Zugleich blies ein gewaltiger Windstoß durch den Saal, die Fackeln erloschen, und alle saßen im Dunkeln. Dann blitzte es, und die unerwartete, plötzliche Helle enthüllte erschrockene Gesichter. Der nächste Blitz zeigte raue, furchtlose Seemänner, die in Panik zum Ausgang eilten, doch dieser war längst von außen verriegelt. Dann loderte eine Flamme auf, der luftige Klang von Rohrflöten füllte die Halle, und Titus sah die Hohepriesterin auf ihrem Thron, sie schlief.

Ein weißer Blitz zuckte durch die Luft. Titus fühlte, wie sich der Boden unter seinen Füssen bewegte, als wälzte sich ein riesiges Tier. Weihrauch wurde auf glühende Kohlen gestreut, und im Dämmerlicht stieg der Rauch – gelb, rot, schwarz – zunächst zur Decke empor und sank dann langsam nieder, legte sich wie ein Schleier über die Köpfe der kreischenden Menge, sank zu Boden, wand sich um die Knöchel, stieg wieder empor zu den Knien bis er die Hüften schamvoll bedeckte. Wie verlorene Seelen im Wolkenmeer, mit erhobenen Händen, flehten die Schiffbrüchigen um Erlösung vom Schauspiel des Lebens.

Die zwölf Priesterinnen erhoben sich aus dem Rauch und stiegen hinauf zum Thron, hinaus aus den Wolken, hinauf in den Himmel, knieten nieder vor der Hohepriesterin, die immer noch schlief, ihren Kopf auf einem Kissen gebettet. Sie schüttelten die Schlafende und erweckten sie wieder zum Leben. Die Hohepriesterin stand auf und entfaltete, zur Überraschung aller, zwei weite Schwingen.

»Nike!«, riefen einige, andere schrien: »Axieros!«, und andere wiederum: »Isis!« Die Göttin breitete ihre Flügel aus und begann sie zu bewegen. Vor aller Augen erhob sie sich vom Boden. Der Wind der Flügel setzte die Schleier in Bewegung, die Türen öffneten sich, und der Rauch entwich hinaus in die Nacht und enthüllte Seeleute und junge Frauen, die sich, im Nebel vor Blicken geschützt, aller Kleider entledigt hatten.

Hinter dem Thron erschien eine feurige Sonne und schob sich langsam über den Horizont hinauf. Alle Augen starrten auf die Silhouette der Göttin, die sich emporhob und auf wundersame Weise geräuschlos durch das Dach in den Himmel schwebte. Die Pilger warfen sich flach auf den Boden, die Arme ausgestreckt, die Stirn gegen die Steinplatten gepresst, und murmelten ihre Gebete, ein jeder in seiner eigenen Sprache.

Der Weihrauch, das rote Licht, die Knaben, die wie kleine Engel durch den Tempel flogen und Wein ausschenkten, die ekstatischen Schreie von Männern und Frauen, der durchdringende Klang der Zimbeln, das Dröhnen der Trommeln und das ununterbrochene Pfeifen der Rohrflöten überwältigten Titus' Sinne. Eine Priesterin ließ sich in seine Arme fallen und legte ihren Kopf auf seine Brust, und als sie Titus' Verletzung entdeckte, versiegelte sie die Wunde mit einem Kuss. Ein großer Krug Rotwein machte die Runde, und er trank gierig.

Talitha, die ihn unter dem Vollmond in Jerusalem bedingungslos geliebt hatte, die so plötzlich verschwand, wie sie erschienen war, und in Ephesus erneut aus dem Nichts auftauchte, Talitha, die sich immer als Mutter seiner ungeborenen Kinder ausgab, hatte ihn in Troas mit einem anderen, einem Freund, betrogen. Titus küsste die Priesterin auf den weichen Mund, und ihre willigen Lippen entfachten in ihm plötzliche, wilde Leidenschaft.

Er schloss die Augen und sah einen Stierkopf, geschmückt mit Artemis' Halsband aus zuckenden Hodensäcken. Ein Löwenkopf spie roten Nektar in geweihte Amphoren, Titus, durstig, trank von der Ambrosia, dem göttlichen Trank, der ewiges Leben verspricht. Er trank und trank, und sein Bauch schwoll an, und als er versuchte zu fliehen, passte er nicht durch die Säulen, die den Eingang zum Tempelbezirk bewachten, die schmale Pforte zum Paradies. Axieros, die eifersüchtige Geliebte, riss sein pochendes Herz aus der Brust und warf es in den Rachen des Löwen.

Als Titus erwachte, lag er nackt und erschöpft auf der kilikischen Decke, sein Kopf ruhte auf seinen sorgsam zusammengefalteten Kleidern. Er befand sich außerhalb des Tempels, unter dem schützenden Dach der Arkaden, neben anderen, friedlich schlafenden Männern, die sich ebenfalls von den Anstrengungen der Nacht erholten. Frauen waren nirgendwo zu sehen.

Die Wolken, die die Gipfel der Heiligen Insel verdeckt hatten, waren die Hänge hinab geglitten und hüllten den gesamten Tempelbezirk in dichten Nebel.

Philippi

An Philipper (Phil 4,2-3)

Ich ermahne dich, Euodia, und ich ermahne dich, Syntyche, euch vor dem Herrn Gott zu einigen. Und ich bitte dich, meine treue Ehefrau, stehe den beiden bei, sie haben mit mir für das Evangelium gekämpft, zusammen mit Clemens und den übrigen Mitarbeitern, deren Namen im Buch des Lebens stehen ...

Iulius 9 = Tammuz 10, Sabbat

Gegen Mittag öffnete sich Titus endlich der Blick über die Ebene, die Philippis Lage begünstigte. Von dem Pass aus, über den die Straße von Neapolis führte, erkannte er das komplizierte Geflecht von Bewässerungskanälen, das sich wie Adern durch das tiefe Grün der Felder zog. In der Ferne erkannte er die Steingebäude und Befestigungen der Stadt und die Umrisse der Akropolis, die den Gipfel des Berges krönte, gegen den sich die Häuser drängten. Im Westen war das Tal von einer überraschend hohen Bergkette gesäumt. Waren es diese Berge, die Paulus nach Philippi zogen? Vermisste er, wie Titus, seinen Berg, den Berg Hermon, der Damaskus bewachte?

Titus schritt durch das Stadttor und fragte sich gerade, wie er seinen Herrn wohl am schnellsten finden könnte, als er Paulus in Begleitung einer Frau vor dem Theater entdeckte.

»Ich hatte einen Traum«, sagte Paulus, »und in diesem Traum hat mir ein Engel gesagt, dass du heute kommst. Ich habe auf dich gewartet.«

Titus warf einen fragenden Blick auf die Frau, die neben Paulus stand.

»Das«, sagte Paulus, »ist Hellene. Wir sind verheiratet.«

Titus verneigte sich. Gerne hätte er gesagt: »Ihr Mann hat viel von euch erzählt.« Und sie hätte geantwortet: »Hoffentlich nur Gutes«, worauf er gesagt hätte: »Meistens«, und alle hätten geschmunzelt. Doch Paulus hatte mit keinem Wort erwähnt, dass er verheiratet war. Niemand hatte es erwähnt.

»Gnade sei mit euch und Frieden«, murmelte Titus schließlich. Der Gruß klang zu formal, so als käme er aus einem Brief, aber er wusste einfach nicht, was er sonst sagen sollte. Paulus, der Apostel, hatte eine Ehefrau?

»Sei willkommen in Philippi«, antwortete Hellene. Ihre Stimme klang freundlich, höflich und jung.

Titus senkte den Blick und schaute zu Boden, so wie es sich in Damaskus gehörte, wenn ein Sklave die Frau des Herrn in der Öffentlichkeit ansprach.

»Schau mich ruhig an, Titus«, sagte sie. »Wir sind in Griechenland. Die Leute hier glauben, dass alle Menschen gleichwertig sind, Freie oder Sklaven, Männer oder Frauen. Sie behandeln ihre Diener nicht wie Haustiere, so wie wir es im Osten tun. Sieh mich ruhig an!«

Titus hob seinen Blick. Hellene war etwas größer als Paulus, ungefähr vierzig Jahre alt, hatte glänzend schwarzes Haar, das sie zurückgekämmt unter einem Kopftuch trug. Ihr rundes Gesicht strahlte Lebenslust und Gesundheit aus. Und plötzlich verstand Titus, warum sein Herr den Sommer lieber in Philippi verbrachte, an der Seite der Frau, die ihn liebte, als sich mit den Traditionalisten in Korinth und Troas herumzuschlagen.

Paulus nahm Titus in den Arm. »Lass dich umarmen. Du warst viel zu lange fort.« Er küsste ihn auf die Wange. Dann trat er wieder zurück, ergriff Hellenes Hand und lehnte seinen Kopf gegen ihre Schulter.

»Wahrscheinlich hast du in Antiochien meinen Bruder Alexander kennengelernt«, sagte sie. »In der Vergangenheit hat mein Mann den Winter in Philippi verbracht. Aber dieses Jahr«, Hellene schaute Paulus liebevoll an und strich mit der Hand ein Haar auf seinem Hinterkopf glatt, »dieses Jahr hat er beschlossen, den Sommer über hier zu sein. Welch eine Überraschung! Welch eine Freude!«

»Herr, ihr habt mir niemals gesagt, dass ihr verheiratet seid«, platzte Titus schließlich heraus.

»Wir haben aus steuerlichen Gründen geheiratet«, sagte Paulus und grinste.

Sollte das ein Scherz sein? Titus dachte an Chloe und Gaius und wie die Steuergesetze sich auf ihre Eheschließung ausgewirkt hatten.

Oder war Paulus einfach nur galant und half Hellene aus? Eine Frau, die mit einem Handlungsreisenden verheiratet war, hatte sicher einen besseren Stand als eine alte Jungfer.

»Habt ihr Kinder?«, murmelte Titus.

Paulus tat so, als hätte er die Frage nicht gehört. Er drehte sich um, um zu gehen.

»Habt ihr Kinder«, fragte Titus Hellene, diesmal mit lauter Stimme.

»Falsche Frage«, erwiderte Hellene und hakte sich besorgt bei ihrem Ehemann unter.

»Wenn ihr eure Diener hier angeblich besser behandelt als eure Haustiere, warum antwortet ihr nicht! Habt ihr Kinder?«

Einige Passanten drehten sich neugierig um und lachten.

Plötzlich gaben Paulus' Knie nach, und er sank zu Boden. Hellene und Titus gelang es, den Fall abzuschwächen. Sie legten Paulus vorsichtig auf den Boden. Die Passanten, die eben noch gelacht hatten, boten besorgt ihre Hilfe an.

Paulus' Gesicht hatte sich rot verfärbt, die Augen waren verdreht und nur noch das Weiße sichtbar, die Arme und Beine steif und bewegungslos. Titus entfaltete die kilikische Decke und breitete sie aus. Drei Männer boten sich an, packten gemeinsam mit Titus den regungslosen Körper an Händen und Füßen und hoben ihn auf die Decke. Dann nahm jeder eine Ecke des Tuches, und sie trugen Paulus zu Hellenes Haus, wo sie ihn auf ein Bett legten. Hellene bedankte sich bei den Männern und bat sie zu gehen.

»Atmet er?«, fragte Titus.

Hellene nickte. »Du hast ihn wohl noch nie in diesem Zustand gesehen? Er kann alles hören, was wir sagen, und er wird sich später auch daran erinnern. Er kann sich nur nicht bewegen.« Sie kniete sich an die Seite des Bettes, ohne Paulus' Hand loszulassen, und ihre Stirn berührte seine Schulter.

Hellene begann leise zu weinen. Ohne nachzudenken berührte Titus mit seiner rechten Hand Hellenes Rücken. Unter dem dünnen Kleid fühlte er ihre warme Haut und den Saum ihres Unterkleids.

Hellene reichte nach hinten und drückte seine Hand. »Geh jetzt«, flüsterte sie. »Geh!«

Titus ging zum Forum, um den Tarsus-Laden zu suchen, aber er konnte ihn nicht finden. Als er schließlich nach dem Weg fragte, wurde er durch ein Labyrinth kleiner Ladengässchen zu einem fensterlosen Lagerraum geführt, in dessen Tor ein bescheidener Verkaufsstand aufgebaut war. Offensichtlich gingen die Geschäfte hier schlecht.

Hellenes einzige Sklavin, Syntyche, führte den Laden. »Du kannst gerne eine Nacht hier schlafen«, bot sie Titus an, nachdem er sich vorgestellt hatte. »Über dem Lager ist ein kleines Schafzimmer, wo ich normalerweise übernachte. Wenn du hier bleiben willst, schlafe ich woanders.«

Titus half, die vor dem Laden ausgelegten kilikischen Decken ins Lager zurückzubringen und den Verkaufstand für den Tag zu schließen. Syntyche schob die schwere Tür von außen zu und forderte Titus auf, sie von innen zu verriegeln. »Ich bin morgen früh wieder da«, sagte sie zum Abschied.

Titus streckte sich und schob den massiven, eisernen Bolzen in das dafür vorgesehene Loch in der Steinmauer. Dann bückte er sich und schob den zweiten Bolzen zu. Die Tür füllte den hölzernen Rahmen aus und konnte deshalb nicht aus den Angeln gehoben werden. Er würde keine ungebetenen Gäste zu befürchten haben in dieser Nacht. Titus gefiel das. Auf dem Schiff geschah alles vor den Augen der Mitreisenden. Den ganzen Tag war er gelaufen, seine Füße taten weh, seine Kleider waren schmutzig vom Staub der Straße, und er roch nach Schweiß. In Damaskus hätte er sich geschämt, sich in diesem Zustand in der Öffentlichkeit zu zeigen.

Noch am selben Tag, an dem Talitha mit Paulus und Silvanus in Philippi eingetroffen war, hatte Talitha Euodia besucht, die Frau, die ihr in Ephesus das Artemis-rote Kleid geschenkt hatte. Euodia führte ein Textilgeschäft mit Wäscherei am Fluss außerhalb der Stadt und nahm Talitha bei sich auf.

»Du hast dir deine Haare schneiden lassen«, hatte Euodia gesagt, als sie sich trafen. »Du siehst gar nicht mehr wie eine Syrerin aus.«

»In Ephesus hast du mir mein Kopftuch abgenommen«, hatte Talitha geantwortet. »Ich habe es nicht wieder angezogen.«

Talitha kümmerte sich um Euodias Kunden. Sie nahm die zu reinigenden Tuniken, Kleider und Betttücher entgegen und lieferte sie später wieder aus. Jedes Mal, wenn gefärbte Stoffe gewaschen wurden, verloren die Farben an Lebendigkeit und Strahlkraft. Euodia frischte die Farben auf, Artemis-rot war ihre Spezialität.

Jeden Abend, wenn die Geschäftsräume geschlossen und verriegelt waren, auf dem Weg zu den Stadttoren, verweilten Euodia und Talitha einen Moment am Schrein der Aphrodite, der Göttin der Liebe. An der Rückwand des kleinen, grottenhaften Raumes war ein Mosaik angebracht, das Aphrodite inmitten der Meeresbrandung in einer Muschel stehend zeigte.

Die beiden Frauen knieten nieder vor dem Altar und Talitha betete laut:

> *Mutter im Himmel,*
> *Heilig sei dein Name.*
> *Wenn mein Liebster leidet,*
> *Empfinde ich Schmerz.*
> *Wenn mein Liebster erregt ist,*
> *Vergehe ich vor Lust.*
> *Du vereinst zwei Körper*
> *Im Körper des Kindes.*
> *Wenn mein Liebster erregt ist,*
> *Vergehe ich vor Lust.*
> *Wenn mein Liebster leidet,*
> *Empfinde ich Schmerz.*
> *Heilig sei dein Name,*
> *Mutter im Himmel.*

Talitha spürte eine Hand auf ihrer Schulter und drehte sich um. Es war Syntyche vom Tarsus-Laden.

»Talitha, Talitha«, rief die junge Frau, »Titus ist da!«

In einer Hand trug Titus eine Öllampe, in der anderen die kilikische Decke, in die seine persönlichen Sachen eingewickelt waren, und kletterte die Leiter zur Schlafkammer im ersten Stock empor. Eine kleine, mit Wasser gefüllte Amphore stand neben zwei Stückchen

Fladenbrot auf einem niedrigen Tisch. Er aß von dem trockenen Brot, ließ die Krümel auf den Boden fallen und trank von dem Wasser. Es war lauwarm und schmeckte bitter.

Titus zog sich aus und goss Wasser aus der Amphore in eine kleine Schüssel, steckte einen Zipfel der Decke hinein und wischte sich damit über das Gesicht. In einem kleinen Metallspiegel an der Wand konnte Titus im Dämmerlicht erkennen, dass er nun einen blauen Streifen um seine Nase hatte und einen roten auf der Stirn. Paulus hatte ihn gewarnt: Die Farben waren nicht wasserfest. Er wusch sein Gesicht noch einmal mit den Händen. Die Flamme der Öllampe flackerte kurz auf, dann erlosch sie. Das einzige Licht, das nun in den Raum drang, kam von draußen durch eine schmale, kreisrunde Öffnung in der Wand. Sie erinnerte ihn an das Fenster in Damaskus, das runde Loch, durch das er und Herodias Paulus' nackten Hintern geschoben hatten. Titus rollte die Matratze aus, die auf einem grob gezimmerten Bettgestell lag. Sie roch nach getrockneten Sommerblumen. Er streckte sich und schlüpfte unter die kilikische Decke, wobei er vorsichtig die nasse Stelle vermied.

Talitha war außer sich vor Glück. Sie bedankte sich bei Syntyche und lobte sie, weil es ihr gelungen war, Titus in die kleine Schlafkammer über dem Laden zu locken, genau so, wie sie es sich gewünscht hatte. Dies war die Nacht, auf die Talitha so lange gewartet hatte. Ihre Mondtage waren vor zwei Wochen zu Ende gegangen, und ihr Körper sehnte sich nach dem Geliebten. Mit Inbrunst und ohne Unterlass hatte sie gebetet, zur Großen Mutter, zu Aphrodite, zu Ishtar, Kybele und Isis, selbst Maria, die Mutter des Christus Jesus, hatte sie jede Nacht angefleht, dass der Geliebte kommen möge, wenn sie bereit sei, ein Kind zu empfangen.

Aber es gab noch so viel vorzubereiten! Talitha nahm ein Bad und Euodia kämmte ihre Haare und schminkte sie.

»Du bist seltsam«, sagte Euodia, während sie mit einer Pinzette Härchen zwischen Talithas Augenbrauen entfernte. »Die meisten Frauen in deinem Alter würden alles tun, um eine Schwangerschaft zu vermeiden. Doch du tust alles, um schwanger zu werden.«

»Möchtest du nicht auch eine Mutter sein?«, fragte Talitha.

»Ich habe es nicht eilig. Vor allem nicht …«

»Wenn du nicht verheiratet bist? Titus und ich haben den Segen der Großen Mutter.«

»Aber du bist eine Sklavin! Dein Kind wird deinem Herrn gehören, egal wer der Vater ist.«

»In den Augen der Großen Mutter wird mein Kind immer die Frucht der Liebe zwischen mir und meinem Geliebten sein.«

Euodia schüttelte den Kopf. »Alle Frauen in meiner Familie, die jung gestorben sind – das schließt meine Mutter, Großmutter und eine Schwester ein – sind bei der Geburt eines Kindes gestorben.«

»Wie kannst du es Tod nennen, wenn du dein Leben verlierst, während du neues Leben gebierst?«

Euodia färbte Talithas Lippen rot, Artemis-rot. Dann färbte sie die Augenbrauen dunkler, bis sie genau dieselbe Farbe hatten wie Talithas Haare, und zog Linien von den Brauen zu den Ohrläppchen. Auf die Wangenknochen malte Euodia zwei Augen. »Doppelte Augen«, sagte sie. »Der letzte Schrei aus Rom. Du kannst die Lider schließen, wenn ihr euch liebt, und er wird denken, du siehst ihn immer noch an. Männer mögen das.«

Die beiden Freundinnen lachten.

»Noch irgend einen anderen Rat, den du mir geben willst? Heute ist die Nacht, in der ich mein erstes Kind empfangen werde«, sagte Talitha.

»Einen Rat? Ja, natürlich! Diese Nacht gehört nicht Titus, sie ist deine Nacht.«

Talitha lächelte. Sie dachte an die Ratschläge der Frauen in der Felsgrotte.

»Streichle ihn über den Rücken, die Arme, die Beine, aber verbiete ihm zu reden. Und wenn du seine Hände auf deinem Rücken, deinem Gesicht, auf deinen Brüsten fühlst, dann denke an das Kind, das du empfangen wirst. In dem Augenblick, in dem der Same des Geliebten in deinen Garten gepflanzt wird, wird dir die Große Mutter den Namen deines Kindes ins Ohr flüstern. Eine Frau empfängt durch das Ohr.«

Euodia bestand darauf, dass Talitha das rote Kleid der Artemis anzog, und sie bestand darauf, sie bis zum Tarsus-Laden zu begleiten. Doch als sie den Laden erreichten, war die Tür von innen verriegelt. Euodia klopfte zunächst alleine, dann schlugen beide Frauen mit den Fäusten gegen die Tür, jedoch ohne Erfolg. Sie versuchten, kleine Steine durch das runde Fenster im ersten Stock zu werfen, doch die Öffnung war zu schmal und alle Versuche scheiterten. Sobald sie ruhig waren, hörten sie Titus schnarchen. Nach einer Weile setzten sie sich entmutigt auf den Boden, mit dem Rücken gegen die Tür. Die Anstrengung in der warmen Abendluft hatte sie ins Schwitzen gebracht.

Talitha weinte. Ihre schweißnassen Haare klebten auf der Haut, und unter den Achseln wies das Kleid große, dunkle Flecken auf. So lange waren sie voneinander getrennt gewesen, und nun, da sie dem Geliebten so nah war, dass sie ihn hören konnte, war der Schmerz unerträglich.

Talitha begann auf Aramäisch zu singen und Euodia summte mit.

Eine Stimme hört man in Ramah,
Eine Stimme, die weint und klagt.
Eine Mutter sucht ihre Kinder.
Doch die Kinder, die sind nicht mehr.

Titus erwachte mit stechenden Schmerzen. Er lag auf dem Rücken und starrte gegen die Decke eines Zimmers, das er nicht kannte. Wo war er? Durch die kleine, runde Öffnung in der Wand drang Licht. Sein Magen verkrampfte sich. Er rollte von der Matratze, kniete nackt auf dem Boden und erbrach sich. Er fand ein Tongefäß, öffnete den Deckel, roch daran und erbrach sich noch einmal. Tränen liefen über seine Wangen, sein Kopf pochte vor Schmerzen. Er erinnerte sich an die kleine Amphore mit Wasser. Sie stand in Reichweite. Er nahm noch einen Schluck, verschluckte sich und spuckte die bittere Flüssigkeit aus. Sein Bauch verkrampfte sich erneut, er hatte nichts mehr in sich, nicht im Magen, nicht einmal mehr Tränen. Als er sich endlich mühsam aufrichtete, waren seine Beine so schwach, dass sie ihn kaum trugen.

Langsam kam die Erinnerung wieder. Er war in Philippi, über dem Tarsus-Laden. Er taumelte zurück zum Bett, wobei er vorsichtig die Stelle vermied, an der er sich erbrochen hatte. Er nahm die kilikische Decke und legte sie über die nasse Stelle am Boden.

Erschöpft ließ er sich aufs Bett fallen und drückte sein Gesicht ins Kissen. Er hörte die rothaarige Sklavin aus Troas sagen: »Dein Kopf sagt Nein, aber alles andere sagt Ja!« Verzweifelt versuchte er, die Frau von sich abzuwerfen, aber seine Hände waren gefesselt, seine Beine wie gelähmt. Hellenes Stimme sagte: »Er kann alles hören. Er kann sich nur nicht bewegen.«

Als Titus wieder zu sich kam, war sein Körper schweißgebadet. Er hasste alle Frauen. Alle hatten sie ihn allein gelassen. Seine Mutter war gestorben, hatte ihn im Stich gelassen, als er noch ein Kind war, Herodias hatte ihn aus seiner friedlichen Welt in Damaskus herausgerissen, damit er sich um ihren verrückten Bruder kümmerte, Clara hatte ihn in abscheulichster Weise missbraucht, Hellene hatte ihn ohne Mahlzeit und Nachtlager vor die Tür gesetzt. Doch keine Frau hatte ihn so belogen, betrogen, beleidigt und verletzt wie Talitha!

Zwei Frauen sangen auf der Straße. Titus stand auf und schaute durch das kleine Fenster. Er fühlte sich jetzt etwas besser, nur die Kopfschmerzen hatten noch nicht nachgelassen. Die Frauen saßen vor der Tür zum Tarsus-Laden, eine der beiden trug ein rotes Kleid, wie Talitha eines in Ephesus angehabt hatte. Doch die Haare waren kurz geschnitten.

Er kletterte die Leiter hinunter, schob beide Bolzen zurück und öffnete die Tür einen Spalt. »Talitha?«, fragte er.

»Ja«, antwortete sie.

Er reichte durch den Türspalt, nahm ihre Hand und zog Talitha zu sich. Dann schloss er die Tür so schnell er konnte, damit die andere Frau nicht sah, dass er nackt war.

»Schieb die Riegel vor«, forderte er Talitha auf.

Talitha streckte sich und klopfte mehrmals im Dunkeln mit der Hand gegen den oberen Bolzen, bis er sich in das Loch schieben ließ.

Titus trat an Talitha heran und legte seine Hände um ihre Hüfte. Das war die Frau, die sich ihm in Jerusalem aufgedrängt hatte, das war die Frau, die ihn mit Silvanus, einem Freund, betrogen hatte zu einem Zeitpunkt, als er, krank vor Verliebtheit und Sehnsucht, sich nichts lieber gewünscht hätte, als bei ihr zu sein.

Talitha bückte sich und suchte im Dunkeln nach dem unteren Bolzen, fand und schloss ihn. In diesem Augenblick riss Titus sie an sich, zerrte ihr das Kleid hoch und drang mit Gewalt von hinten in sie ein. Talitha taumelte nach vorne und schlug mit der Stirn gegen die Tür. Titus hielt sie mit seiner rechten Hand am Bauch gepackt, hart und brutal, so dass sie vom Boden abhob, mit der linken riss er an ihren Haaren. Und immer und immer wieder stieß er zu. Sie schrie, aber er ließ nicht von ihr ab. Dann, genauso unvermittelt wie er sie gepackt hatte, ließ er sie zu Boden fallen, drehte sich um und kletterte die Leiter nach oben.

Talitha lag auf dem Steinboden im Erdgeschoss und weinte. Blut lief von der Stirn über die Wange in ihren Mund. Es schmeckte süßlich und warm. Sie tastete die Innenseite der Oberschenkel ab.

Wochenlang hatte sie das Brautgemach vorbereitet, ein heiliger Ort, ein Schrein der Schönheit der Schöpfung und der Weitergabe des ewigen Lebens, ein Platz, an dem sich eine Windung der Spirale des Lebens schloss und sich die nächste öffnete.

Sie hörte die Frauen in der Felsgrotte singen:

Mädchen, Mutter, Matrone.
Glücklich die Frau, die den Weg nicht alleine geht.

»Hör zu, wenn er seinen Samen in deinen Garten pflanzt! Eine Frau empfängt durch das Ohr«, hatte Euodia gesagt.

Als Titus erwachte, hörte er das Mädchen im Erdgeschoss weinen. Sie würde sich damit abfinden müssen. Sein ganzes Leben lang hatten ihn Leute gedemütigt, Familienangehörige, Freunde, Herren, andere Sklaven. Talitha würde sich daran gewöhnen müssen, dass ihre Liebhaber Gewalt über sie hatten. Und selbst wenn der eine oder andere sich als ein herzloses Ungeheuer entpuppte, eine Frau gewann einen Mann nicht durch Worte, sondern indem sie seine geheimsten Begierden kannte und erduldete.

Männer waren nicht geschaffen, um treu zu sein, aber Treue war, was ein Mann von seinen Frauen verlangte. Nur eine Jungfrau taugte zur Ehefrau und Mutter. Es war nicht wichtig, dass sich die Ehefrau schminkte. Und warum Schmuck? Warum teure Kleider? Jede Frau ist schön, wenn sie nackt ist.

Titus gähnte.

»Und sie sollte auch nicht viel reden, ein stiller Geist ist kostbar«, murmelte er und schlief wieder ein.

Die große Göttin Isis hatte Hades besiegt und den Tod. Sie war über die Meere der Welt gereist auf der Suche nach ihrem Bruder und Geliebten, Osiris. Und nachdem Isis die Teile des zerhackten Körpers gefunden und wieder zusammengefügt hatte, küsste sie Osiris auf den Mund und hauchte ihm neues Leben ein. Dann liebten sie sich, Isis wurde schwanger und gebar einen Sohn.

Talitha hatte Brotfladen besorgt, die der Isis geweiht waren, um sie mit ihrem Liebhaber zu teilen, bevor sie die Hochzeit vollzogen. »Solches tut zu meinem Gedächtnis«, hatte ihr die Isis-Priesterin im Namen der Göttin befohlen. Von einem jüdischen Händler hatte Talitha eine kleine Amphore mit geweihtem Wasser erworben, das aus dem Tempel in Jerusalem stammte. Sie hatte bittere Kräuter und Essig dazu gemischt, um es haltbar zu machen. Sie wollte Titus bitten, ihren Bauch damit einzureiben, während sie Sarah, die Mutter aller Israeliten, um ihren Segen für das neue Leben bat. Und Euodia hatte ihr ein verschlossenes Gefäß geschenkt, in dem sich Gerberflüssigkeit aus Urin mit geheimen Zutaten befand und in dem die zarte Haut eines ungeborenen Lammes lag. Talitha hatte die Härchen mit einem Bimsstein sorgfältig abgeschabt und das Fellchen auf einen Rahmen gespannt und gestreckt bis es dünn war wie Papyrus. Sie selbst hatte es in das Gefäß gelegt, um es auszubleichen. Auf das feinste Stück Pergament, das sie je besessen hatte, wollte sie den Namen des Kindes schreiben, das sie empfangen würde, den Namen, den ihr die Göttin ins Ohr flüstern würde. Sie würde das Pergament nahe an ihrem Herzen tragen, bis das Kind geboren war. Das war der Plan gewesen.

Schließlich stand Talitha auf und kletterte die Leiter hinauf in den ersten Stock. Sie war erleichtert, dass Titus sich zur Wand gedreht hatte, sie wollte nicht, dass er sie halbnackt im zerrissenen Kleid sah.

Sie machte Feuer, zündete die Öllampen an, die parfümierten Kerzen, die Weihrauchstückchen, die sie vorbereitet hatte. Als sie durch den Raum schritt, trat sie auf Krümel. Sie bückte sich und erkannte, dass sie vom heiligen Brot der Isis stammten, Titus hatte sie über den Boden verteilt, so wie der Körper des Osiris über die ganze Welt verstreut worden war. Talitha sammelte die Krümel in ihre Hand, und als sie keine mehr fand, steckte sie sie in den Mund und schluckte sie hinunter. Für immer sollten sie Teil ihres Körpers werden.

Eine Schüssel stand in der Mitte des Raumes. Kräuter schwammen auf der Oberfläche. Als Talitha die leere, kleine Amphore fand und erkannte, dass Titus das Heilige Wasser von Jerusalem benutzt hatte, um sich zu waschen, begann sie wieder zu weinen. Sie hatte einen ganzen Denarius für dieses Wasser bezahlt, den Denarius, den sie von Clara in Troas bekommen hatte. Und er hatte sich damit gewaschen!

Titus' kilikische Decke lag ausgebreitet auf dem Boden, die Decke, auf der sie sich in Jerusalem zum ersten Mal geliebt hatten, auf dieser Decke hatte sie ihm ihre Jungfräulichkeit geschenkt, auf dieser Decke hatte er sie zur Frau gemacht. Als sie sie aufhob, drang ihr der saure Geruch von Erbrochenem in die Nase. Langsam sank sie zu Boden und hielt sich die Hände vor das Gesicht. Sie weinte leise, damit sie Titus, ihren Ehemann, nicht weckte.

Als sie wieder auf die Beine kam, schüttete sie den Rest des Jerusalemer Wassers über den Boden und wischte die Holzdielen mit der trockenen Seite der kilikischen Decke sauber. Dann rollte sie die Decke zusammen und schob sie durch die kleine, runde Öffnung in der Wand ins Freie.

Talitha ahnte, dass das Schlimmste noch kommen würde, als sie Euodias Gefäß entdeckte, in dem das Fellchen in der Gerberflüssigkeit lag. Der Deckel war halb zur Seite geschoben.

Der Schrei, unmittelbar neben seinem Bett, riss Titus so plötzlich aus dem Schlaf, dass er mit dem Kopf gegen die Wand stieß. Er drückte eine Hand gegen seine Stirn, drehte sich um und sah Talitha in das Tongefäß starren, in das er sich erbrochen hatte. Sie weinte und schrie und verfluchte ihn.

Der Geruch von Weihrauch erfüllte die Luft, Kerzen und Öllämpchen erhellten den Raum. Zum ersten Mal sah Titus, dass die Wände mit Stoffen behangen waren. Drei parallele Linien, Kreise und Spiralen waren darauf gemalt, Fruchtbarkeitssymbole, die sogar er kannte. Die Regale, das Fensterbrett, der Hausaltar waren mit kleinen Frauenfiguren geschmückt, sitzende Frauen, stillende Frauen, gebärende Frauen, Göttinnen, die Fruchtbarkeit versprachen und langes Leben, die typische Ausstattung eines Brautgemachs. Hatte Syntyche vorgehabt, sich zu vermählen? War das der Grund dafür gewesen, dass die Matratze nach Blumen roch?

Talitha nahm einen Stock und zog ein Stück gebleichtes Leder aus dem Tongefäß. Sie trug es zum Wasserbecken, das Titus im Dämmerlicht des Raumes ebenfalls übersehen hatte, und säuberte es. Dann ging sie zu dem Topf zurück, setzte den Deckel darauf und warf ihn zum Fenster hinaus. Er hörte, wie das Gefäß auf der gepflasterten Straße aufschlug und zerschellte. »Sie ist beherzt, die Kleine. Das muss ich ihr lassen«, erinnerte sich Titus an Barnabas' Worte. »Ich mag das bei Frauen.«

Talitha nahm das Lederstückchen in ihre Hände, wischte es trocken und zog es glatt. Sie hob Paulus' Dolch auf, der aus der kilikischen Decke gefallen war, schob das Kleid hoch und stach sich in den Oberschenkel. Sie fing einen Tropfen Blut mit dem Fingernagel auf und schrieb ein Wort auf das weiße Stück Leder. Dann faltete sie es zusammen und legte es in den kleinen Beutel, den sie an einem Band um den Hals trug. Der Beutel kam zwischen ihren Brüsten zu liegen.

Titus blieb unbeeindruckt. Ein weiteres, lächerliches Weiberritual.

Euodia hatte Recht gehabt. Nachdem das Leder eine Woche lang in der Gerberflüssigkeit gelegen hatte, war es weiß wie der Schnee auf dem Berg Hermon. Talitha betastete den kleinen Beutel um ihren Hals. Auf dem Lederstück hatte sie den Namen ihres Kindes notiert, den Namen, den ihr die Große Mutter ins Ohr geflüsterte hatte. Sie sammelte alle Göttinnen ein, die sie auf den Regalen, auf dem Hausaltar und dem Fensterbrett aufgestellt hatte. Sie nahm den Stoff von der Wand, legte die Figuren hinein und rollte das Ganze zu einem kleinen Bündel.

Titus beobachtete Talitha, während sie die Leiter wieder nach unten kletterte. »Ich hoffe, dass ich dich nie wiedersehe«, sagte er, als ihr Kopf außer Sicht war.

In diesem Moment klopfte Syntyche mit den Fäusten gegen die Eingangstür im Erdgeschoss. »Macht schon auf ihr Turteltäubchen! Zeit das Liebesnest zu verlassen und davonzufliegen!«

Titus hörte, wie Talitha die Riegel zurückschob und wortlos an Hellenes Sklavin vorbei hinaus auf die Straße ging.

Sobald sich Titus sicher war, dass Talitha das Gebäude verlassen hatte, stand er auf, zog sich an und half Syntyche den Laden für den Tag fertigzumachen. Dann besuchte er ein öffentliches Bad und wusch sich.

Hellenes Haus stand am Hang, ein wenig unterhalb der befestigten Akropolis. Titus fand Paulus vor dem Eingang zum Innenhof auf einer Bank sitzend. Er kaute getrocknete Feigen, schien dem Gerede und Gelächter der Passanten zuzuhören und den Augenblick zu genießen.

»Ich bitte um Entschuldigung«, sagte Titus. »Es tut mir leid, dass ich mich gestern so dreist nach eurer Ehe erkundigt habe.« Titus entdeckte eine blaue Stelle an Paulus' Hals, er hatte sich am Vortag bei seinem Sturz wohl leicht verletzt. Konnte sich sein Herr wirklich an alles erinnern, was geschehen war? »Habt ihr nicht selbst gesagt, ihr hättet die Geistesgabe der sexuellen Enthaltsamkeit?«

»Ich bin als Pharisäer aufgewachsen und ausgebildet worden. Wir glauben, dass es die Pflicht eines jeden erwachsenen Mannes ist, sich eine Frau zu nehmen und Kinder in die Welt zu setzen. Das erste Gebot, dass Gott der Herr aussprach, nachdem der das erste Menschenpaar geschaffen hatte, war: Seid fruchtbar und mehret euch und füllt die Erde!«

»Schlaft ihr mit Hellene?«

Paulus lachte. Er nahm Titus' Hände und schaute ihm in die Augen. Sein leerer Blick machte Titus Angst. »Kein Kommentar«, sagte Paulus schließlich, ließ Titus' Hände los und steckte sich eine weitere Feige in den Mund. »Wie ist es dir in Korinth ergangen?«

»Gut«, antwortete Titus ruhig und war selbst überrascht über seine Antwort. Er war völlig unvorbereitet nach Korinth gesandt worden, hatte wochenlang vergeblich auf Nachricht von Paulus gewartet, war nur durch die Spende des Diotrephes in der Lage gewesen, die Stadt wieder zu verlassen und nach dem frustrierenden und erfolglosen Versuch, seinen Herrn in Troas anzutreffen, war alles, was er zu sagen hatte: »Gut«?

»Was macht die Kollekte für Jerusalem?«

»Sie haben noch nicht einmal damit begonnen.«

»Wirklich?«, Paulus schien überrascht.

»Ich denke, sie werden nicht eine Kupfermünze sammeln, bis ihr und Justus von Palmyra eure Streitigkeiten beigelegt habt und gemeinsam in Korinth auftaucht«, sagte Titus.

Paulus kaute an der nächsten Feige und schluckte. »Gaius ist immer noch Mitglied der Gemeinde?«

»Ja. Sie haben ihm vergeben.«

Paulus bot Titus eine Feige an.

»Feigen würden mir heute nicht bekommen«, sagte Titus.

»Haben sie sich über mich beschwert?«, fragte Paulus.

»Sie haben gesagt, ihr hättet nicht einfach Chloes Standpunkt übernehmen dürfen. Es sei die erste Regel eines jeden Eheberaters, sich beide Seiten anzuhören.«

»Ich habe also versagt?«

»Ihr habt der Gemeinde geholfen, Gaius zu vergeben. Vergebung ist keine so schlechte Sache, nicht wahr?«, sagte Titus.

Paulus machte Titus' Stimme nach. »Vergebung ist keine so schlechte Sache, nicht wahr? – Was weißt du schon von Vergebung? Hast du je etwas wirklich Böses in deinem Leben getan?«

»Ich denke nicht, Herr. Ich bin vielleicht kein guter Mensch, aber ich bin auch nicht wirklich schlecht oder böse. Bloß Durchschnitt, denke ich.«

»Kein wirklich schlechter Mensch, nur ein durchschnittlicher Sünder.« Paulus schüttelte den Kopf. »Und was ist mit Talitha?«
Titus erschrak. Was wusste sein Herr über Talitha?

Hellene rief Paulus und Titus. Es war Zeit für die Mittagsmahlzeit. Syntyche hatte den Laden geschlossen und setzte sich zu den drei anderen in den schattigen Hof.
»Die Geschäfte gehen schlecht«, begann Hellene die Unterhaltung. »Alexander konnte die bestellte Ware nicht nach Damaskus liefern, Herodias hat den größten Teil ihres Jahresumsatzes verloren. Andronicus und Iunia in Ephesus überleben nur, weil sie jetzt auch andere Waren vertreiben. Und, wie ihr ja wisst, verkaufen wir hier in Philippi so gut wie nichts mehr.«
Syntyche trug ein leichtes, kurzes Kleid mit einem weiten Ausschnitt. Sie saß auf dem Boden vor Paulus' Füßen und sah hoch zu ihrem Herrn.
»Wir verkaufen so gut wie nichts mehr«, wiederholte Paulus, geistesabwesend. Er nahm Syntyches Haar zwischen die Finger und spielte damit. »Ich habe versagt.«
»Die Qualität der kilikischen Decken ist schlecht«, sagte Syntyche. »Sobald sie nass werden, verlaufen die Farben.«
Paulus nickte. »Und trotzdem haben sie sich zehn Jahre lang gut verkauft. Was ist passiert?«
Niemand antwortete.
»Ich sage euch, was passiert ist. Die Frommen in Jerusalem haben alles kaputt gemacht. Wer hat denn Jesus umgebracht? Es waren nicht die griechischen Gemeinden von Damaskus, es waren die Hebräer! Die frommen Judäer von Jerusalem!«
»Paulus!«, rief Hellene entsetzt und nahm seine Hand. »Sag so was nicht!«
Titus beobachtete erstaunt, dass sich sein Herr beruhigte, als ihn Hellene berührte. Unter Hellenes Fingern schien sein Ärger wegzuschmelzen.
»Erzähl von deinem Plan«, bat sie ihn mit sanfter Stimme.
Paulus schluckte. »Wir müssen expandieren. Priska und Aquila sind gut damit gefahren, dass sie Syrien verließen, als es wirtschaftlich

bergab ging. Alexander soll in Zukunft die Decken nicht mehr nach Damaskus liefern, sondern nach Korinth, wo Sosipater den Handel mit Rom organisieren wird.«

»Rom?«, fragte Syntyche.

»Herodias liegt mir schon seit Jahren in den Ohren, unsere Geschäfte nach Westen auszuweiten. Rom ist der größte Markt, dort sind wir wahrscheinlich nicht konkurrenzfähig. Aber vielleicht in Spanien. Es gibt auch in Spanien reiche Leute.« Paulus' Stimme klang jetzt sicherer. »Wir bräuchten allerdings Kapital.«

Am Ende betete Paulus: »Ich bin zuversichtlich, dass der Herr Gott, der das gute Werk begonnen hat, es auch vollenden wird. Amen.« Titus gefiel das Gebet. Es war kurz und direkt.

Jemand klopfte gegen den Rahmen des Eingangstors. Hellene begrüßte den Gast und stellte ihn Titus vor: »Das ist Clemens, Silvanus' Herr. Er ist mit seinem Buchhalter gekommen.«

Nach der üblichen Begrüßung, einer Umarmung und einem Kuss auf die Wange, kam Clemens gleich zur Sache. »Wie ihr wisst, führe ich den größten Buchladen der Stadt.« Der breitschultrige, selbstbewusste Mann wies auf seinen Diener, der eine schwere Ledertasche trug. »Paulus, ich habe dir Geld gebracht.«

Titus war sprachlos. Paulus hatte gerade um Kapital gebetet, und hier wurde es geliefert.

Klemens wollte sich nicht auf den Hocker setzen, den ihm Hellene anbot. Er stand lieber. »Du weißt ja, was die Leute über dich sagen. Sie sagen, du bist ein armseliger Redner, aber wenn du Briefe schreibst, bist du wirkungsvoll und überzeugend.«

»Ein armseliger Redner?«

»Nimm es als Kompliment, Paulus. Du bist ein begabter Schriftsteller.«

Paulus' Gesichtsausdruck veränderte sich. Das Lob aus dem Munde eines Mannes, der seinen Lebensunterhalt durch den Verkauf von Literatur bestritt, tat ihm gut.

»Danke. Dein Name steht geschrieben im Buch des Lebens«, sagte Paulus, sichtlich gerührt.

»Mir wäre lieber, mein Name würde in einem deiner Bücher stehen. Im Vorwort, als dein Verleger. Verstehe doch! Wenn du predigst, dann schreibst du auf Wasser, die Worte leben nur für einen Augenblick. Doch wenn du auf Papyrus schreibst, dann bleiben sie in alle Ewigkeit.«

»Worüber sollte ich denn schreiben?«

»Schreibe über Liebe.«

»Wie Ovid?« Paulus atmete tief ein und begann vorzutragen:

Wer von euch möchte lernen zu lieben?

Geht, kauft mein Buch!

Lernt die Kunst durch meine Worte!

Paulus hielt einen Moment inne, als müsse er tief im Gedächtnis nach den Versen suchen.

Es ist eine Kunst, nicht bloß Geschick,

ein Schiff durch Segel und Ruder zu lenken

Oder den Lauf des Wagens zu steuern.

So muss auch die Kunst das Lieben regieren.

Clemens nickte und wiederholte die letzte Zeile auf Lateinisch: »Arte regendus amor.«

Paulus schien sehr mit sich zufrieden. »Du bietest mir also Geld an, damit ich über Liebe schreibe?«

Clemens lachte laut auf. »Nein. Mit Schreiben kann man kein Geld verdienen, jedenfalls nicht als Autor. Was ich gerne von dir hätte, wäre, dass du nach Thessaloniki gehst und dort eine Gemeinde Gottes aufbaust. Du kannst bei meinem Cousin wohnen.«

Paulus schüttelte den Kopf. »Tut mir leid, das geht nicht. Ich muss so schnell wie möglich nach Korinth. Meine geschäftliche Zukunft und das Wohlergehen meiner Familie und meiner Sklaven hängen davon ab.«

Clemens seufzte, ließ sich aber nicht beirren. »Das kannst du hinterher immer noch tun. Aber gehe zuerst nach Thessaloniki. Das ist meine einzige Bedingung. Sonst erhältst du kein Geld, und dein Buch werde ich auch nicht herausbringen.«

Paulus zögerte. »Du weißt ganz genau, dass ich kein Geld für meine Aposteltätigkeit annehme.«

Klemens zeigte auf seinen Buchhalter, der Titus an den Juwelier Diotrephes erinnerte, klein, rund und kahlköpfig.

Der Buchhalter zog einen versiegelten Brief aus der Ledertasche.

»Ein Geschäftspartner in Thessaloniki schuldet Clemens Geld.« Er sprach, ähnlich wie Paulus, mit leiser, hoher Stimme. »Zeige ihm den Schuldschein, und er wird dir geben, was er Clemens schuldet. Falls er nicht zahlen kann, kannst du deinen Anspruch vor Gericht einklagen.«

»Wie heißt du?«, fragte Paulus den Buchhalter.

»Epaphroditus.«

Paulus betastete das Gesicht des Mannes. »Ich habe dich schon einmal gesehen.«

Epaphroditus schüttelte den Kopf, hielt die Ledertasche hoch und sagte: »Zusätzlich zu dem Schuldbrief hat die Gemeinde Gottes in Philippi Geld gesammelt, das sie dir geben möchte, damit du dich in Thessaloniki nicht selbst versorgen musst.«

Paulus griff nach der Tasche. Seine Finger glitten schnell über das Leder und schätzten die Zahl und Größe der Münzen. Er schien zufrieden. »Ich nehme das großzügige Geschenk im Namen Jesu Christi an.«

Titus war verwirrt. Hatte sein Herr nicht vor wenigen Augenblicken erklärt, dass er kein Geld annehmen konnte, wenn es um seine Aposteltätigkeit ging?

Paulus reichte Clemens die Hand, und Clemens ergriff sie.

»Ich habe eine weitere Bitte«, sagte Clemens. »Was deine Schreiberei angeht, ist es an der Zeit, dass du professionelle Dienste in Anspruch nimmst. Silvanus ist ein ausgebildeter Schreiber. Ich möchte, dass er für dich arbeitet.«

»Niemals«, sagte Paulus kalt. »Niemals!« Er zog seine Hand zurück.

Titus wunderte sich. Als er Ephesus verlassen hatte, hatte er den Eindruck gehabt, dass sich Paulus und Silvanus sehr nahe standen. Hatte Paulus vielleicht von Silvanus und Talithas Eskapaden erfahren? Weigerte sich sein Herr, mit Silvanus zusammenzuarbeiten, weil er Ehebrecher verabscheute?

Epaphroditus öffnete die Ledertasche, zog einen weiteren Beutel hervor und setzte ihn auf den Boden. Dieser war größer als der erste und, wenn man dem Klang der Münzen trauen durfte, war er auch reicher gefüllt.

»Niemand kann dich kaufen, Paulus von Damaskus, ich weiß das«, sagte

Clemens feierlich. »Aber es ist mein Wunsch, dass du deine Schrift-
stellerei so betreibst wie du deinen Handel betreibst: professionell. Und
manchmal heißt das, dem Rat eines Fachmannes wie mir zu folgen.«

»Bisher habe ich nur Briefe geschrieben.«

»Erlaube Silvanus, Kopien von den Briefen anzufertigen, die du
schreiben wirst. In den langen Wintermonaten kannst du sie über-
arbeiten. Falls du die Zeit nicht findest, lass sie von einem anderen
durchsehen.«

»Von jemandem wie Silvanus?«

Clemens nickte.

»Er nickt«, sagte Titus zu Paulus. Er wollte sicher gehen, dass Paulus
verstand. Titus freute sich darüber, dass sich sein Herr von Silvanus
distanzierte. Paulus, ein verheirateter Mann, war sich sicher bewusst,
wie zerbrechlich eine Ehe sein konnte, und wie gering die Hoffnung
auf Versöhnung war, wenn einer der Partner fremdging.

»Niemals«, wiederholte Paulus. »Niemals werde ich zulassen, dass
Silvanus meine Schriften verfälscht.«

Epaphroditus setzte einen dritten Sack mit Münzen auf den Boden.
Paulus nickte und reichte Clemens wieder die Hand. Dann machte
Paulus Titus ein Zeichen, die Geldbeutel an sich zu nehmen. Epa-
phroditus grinste. Das Geschäft war abgeschlossen.

Titus war am Boden zerstört. Er wollte nicht glauben, dass alles, was
man tun musste, um Paulus vom moralischen Podest zu stoßen, war,
ihm genug Geld anzubieten.

Epaphroditus blickte zu seinem Herrn Clemens, der ihm gestattete, Paulus anzusprechen. »Herr, Meine Frau hatte letzte Nacht einen
Traum. Sie hat mich in Rom gesehen, ich stand an eurer Seite.«

»Ich hatte denselben Traum«, antwortete Paulus. »Du hast eine an-
strengende Reise vor dir, Epaphroditus. Du wirst am Leben verzwei-
feln. Doch durch alles Leid wird dich Gott trösten und ermutigen.
Wir werden uns in Rom wiedersehen, so viel ist gewiss!«

Dann sandte Paulus Titus fort, um Silvanus zu holen. »Er arbeitet in
meinem Buchladen am Forum«, sagte Clemens, und Paulus ergänzte: »Sage Silvanus, dass wir noch heute aufbrechen werden.«

Titus ließ sich Zeit auf dem Weg zum Forum. Er hatte es nicht eilig, Silvanus wiederzusehen. Was fand Talitha bloß an dem Sklaven aus Noricum? Was hatte Silvanus, was er, Titus, nicht auch hatte? War es seine Jugend? Oder seine Bildung? Und warum machte es ihm überhaupt etwas aus? Nach allem, was letzte Nacht geschehen war, wollte er Talitha ohnedies nicht mehr sehen, und sie empfand sicherlich genauso. Warum regte er sich also darüber auf? Warum konnte er, Titus, sein Leben nicht einfach so weiterleben, als wäre nichts passiert? Ein Sklave hatte sowieso kein Recht auf eine eigene Frau.

Der Buchladen war während der Mittagszeit geschlossen und Silvanus nirgends zu sehen. Doch die junge Frau, die die Ware beaufsichtigte, wusste, wo er sich gewöhnlich mittags aufhielt. »Er betet«, sagte sie und erklärte Titus den Weg zum Schrein.

Titus traf in der Nähe der steilen Straße, die vom Forum zur Oberstadt führte, auf Silvanus. Das bescheidene Heiligtum bestand aus drei Nischen, die in den Fels gehauen waren. Jede Nische enthielt eine geschnitzte Frauenfigur: ein junges Mädchen, eine stillende Mutter und eine alte Frau. Alle drei trugen rote Kleider über weißen Blusen. Silvanus saß vor dem Schrein auf dem Boden, sein Rücken der Straße zugekehrt, Ellbogen auf den Knien, das Gesicht mit beiden Händen bedeckt. Titus berührte Silvanus' Schulter.

»Ich habe meinen Platz in dieser Welt verloren«, flüsterte Silvanus, als er Titus erkannte. Sein rechtes Auge war leicht geschwollen und hatte einen gelbgrünen Schatten, genau wie Clara behauptet hatte. »Mein Herr Clemens ist zornig, weil ich bei Paulus in Ungnade gefallen bin«, fuhr er fort. »Ich bin in den Bergen geboren – blauer Himmel, grüne Almen, schneebedeckte Gipfel. Werde ich jemals das Land meiner Vorfahren wiedersehen?« Er zeigte auf die drei Frauenfiguren. »Diese Göttinnen – Jungfrau, Mutter, Matrone – sind aus Noricum. Sie haben meine Mutter gesegnet und die Mutter meiner Mutter. Paulus versteht nicht, dass der Glaube meiner Vorfahren genauso wertvoll ist wie die Traditionen der Israeliten. Warum sollen die Sitten und Bräuche meiner Familie sündhaft sein? Wegen eines Obdachlosen aus Nazareth?«

Titus war verwirrt. Er hatte eine andere Reaktion von jemandem erwartet, der ihm die Frau ausgespannt hatte, gewiss keine theologische Diskussion über die Verehrung der Erdmutter in Noricum.

»Und aus welchem religiösen Grund hast du dann wohl mit Talitha geschlafen?«, fragte Titus.

Silvanus erschrak. »Wovon sprichst du? Ich habe dein Mädchen nicht angefasst!«

»Alle haben euch gehört in der Herberge in Troas.«

»Talitha hat mir geholfen, Paulus zu beruhigen, als er einen seiner Anfälle hatte. Das haben die Leute vielleicht gehört. – Titus! Bist du etwa eifersüchtig?«

Titus griff in seiner Wut den jungen Mann am Gewand und riss ihn vom Boden hoch. »Warum bist du bei Paulus in Ungnade gefallen? Weil du hinter Talitha her bist, nicht wahr?«

»Nein. Ich habe herausgefunden, warum Paulus aus Damaskus fliehen musste.«

»Warum?«

»Er hat ein kleines Mädchen umgebracht. Und wer weiß, was er sonst noch mit der Kleinen angestellt hat! Ich sag dir nur, was mir Justus' Freunde berichtet haben. Und als ich Paulus danach fragte, hat er mich vor die Tür gesetzt.«

»Silvanus, du kannst doch nicht alles glauben, was dir die Leute um Justus erzählen! Sie hassen Paulus und möchten ihm schaden. Du bist doch sonst nicht so ein Idiot.«

Titus schaute Silvanus in die Augen. Doch Silvanus hielt seinem Blick stand.

»Warum soll ich dir glauben, dass du nichts mit Talitha gehabt hast?«

»Weil ich mir nichts aus Frauen mache.«

Titus ließ Silvanus los und wischte sich die Hände an seinem Gewand ab, als hätte er etwas Verdorbenes angefasst. »Willst du mir erzählen, dass du mit Männern schläfst?«

»Schlafen würde ich es nicht gerade nennen, was wir machen.«

»Du weißt genau, was ich meine!«, rief Titus und ärgerte sich, dass er sich plötzlich vor Silvanus verteidigen musste.

Silvanus zog sein Gewand glatt. »Versprich mir, nicht mit Paulus darüber zu sprechen!«

Titus seufzte. »Paulus hat mich gesandt, um dich zu holen. Wir reisen heute ab. Er möchte, dass du mitkommst.«

Silvanus starrte ihn fassungslos an. »Wirklich? Ich werde alles tun, um ihn nicht wieder zu verärgern.«

»Würdest du dich sogar beschneiden lassen?«

Silvanus schaute Titus mit großen Augen an und schluckte.

»War nur Spaß«, sagte Titus und schlug ihm mit der flachen Hand auf den Rücken. »Komm jetzt, wir müssen gehen.«

Jetzt, da Paulus wieder Geld hatte, wollte er keine Stunde länger warten. Paulus, Titus und Silvanus erreichten den Hafen von Neapolis am späten Nachmittag und gingen an Bord eines Schiffes, das noch am gleichen Abend auslief.

Sobald sie auf dem offenen Meer waren, wurde Paulus wieder nachdenklich. »Titus, glaubst du wirklich, dass meine Briefe wirkungsvoll und überzeugend sind?«

Titus dachte an seine Reise nach Korinth. Während die Gemeinde den gesamten Brief des Johannes hatte vortragen lassen, fanden sie nur ein paar Zeilen aus Paulus' Brief lesenswert. Gaius, Erastus und Stephanas waren nicht beeindruckt gewesen.

Delphine schwammen mit dem Schiff um die Wette, sprangen aus dem Wasser und klatschten mit den Bäuchen auf die Wasseroberfläche auf.

»Ich habe gehört, dass Jesus gerne auf einem Boot war«, sagte Paulus, ohne Titus' Antwort abzuwarten. »Ob das stimmt? Wen könnte ich fragen? Kephas? Jakobus? Sie verachten mich!«

»Ihr hättet Johannes fragen können«, sagte Silvanus.

Paulus nickte. »Hätte ich machen können.«

»Titus, ich habe eine Entscheidung getroffen«, sagte Paulus plötzlich. »Wenn der richtige Zeitpunkt gekommen ist, schicke ich dich nach Korinth zurück, mit einem Brief, einem sehr freundlichen Brief.«

»Bitte nicht!«, murmelte Titus.

Paulus warf eine Handvoll Brotkrumen über Bord. Sobald sie die Oberfläche berührten, riss sie das Wasser mit sich.

»Beschwer dich bei Clemens«, sagte Paulus. »Er hat gesagt: Predigen ist, wie wenn jemand auf Wasser schreibt, die Worte bleiben nur einen Augenblick. Ich werde den besten Bettelbrief schreiben, der jemals geschrieben wurde. Er wird so gut sein, dass ihn Clemens veröffentlichen will. Und du, Silvanus, du wirst mir dabei helfen.«

Das Schiff stand unter vollem Segel und zog sanft und ruhig seine Bahn durch das Wasser.

»Hör dir den Rhythmus der Wellen an«, sagte Paulus. »Arte leves currus: arte regendus amor.«

»Was?«, fragte Titus.

»Durch Kunst hält man den Kurs. Durch Kunst muss man die Liebe lenken«, übersetzte Silvanus.

Ein Delphin stieg aus dem Wasser, und es sah aus, als grinste er die Männer an.

Talitha und Hellene standen auf dem Dach von Hellenes Haus und blickten auf die Straße, die nach Neapolis führte. Das gemietete Pferdefuhrwerk mit Paulus und seinen zwei Dienern war längst am Horizont verschwunden. Talitha hatte ihre Haare in die Stirn gekämmt, um den Bluterguss zu verdecken. Doch der Schmerz in ihrem Herzen ließ sich nicht so leicht verbergen.

»Darf ich dich etwas fragen, von Frau zu Frau?«, fragte Talitha.

»Was immer du willst«, antwortete Hellene.

»Warum hast du Paulus geheiratet?«

»Ich wollte ihm helfen.«

»Bereust du die Heirat?«

Hellene seufzte. Sie trug ein weißes Kleid. Ihre Haare waren frisch gewaschen und kunstvoll zu einem Zopf geflochten, sie hatte dunklen Lidschatten aufgetragen und sich die Lippen rot gefärbt wie eine Braut, die auf den Geliebten wartete.

»Je älter ich werde, desto mehr wird mir bewusst, wie wenig Zeit ich noch habe«, sagte Hellene. »Mein Mann ist nie da. Und ich weiß nicht, ob ich ihn je wieder sehen werde.«

»Glaubst du, er vermisst dich?«

Hellene ließ sich Zeit mit ihrer Antwort. »Ich glaube nicht, dass er mich vermisst. Er sagt immer, dass Gott ihm die Gabe der sexuellen Selbstkontrolle gegeben hat. Er kann seine Lust abschalten. Einfach so.« Sie lachte. »Na ja. Ich kann das nicht!«

Talitha nahm Hellene in die Arme. »Ich werde dich trösten! Wie eine Tochter.«

»Nein!«, rief Hellene und schlug weinend mit beiden Händen auf Talithas Rücken. Doch Talitha ließ nicht los, und schließlich hörte Hellene auf, legte ihren Kopf auf Talithas Schultern und schluchzte. Nach einer Weile versuchte Hellene zu reden. »Wir hatten eine kleine Tochter«, flüsterte sie.

Talitha hielt Hellene fest im Arm.

»Die Kleine war das Ein und Alles meines Mannes. Du hättest die beiden sehen sollen! Sie waren unzertrennlich. Paulus war stolz auf seine Tochter, und sie war stolz auf ihren Vater.« Hellene setzte sich auf. »Damals konnte Paulus noch sehen. Wir wohnten in Damaskus. Und einmal nahm er sie mit auf eine Geschäftsreise. Nach Petra, in die Hauptstadt der Nabatäer.«

Talitha wischte eine Träne von Hellenes Wange.

»Und als sie schließlich in Petra ankamen, legte er die schönste und teuerste kilikische Decke, die man mit Geld kaufen kann, auf das Pferd und setzte sie darauf. Er ging vor ihr her, die Zügel in der Hand, durch die Schlucht, die den Eingang zur geheimen Stadt verbirgt, wie ein Prinz, der eine Prinzessin führt. Und wenn jemand fragte: ›Wer ist dieses unschuldige Mädchen?‹, dann antwortete Paulus: ›Diese junge Dame ist die Perle von Damaskus.‹« Hellene brach erneut in Tränen aus. »Entschuldige. Meine Tochter hat so viel Freude und so viel Leid in mein Leben gebracht.«

Später nahm Talitha Hellene an der Hand und richtete sie auf. Der Tempel der Großen Mutter war nicht weit von ihrem Haus entfernt, nur ein Stück den Berg hoch.

Talitha begrüßte die Priesterin mit dem geheimen Handschlag, den sie von ihrer Mutter gelernt hatte und den sie schon so oft auf ihrer Reise verwendet hatte. Die Priesterin führte die beiden Frauen hinter den Tempel, wo sie unter einem Felsvorsprung sitzen konnten, geschützt vor fremden Blicken, geborgen im Schoße der Erdmutter. »Falls gewisse Leute in unserer Gemeinde das Sagen hätten, würden diese Zufluchtsstätten ganz verschwinden. Obwohl ich wusste, dass es diesen Ort gibt und dass nur Frauen Einlass gewährt wird, habe ich nie gewagt hierherzukommen«, sagte Hellene. Sie streckte sich aus und legte ihren Kopf in Talithas Schoß.

»Was ist in Petra passiert?«, fragte Talitha.

»Paulus hat unsere kleine Tochter alleine gelassen. Und als er zurückkam, war sie tot. Unser eigenes Pferd hat sie zu Tode getrampelt.«

Talitha strich mit der Hand durch Hellenes dunkles Haar. Sie dachte an Maria. Wenn dein Kind stirbt, wird Muttersein zum Fluch.

»Paulus hat eine Schwäche für schöne junge Männer«, wechselte Hellene unvermittelt das Thema. »Sie erregen ihn. Und das stört ihn ganz gewaltig. Timotheus, zum Beispiel. Und ist dir aufgefallen, wie Paulus Silvanus jedes Mal anfasst, wenn sie sich treffen? Ich meine, wie er sein Gesicht abtastet, ihn auf den Mund küsst, ihn viel zu lange im Arm hält. Wenn er das mit einer Frau machen würde …«

»Oh, Silvanus«, seufzte Talitha.

»Timotheus ist doppelt so schön wie Silvanus. Und auch Titus hat Charme.«

»Was hältst du von Titus?«, fragte Talitha und setzte sich aufrecht hin. Hellene schien nicht zu wissen, dass sie ein Paar waren.

»Der beste Diener, der es je mit meinem Mann ausgehalten hat, der einzige, der es wagt, Paulus offen zu widersprechen.«

»Du meinst, Paulus hat eine Schwäche für Männer?«, fragte Talitha nach.

»Er redet nicht gerne darüber. Und wenn, dann sagt er Sachen wie: Mein Geist sagt Nein, mein Körper sagt Ja. Das, was ich will, das tu ich nicht, und was ich nicht will, das tue ich.«

»Sind wir Frauen wirklich anders? Hast du dich noch nie zu einem anderen Mann hingezogen gefühlt? Oder zu einer anderen Frau?«

Hellene beantwortete Talithas Frage nicht. »Manchmal spricht er vom Dorn im Fleisch, eine Strafe, die ihm Gott auferlegt hat, damit er nicht überheblich werde. Ich frage dich: Den Penis als Dorn zu bezeichnen ist doch krank, und wie soll ich mir als seine Frau vorkommen?« Hellene weinte. »Ich habe solch einen Hunger nach körperlicher Nähe, so viele ungestillte Sehnsüchte, und doch hat mich Gott der Herr zu einem Leben ohne Liebhaber verdammt.«

Wieder wechselte Hellene unvermittelt das Thema. »Dein Herr, Justus von Palmyra, soll heute Abend eintreffen.«

Talithas Herz schlug schneller.

Hellene sagte: »Kannst du ihm bitte ausrichten, dass er mit seiner Hetzkampagne gegen Paulus aufhören soll? Er zerstört unsere Lebensgrundlage. Frag ihn, ob er denkt, dass das Liebe ist.«

Euodias Schlafkammer war nachts angenehm kühl und ruhig und das Bett breit genug für zwei. Doch Talitha konnte nicht einschlafen.

Als Kind war sie in Petra gewesen. Sie war damals sechs oder sieben Jahre alt. Justus von Palmyra hatte sie auf die Reise mitgenommen, zusammen mit ihrer Mutter. »Unsere Körper wohnen zwar in Jerusalem«, hatte die Mutter zu ihr gesagt, »doch unsere Seelen leben in Petra. Wenn du die Stadt einmal gesehen hast, wirst du nie vergessen, dass nabatäisches Blut durch deine Adern fließt.«

Justus hatte damals von einem Unfall erzählt. Ein Pferd hatte gescheut, und ein kleines Mädchen war zu Tode getrampelt worden.

Als Talitha endlich einschlief, träumte sie, dass Justus ihren leblosen Körper in seinen Armen trug und verzweifelt nach Talithas Vater suchte.

Talitha verließ Euodia am frühen Morgen. Ihr Herz war schwer, und sie hatte Angst, als sie den Hof des Hauses betrat, in dem Justus von Palmyra zu Gast war.

Justus schien nicht überrascht, als er sie sah. »Hat dich Paulus zu mir geschickt?«, fragte er.

»Hellene sendet mich.«

»Was will sie?«

»Eure Liebe.«

Justus lachte laut auf. »Meine Liebe? Der Ehemann ist gestern abgereist, und heute schon gelüstet ihr nach einem anderen?«

»Eure brüderliche Liebe, Herr. Ihre Worte, nicht meine. Sie sendet mich, um euch an Jesu Gebot zu erinnern, einander zu lieben wie Brüder und Schwestern.« Justus wirkte überrascht und verlegen.

»Paulus' Geschäft ist Hellenes Lebensgrundlage. Hört auf, ihr weh zu tun! Wo immer ihr auftaucht, geht es den Tarsus-Läden schlecht.«

»Jesus war auch ein Geschäftsmann«, sagte Justus. »Er hat das Geschäft seines Vaters übernommen. Und doch hat er alles aufgegeben. Warum gehorcht Paulus nicht Jesu Gebot und gibt alles auf und wird arm?«

»Paulus arbeitet nicht für sich selbst, Herr. Er unterstützt seine Schwester und seine Frau. Er macht es aus Liebe. Manche Leute reden über Liebe, andere leben sie.«

Talitha drehte sich um.

»Du kannst nicht einfach gehen«, sagte Justus. »Du gehörst mir.«

Talitha blieb stehen, den Rücken Justus zugewandt.

»Mir wurde erzählt, du hättest dir einen Liebhaber genommen«, sagte Justus mit ruhiger Stimme. »Es besteht also die Möglichkeit, dass du schwanger bist. Ausgezeichnet. Ich habe mir immer einen Sohn gewünscht.«

Thessaloniki

An Römer (Röm 7,15)

Ich verstehe mein eigenes Verhalten nicht: Was ich will, das tue ich nicht, doch was ich hasse, das tue ich …

Iulius 13 = Tammuz 14, vierter Tag der Woche

Titus grillte Fisch auf einem offenen Feuer im Hof. Die Fische waren ziemlich klein, nicht größer als Titus' Hand. Er riss die Köpfe ab und entgrätete sie, bevor er sie Paulus, Silvanus und ihrem Gastgeber, dem Cousin, von dem Clemens gesprochen hatte, servierte. Dieser hatte seinen drei Gästen ein Schlafzimmer zur Verfügung gestellt und ihnen als Willkommensgeschenk einen Schlauch Rotwein überreicht, den sie nach dem Abendessen trinken wollten.

»Womit handelst du?«, fragte Clemens' Cousin. Er schien nicht viel über Paulus zu wissen.

»Kilikische Decken. Die Originalware aus Tarsus«, antwortete Paulus. »Du kannst sie tausend Mal waschen und sie sehen immer noch wie neu aus, wunderschöne Farben.«

»Hast du ein Muster?«

»Zeig ihm deine Decke«, befahl Paulus Titus.

Titus wusste nicht, wie er seinem Herrn erklären sollte, dass Talitha die Decke in Philippi weggeworfen hatte. Er beschloss, es mit der Wahrheit zu versuchen. »Ich habe die Decke nicht mehr. Sie ist nass geworden, die Farben sind verlaufen.«

Der Cousin verschluckte sich. »Aber du hast doch gerade behauptet, man könne eine kilikische Decke tausendmal waschen …«

»Natürlich kann man das«, unterbrach ihn Paulus. »Oder denkst du, dass ich ein Lügner bin?«

Der Angesprochene zuckte mit den Schultern und stand auf. »Wie willst du irgendwas verkaufen, wenn du nicht einmal ein Muster dabei hast?« Er schüttelte den Kopf und ging.

Paulus wandte sich an Titus. »Hast du Idiot auch den Dolch weggeworfen?«

Titus löste den Dolch von seinem Gürtel. Paulus riss ihn förmlich aus der Hand seines Dieners und gab ihn Silvanus.

Die drei Männer, erschöpft von der Reise, lehnten sich auf ihren Liegen zurück und widmeten sich schweigend dem ausgezeichneten Wein. Als es Zeit war, zu Bett zu gehen, konnte Paulus kaum noch auf den Beinen stehen und Silvanus war eingeschlafen.

Titus träumte von Tausenden kleiner Fische, mit Paulus' Dolch geköpft starrten sie ihn mit toten Augen an, ihre winzigen Mäuler waren leicht geöffnet, zeigten unzählige kleine Zähnchen und grinsten bösartig.

»Ich habe eine Vision gehabt«, erklärte Paulus am nächsten Morgen. »Gott hat mir gesagt, dass ich nie wieder nach Damaskus zurückkehren werde.«

Titus sagte nichts. Die Träume dieses alten Mannes gingen ihm allmählich auf die Nerven.

In den folgenden Wochen widmete sich Titus dem Haushalt und verließ die enge Wohnung kaum. Silvanus und Paulus kümmerten sich um das Geschäft. Wenn Titus die Hausarbeit erledigt hatte und alleine war, saß er leidend in einer Ecke des dunklen Schafzimmers und starrte vor sich auf den Boden. Warum hatte er bloß diesen Drang empfunden, Talitha zu demütigen?

Die einzige Synagoge in Thessaloniki wurde von einer hebräischen Gemeinde unterhalten. Alle Männer waren beschnitten, die Heilige Schrift wurde auf Hebräisch vorgetragen, die Gemeindeglieder hielten sich an die Speisegesetze und befolgten die Sabbatruhe.

Paulus und Silvanus nahmen regelmäßig an den Gottesdiensten teil. Diejenigen, die mehr über den Christus Jesus erfahren wollten, lud Paulus jeden ersten Tag der Woche zum Abendessen in ein Gasthaus ein. Die Treffen der Gemeinde Gottes, wie sich die Gruppe auch in Thessaloniki nannte, waren unkompliziert und forderten kein besonderes Engagement von den Teilnehmenden. Paulus sprach vor dem Essen einen Segen, und nach der Mahlzeit wurde der symbolische Becher Rotwein herumgereicht. Darauf folgte eine kurze Ansprache und die Auslegung einer Schriftstelle, die auf Jesus von Nazareth als den Christus verwies. Das Ganze endete mit einem Lied und einem Gebet. Clemens' Cousin kam das erste Mal aus Neugierde, blieb dann aber weg. Nach vier Wochen kamen drei wohlhabende Witwen und ein Sklave, die aber alle keine Mitglieder der Synagoge waren, regelmäßig zu diesen Treffen.

Weil vor allem Nicht-Judäer und ehemalige Gemeindeglieder der Synagoge an diesen Treffen Gefallen fanden, empfanden die Ältesten Paulus' Wirken nicht als Konkurrenz, sondern als Engagement für das Gemeinwohl der Stadt, als etwas, das den Leuten in Thessaloniki die Liebe und Güte des Gottes Israels vor Augen führte. Schließlich ließ der Schöpfer des Universums dieselbe Sonne über Gerechte und Ungerechte scheinen.

Erst sechs Wochen nach ihrer Ankunft in Thessaloniki wurde Paulus zum ersten Mal gebeten, in der Synagoge zu predigen.

Der Gottesdienst begann mit einer Anrufung des Gottes Israels. Dann wurde aus den hebräischen Schriften vorgetragen. Anschließend erhob sich Paulus und predigte.

Er begann mit einer Frage: »Wie viele von euch beten regelmäßig?« Alle hoben die Hand.

»Wie viele von euch beten für Gesundheit? Oder Wohlstand?« Wieder waren alle Hände in der Höhe.

»Hier, nehmt die Heiligen Schriften!« Paulus hob die Schriftrolle hoch, aus der gerade vorgelesen worden war. »Zeigt mir einen Heiligen Gottes, der nicht leiden musste! Hat Abraham etwa nicht gelitten, als ihm Gott befahl, seinen einzigen Sohn zu töten und dessen Körper auf dem Altar zu verbrennen, damit der Vater nicht einmal ein Grab hätte, das ihn an sein Kind erinnerte? Hat Jakob vielleicht nicht gelitten, als ihn die eigenen Kinder belogen und behaupteten, dass sein Lieblingssohn, Joseph, gestorben sei? Hat David nicht gelitten, als Gott das Leben des Sohnes nahm, den er mit Bathseba, der Liebe seines Lebens, gezeugt hatte? Keinem Heiligen wurde es erspart zu leiden!« Paulus hielt inne. »Und das, meine Brüder und Schwestern, schließt Jesus von Nazareth ein. Nur wenige Heilige haben gelitten wie Jesus gelitten hat.«

»Warum sollte man dann beten?«, fragte jemand.

»Weisheit«, antwortete Paulus. »Wir leiden wie alle Menschen, aber durch Gebet wird Leid zu Weisheit.«

Zwei Tage später, am Abend des ersten Tages der Woche traf sich eine Gruppe von zehn Männern und Frauen im Hof des Hauses, in dem Paulus in Thessaloniki wohnte. Titus bereitete eine bescheidene Mahlzeit zu. Einige der Besucher fragten bei Paulus an, ob er sie taufen würde.

Der Sommer in Philippi ging dem Ende zu und die Weinernte war fast abgeschlossen. Justus' Anweisungen folgend, trug Talitha wieder ein Kopftuch und hatte ihr Haar wachsen lassen. Doch ihr Herr verlangte von Talitha nicht nur, die Sitten Palmyras zu beachten. Er befahl auch, dass sie sich an die judäischen Traditionen halte. Der kleine Haushalt kaufte das wenige Fleisch, das sie aßen, zu einem überteuerten Preis beim Metzger der Hebräischen Gemeinde ein. Die Zutaten für die Mahlzeiten und die Art der Zubereitung musste in allen Einzelheiten den im Gesetz Mose festgelegten Vorschriften entsprechen.

Die beiden Weggefährten von Justus machten sich große Sorgen darüber, dass ihnen Talitha in den vergangenen acht Wochen kein einziges Mal angezeigt hatte, wann ihre Tage eingesetzt hatten. Denn nach judäischer Überzeugung wurde alles, was Talitha in diesem Zustand anfasste, unrein. Justus von Palmyra allerdings schien unbesorgt. Talitha vermutete, dass er ahnte, was sie schon seit einer Weile wusste: dass sie schwanger war.

Justus gestattete Talitha keinerlei Kontakt zu den wenigen Menschen, die sie kannte. Er verbot ihr, Hellene zu besuchen, und als sie ihre persönlichen Dinge bei Euodia abholte, begleitete er sie. Er wollte ganz sichergehen, erklärte er, dass sie nicht davonlief.

»Du hast das hier vergessen«, sagte Euodia, als sie Titus' kilikische Decke über den Tisch schob. »Ich habe sie im Hinterzimmer gefunden.«

Als Talitha nach jener verhängnisvollen letzten Nacht mit Titus den Tarsus-Laden verlassen hatte und stumm an Syntyche vorbei auf die Straße gegangen war, war sie über Titus' Decke gestolpert. Sie hatte es nicht übers Herz bringen können, sie auf der Straße liegen zu lassen und hatte die Decke zu Euodia gebracht.

»Ich habe sie für dich gewaschen«, sagte Euodia. »Die halbe Decke habe ich so gelassen, wie sie war. Mögen dich die verwaschenen Farben an deine Vergangenheit erinnern, die langsam verblassen wird. Die andere Hälfte habe ich neu eingefärbt, um deine Augen für die Zukunft zu öffnen, die hell, bunt und jeden Tag neu ist.«

Bald darauf brach Justus nach Thessaloniki auf. Sie kamen rechtzeitig zur Feier des judäischen Neujahrsfestes an. Justus von Palmyra predigte und hielt eine emotionale Rede. Er sprach über Jesus von Nazareths Leben und über seine Auslegung des Gesetzes. »Denkt bloß nicht, dass Jesus gekommen ist, um das Gesetz Mose abzuschaffen, er ist gekommen, nicht um es zu beseitigen, sondern um es bis zum letzten Jota zu erfüllen!«, verkündete er vor der begeisterten Gemeinde.

Paulus und Silvanus waren ebenfalls zum Gottesdienst erschienen, Titus war zu Hause geblieben. Nach der Versammlung umarmten sich die Teilnehmer und tauschten ihre guten Vorsätze für das neue Jahr aus.

Talitha hörte Paulus zu Justus sagen: »Wir sollten zusammenarbeiten, nicht gegeneinander.«

Justus starrte auf den Boden. »Wie soll das gehen?«

»Ich könnte dich von meinem Diener Titus nach Korinth begleiten lassen. Ich gebe dir einen Brief mit, in dem ich dich und die Kollekte unterstütze. Titus kann mir berichten, wie alles ausgegangen ist, und wenn ich komme, kann ich zum Abschluss bringen, was du begonnen hast.«

Der Vorschlag war mit so viel gutem Willen und ohne irgendwelche Bedingungen vorgetragen worden, dass Justus das Angebot kaum ablehnen konnte.

»Herr!«, nutzte Talitha die Situation, »Ich habe eine Decke in meinem Besitz, die Paulus von Damaskus gehört. Erlaubt ihr mir, dass ich sie ihm zurückgebe?«

Justus wurde zornig, doch bevor er etwas sagen konnte, griff Paulus ein: »Ich garantiere mit meinem Leben, dass das Mädchen zu dir zurückkehrt.«

Wieder war Justus in der Klemme. Er musste Paulus' Wort gelten lassen, wenn er ihn nicht vor der Gemeinde beleidigen wollte.

»Ich werde dich begleiten«, sagte Justus schließlich zu Talitha.

Talitha und Justus wurden von Titus begrüßt, als sie am folgenden Abend den Hof betraten, um Paulus zu besuchen. Titus zeigte mit der Hand auf das Zimmer, in dem sein Herr auf Talitha wartete, und verwickelte Justus in eine Unterhaltung.

Als Talitha die Schlafkammer betrat, saß Paulus auf einem der drei Betten.

»Schalom«, begrüßte er sie.

Talitha zog den Vorhang am Eingang zu und legte die aufgerollte kilikische Decke auf den Boden zwischen sich und Paulus. »Wir sind alleine«, sagte sie. »Wir brauchen uns nichts vorzumachen. Schaut euch das an!«

Paulus hob den Kopf. »Du bist wunderschön. Komm, gib dem alten Mann einen Kuss.«

Talitha beugte sich vor und küsste ihn auf beide Wangen. Paulus berührte ihre Stirn genau an der Stelle, an der Titus sie damals verletzt hatte. Talitha zuckte zurück.

»Du und Titus, ihr seid eine schlechte Kombination«, sagte Paulus auf Aramäisch.

»Er ist die Liebe meines Lebens«, antwortete sie auf Griechisch.

Paulus hatte seine Hand noch immer auf Talithas Stirn. »Du bist zu jung, um über das Leben Bescheid zu wissen. Und was kannst du schon wirklich über Liebe wissen?«

Talitha löste sich von Paulus und trat einen Schritt zurück. Sie drückte ihm eine Ecke der Decke in die Hand. »Schaut!«, sagte sie. »Alle Farben sind blass und verwaschen.«

»Man darf kilikische Decken nicht waschen!«

Talitha kniete sich auf den Boden und rollte die ganze Decke aus. »Schaut euch das andere Ende an. Ich habe die Decke selbst zweimal gewaschen. Schaut sie euch genau an!«

Talitha beobachtete Paulus. Der erfahrene Fachmann prüfte den Stoff zwischen seinen Fingern, langsam und methodisch. Er nahm jede Einzelheit mit Augen wahr, von denen alle außer Talitha dachten, dass sie blind waren.

»Es sind nicht die Originalfarben«, stellte Paulus schließlich fest. »Es sind verschiedene Rotschattierungen. Ansonsten aber ist die Decke in ausgezeichnetem Zustand, fast wie neu.«

»Diese Farbe wird aus Schneckensekret gewonnen. Sie verblasst nie. Aber der Grundton ist rot. Rot ist alles, was Euodia anbieten kann.«

»Euodia, die Frau aus Lydien? Hellenes Konkurrenz in Philippi?«

Talitha nickte. »Wir sollten zusammenarbeiten, nicht gegeneinander, habt ihr Justus gesagt. Zeigt, dass ihr es auch wirklich meint!«

Talitha hörte Schritte. »Meine Zeit ist um«, flüsterte sie und gab Paulus einen schnellen Kuss auf die Wange, bevor der Vorhang zur Seite geschoben wurde und Justus von Palmyra Talitha an der Hand nahm und ihr befahl zu gehen.

Korinth

An Korinther (2 Kor 7,6-7)

Aber Gott, Tröster der Verzagten, tröstete uns durch Titus' An-
kunft. Wir waren nicht nur erleichtert, dass Titus wieder bei uns
war, sondern auch froh über das, was er uns von euch zu erzählen
hatte. Er berichtete uns von eurer Sehnsucht, eurem Eifer, eurem
Verlangen nach mir, worüber ich mich sehr freue ...

September 28 = Tishri 3, vierter Tag der Woche

Auf einem kleinen Handelsschiff gibt es einfach nicht genug Platz,
um anderen Passagieren aus dem Weg zu gehen, dachte Titus, und
wenn es anfängt zu regnen, wird es noch enger. Und beklemmend
wird es, wenn man neben jemandem sitzen muss, der einen nicht
leiden kann. Kurz nachdem der Kapitän den Anker hatte werfen lassen, war das Wetter umgeschlagen. Das Hauptsegel war herabgelas-
sen worden, um allen, die nicht zu stolz waren, darunter zu kriechen,
als Schutz zu dienen. Sie hielten das schwere Tuch mit den Armen
so, dass es ihnen nicht ins Gesicht fiel, dicht aneinandergedrängt,
Hüfte an Hüfte, Schulter an Schulter, Freie und Sklaven, Matrosen
und Passagiere, Männer und Frauen. Talitha saß nur ein Stückchen
von Titus entfernt und lehnte sich gegen den Mast des Schiffs. Titus
konnte ihren Blick in der Dunkelheit fühlen. Verfluchte sie ihn?
Als Talitha und Justus am Abend zuvor Paulus die Decke gebracht
hatten und Titus zum ersten Mal seit Wochen Talitha begegnet war,
hatte er erwartet, Wut oder Mitleid oder Traurigkeit zu empfinden.
Er hatte nichts gefühlt, so als wäre ihm Talitha gleichgültig geworden. Paulus hatte ihn vor der Ankunft der beiden gebeten, Justus
von Palmyra so lange wie möglich im Hof hinzuhalten, damit er unter vier Augen mit Talitha reden konnte, und Titus hatte sich der
Herausforderung gestellt. Er hatte Justus mit höflichen, aber belang-
losen Fragen gequält, bis Justus aufstand und Talitha von Paulus
wegzerrte. Obwohl er die Unterhaltung zwischen Paulus und Talitha
nicht hatte mithören können, glaubte Titus doch, Talithas Stimme

erkannt zu haben, als sie, wie sie es schon so oft getan hatte, zu Paulus sagte: »Er ist die Liebe meines Lebens.«

Paulus lobte Titus hinterher sehr, weil er Justus so lange abgelenkt hatte. Doch dann erteilte er ihm den Auftrag, vor dem sich Titus seit der Abreise aus Philippi gefürchtet hatte. Paulus befahl ihm, nach Korinth zurückzukehren und einen Brief zu überbringen. Schon am nächsten Morgen sollte er mit Justus, seinen beiden Begleitern und Talitha aufbrechen.

Während Titus sich unruhig auf dem Bett wälzte, hatten Paulus und Silvanus die Nacht hindurch im gemeinsamen Schlafzimmer an einem Brief gearbeitet, den Paulus in seiner ihm eigentümlichen Bescheidenheit als »den besten Bettelbrief, der jemals geschrieben wurde« bezeichnete.

Justus von Palmyra hatte alles in seiner Macht stehende getan, um auf dem engen Schiff eine Unterhaltung zwischen Titus und Talitha zu verhindern. Doch weder Justus noch Titus konnten etwas gegen Talithas Blicke tun, die sich in der Dunkelheit tief in Titus' Herz bohrten.

Die Gemeinde Gottes in Korinth nutzte alle drei Speisezimmer in Gaius' Herberge, als sie sich am Abend des ersten Tages der Woche versammelte. Demetrius, der Vorleser der Gemeinde und Freund des Johannes, übernahm den Vorsitz in dem Raum, in dem die Gemeindeglieder, die die judäischen Speisevorschriften einhielten, zusammen mit Justus von Palmyra und seinen beiden Weggefährten aßen. Auch Gaius und sein jüngerer Bruder Tertius nahmen ihre Plätze dort ein. Diotrephes zahlte für die Mahlzeiten im zweiten Raum, wo Erastus, der Stadtkämmerer, Titus, Stephanas und die anderen Freunde des Paulus sich versammelten. Talitha, froh, der direkten Kontrolle durch Justus wenigstens für kurze Zeit entkommen zu sein, aß bei den Frauen im dritten Speiseraum, in dem Chloe den Vorsitz übernahm.

Nach der Mahlzeit und dem symbolischen Schluck Wein, stand der Juwelier Diotrephes auf und teilte mit, dass Titus einen kurzen Brief von Paulus mitgebracht habe und dass Tertius diesen nun vortragen werde. Alle blieben in ihren Speiseräumen und hörten Tertius durch die offenen Türen zu. Talitha war gespannt.

Paulus lobte Titus in seinem Brief mehrfach. Er beschrieb seine Freude über die Reaktion der Gemeinde auf sein letztes Schreiben. An dieser Stelle unterbrach Erastus den Vortrag. »Titus, hast du ihm tatsächlich gesagt, dass wir« – er wiederholte wörtlich, was Tertius gerade vorgelesen hatte – »Sehnsucht, Eifer und Verlangen nach ihm haben?«

Titus schwieg.

»Du hättest ihm die Wahrheit sagen sollen: Dass wir Mitleid empfinden für einen blinden, alten Mann, so wie jeder anständige Mensch Mitleid empfindet für einen blinden, alten Hund«, sagte Erastus.

Schallendes Gelächter füllte den Hof.

Talitha hatte Mitleid mit Titus. Wie konnte Paulus von Titus erwarten, dass es ihm, einem ungebildeten Sklaven, gelingen werde, sich bei den kultivierten, gebildeten und wohlhabenden Bürgern von Korinth Respekt zu verschaffen?

Tertius las weiter aus dem Brief vor, der im Grunde die Gemeinde nur dazu ermunterte, Justus' Anweisungen zu befolgen. Paulus versicherte, dass er die Kollekte für die Frommen von Jerusalem für ein ehrenwertes Vorhaben halte.

»Am Ende hat er noch etwas mit eigener Hand ergänzt«, sagte Tertius und hob die Rolle hoch. »Soll ich das auch vorlesen?«

»Fass es kurz zusammen«, schlug Gaius vor.

Tertius überflog die Bemerkungen und berichtete: »Scheinbar hat Paulus den Mazedoniern gesagt, dass wir bereits einen hohen Betrag eingesammelt hätten, und das hat sie beflügelt, es uns gleichzutun.«

»Ein alter Trick!«, rief Erastus. »Aber in unserem Fall eine glatte Lüge!«

Tertius zeigte mit der Hand auf den Raum, in dem Justus von Palmyra und seine Gefährten aßen. »Als Titus Paulus davon in Kenntnis setzte, dass wir noch nicht einmal mit der Kollekte begonnen haben, sandte er Justus mit den Jerusalemer Brüdern und Titus voraus. Sie sollen uns warnen. Er will nicht, dass wir uns und ihn blamieren, wenn er vielleicht in Begleitung von Mazedoniern bei uns auftaucht und sie feststellen, dass wir mit der Kollekte noch nicht einmal begonnen haben!«

»Uns blamieren?«, fragte Erastus, seine Stimme zitterte vor Wut. »Wie könnten wir uns blamieren? Paulus hat sie angelogen!«

Dann ergriff Gaius das Wort. »Vielleicht haben die Mazedonier gar nichts gesammelt, und er versucht nur, Druck auf uns auszuüben! So wie er es mit den Brüdern und Schwestern in Mazedonien getan hat!«

Justus von Palmyra erhob sich von seiner Liege, ging in großen Schritten durch den Hof und stellte sich neben Tertius. Er trug einen schweren Ledersack in der Hand und wollte offensichtlich, dass man ihn gut sehen konnte. Dann setzte er den Sack auf den Marmorboden ab. Der Klang von Münzen war bis in die letzte Ecke der Speiseräume zu hören. »Ich weiß nicht, ob die Leute in Thessaloniki Geld geben werden«, sagte er, »aber das hier ist von der Gemeinde in Philippi gespendet worden.«

»Wie viel ist das?«, fragte Erastus.

Justus zuckte mit den Achseln. »Ich bin der Bote, nicht der Buchhalter.«

»Trotzdem«, sagte Erastus laut und bestimmt, »Paulus wird von mir nicht einen elenden Sesterz erhalten, bis er persönlich auftaucht. Er ist besorgt, dass er sich vor den Mazedoniern blamieren wird – mit gutem Grund! Ich beantrage, dass wir erst eine Kollekte sammeln, wenn Paulus hier eintrifft.«

Nach kurzer Diskussion wurde abgestimmt, und die Mehrheit der Gemeindeglieder unterstützte Erastus' Vorschlag. Talitha fiel auf, dass sich Chloe der Stimme enthielt.

»In diesem Falle«, Titus sprach laut und deutlich, »scheint es mir das Beste, dass ich sobald wie möglich zu Paulus zurückkehre und ihm Bericht erstatte.«

»Er hat aber noch nicht alle Fragen beantwortet, die wir ihm in unserem Brief, den wir mit Chloes Leuten nach Ephesus geschickt hatten, vorgelegt haben«, sagte Gaius.

»Welche Fragen?«, wollte Titus wissen.

»Jesus hat seine Apostel ausgesandt, um zu heilen. Wenn Paulus also ein Apostel ist, warum kann er niemanden heilen, und schlimmer noch, warum ist er selbst krank? Und zweitens verlangen wir, dass er endlich einmal Näheres über seine Offenbarungen und Visionen berichtet, auf die er sich ständig beruft. Wenn er das getan hat, dann werden wir auch gerne die Kollekte für Jerusalem mit ihm erörtern.«

»Ich werde eure Bitte weitergeben«, antwortete Titus.

Titus verließ den Speisesaal, ging über den Hof, setzte sich an den Straßenrand und lehnte sich mit dem Rücken gegen die Wand von Gaius' Herberge. Einerseits war er froh, den feindseligen Blicken der Gemeindeglieder entkommen zu sein, andererseits ärgerte er sich wieder über Paulus. Als »den besten Bettelbrief, der jemals geschrieben wurde«, hatte sein Herr den Brief bezeichnet. Die Korinther sahen das offensichtlich anders.

Titus hörte zu, wie die Gemeinde einen Psalm sang. Dann lobten sie Gott in Zungen. Demetrius' Predigt folgte. Sie schlossen den Gottesdienst mit Gebet. Eine Kollekte wurde nicht eingesammelt.

Diotrephes, bei dem Titus übernachtet hatte, kam nach dem Gottesdienst auf ihn zu. »Ich habe dir einen Wagen gemietet, der dich nach Kenchräa bringen wird«, sagte der kleine, dicke Juwelier und zeigte auf einen Einspänner. »Richte Paulus meine Grüße aus. Er wird enttäuscht sein. Sie behandeln ihn wie einen Verrückten.« Diotrephes zögerte einen Moment, dann sagte er: »Du könntest ihm das ja ausrichten. Vielleicht will er in seiner Antwort darauf Bezug nehmen. Was meinst du?«

»Willst du wirklich, dass ich meinem Herrn sage, dass ihn die Korinther für verrückt halten?«

Diotrephes imitierte Paulus' Gang, drehte sich abrupt um und strich sein Haar zurück. Er starrte ins Leere und sagte in einer hohen Fistelstimme mit schwerem syrischen Akzent: »Ich mache euch den Clown! Wenn ihr schon meine Weisheit verachtet, so hört euch wenigstens meinen Blödsinn an!«

Thessaloniki

An Korinther (2 Kor 11,16)
Ich sage es noch einmal: Denkt bloß nicht, dass ich den Verstand
verloren habe! Oder falls doch, dann hört mir zu wie einem Clown!
Auf diese Art kann ich mich selbst ein wenig loben ...

October 3 = Tishri 8, zweiter Tag der Woche

Auf der Reise von Korinth zurück nach Thessaloniki legte sich ein
dunkler Schatten auf Titus' Seele. Titus suchte sich einen Platz unter Deck zwischen den Amphoren mit Olivenöl, deren spitz zulau-
fenden Enden in die Lagerbretter eingesetzt waren. Er aß nicht und
schlief kaum. Am späten Nachmittag des dritten Reisetages lief das
Schiff in den Hafen von Thessaloniki ein.
Obwohl Paulus und Silvanus gerade sehr beschäftigt waren, ließen
sie alles stehen und liegen, um zu hören, was Titus zu berichten hatte. Zu Titus' Entsetzen war Paulus hocherfreut über die Reaktion der
Korinther.
»Es hat funktioniert! Es hat funktioniert!«, rief Paulus voller Begeisterung, nahm Silvanus an den Händen und tanzte mit ihm durch
den Hof. »Justus zu loben war die richtige Taktik! Er wird nicht eine
Kupfermünze von den Korinthern erhalten! Silvanus, du bist ein
listiger, kleiner Teufel!« Paulus strich mit seinen Fingern durch die
vollen Haare seines Dieners, zog Silvanus' Kopf an sich und küsste
ihn auf den Mund. Kurz, aber leidenschaftlich.
Titus kümmerte sich wieder um den Haushalt. Wäschewaschen, Essen zubereiten, Nachttöpfe leeren – das überforderte ihn nicht und
lenkte ihn ab von dem unerträglichen Schmerz, der tief in seinem
Herzen wütete.
Paulus' Geschäfte gingen gut. Die kilikische Decke, die ihm Talitha gebracht und die Euodia eingefärbt hatte, beeindruckte seine
Kunden, Silvanus' Auftragsbücher füllten sich, und Paulus strich
beträchtliche Anzahlungen ein. Er bat Hellene in einem Brief, eine
Geschäftsvereinbarung mit Euodia zu treffen, und schlug vor, dass

Euodia die gesamte unverkaufte Ware des Tarsus-Ladens in Philippi übernahm, mit Syntyches Hilfe neu einfärbte und nach Thessaloniki sandte, wo er sie zum vierfachen Einkaufspreis verkaufen konnte.

Zwei Wochen später zogen sie aus der bescheidenen Unterkunft in eine größere Wohnung, die näher am Forum gelegen war. Clemens' Cousin war erleichtert darüber, sein kleiner Haushalt war dem ständig steigenden Kundenverkehr nicht mehr gewachsen.

Eines Abends bestellte Paulus Titus in den Speiseraum. Silvanus stand an seiner Seite.

»Ich weiß, ich hätte schon vor Wochen nach Korinth aufbrechen sollen«, sagte Paulus, »doch endlich gehen die Geschäfte besser.«

Silvanus hob seine Wachstafel.

»Nicht noch ein Brief!«, seufzte Titus. »Habe ich euch nicht schon eindrucksvoll bewiesen, dass ich als Bote ein Versager bin? Die Korinther machen sich schon lustig über euch!«

Paulus wurde hellhörig. »Was sagen sie denn über mich?«

Titus zögerte, doch dann brach es aus ihm heraus: »Ihr seid verrückt, sagen sie, ihr macht euch lächerlich, man kann euch nicht mehr trauen, ihr habt euch selbst zum Narren, zum Clown gemacht!«

»Ein Clown für Christus«, wiederholte Silvanus und schloss die Augen. »Gar nicht schlecht.« Er begann zu improvisieren:

Ihr nennt mich einen Clown für Christus?
Gut, dann mach ich euch den Clown.
Ich habe euch zu Christus' Hochzeitsbett geführt
als Jungfrau, unberührt.
Und was ist aus euch geworden?
Eine läufige Hündin!
Ihr rennt mit erhobenem Schwanz herum und bellt:
»Du da! Vernasch mich!«

»Ausgezeichnet!«, rief Paulus. »Das wird mein Meisterstück!«

»Davon wird Clemens sicher ein paar Kopien absetzen!«, sagte Silvanus und grinste Titus an.

Doch Titus schüttelte nur den Kopf, kehrte Paulus und Silvanus den Rücken zu und verließ den Speiseraum. Er wollte damit nichts zu tun haben.

Die Aussicht, bald wieder nach Korinth aufbrechen zu müssen mit einem weiteren, demütigenden Brief, trug nicht dazu bei, Titus' Befinden zu verbessern. Er fühlte sich wie ein Tier, das in einer Fallgrube saß, aus der es kein Entrinnen gab.

Doch dann traf Timotheus aus Athen ein, wo er sich um Geschäftspartner für Paulus bemüht hatte. Timotheus lernte den neuen Brief auswendig, probte ihn zwei Abende lang, bis Paulus und Silvanus mit seinem Vortrag zufrieden waren, und bereitete dann unverzüglich seine Reise nach Korinth vor.

Timotheus' Abreise verlieh Paulus' Reiseplänen neue Dringlichkeit. »In vierzehn Tagen«, hatte Paulus Timotheus beim Abschied versprochen, »werden wir uns in Athen treffen.«

Athen

An Thessalonicher (1 Thess 3,1-3)

Wir konnten die Ungewissheit nicht ertragen und beschlossen, selbst in Athen zu bleiben, aber Timotheus zu euch zu senden, unseren Bruder und Mitarbeiter Gottes im Evangelium Christi, der euch bestärken und in eurem Glauben belehren sollte, damit keiner verloren geht in dieser schweren Zeit …

November 10 = Heshvan 16, fünfter Tag der Woche

Titus machte sich Sorgen um seinen Herrn. Paulus erschien schwächer und gebrechlicher. Der Weg vom Hafen in Piräus zur Innenstadt von Athen war weit, doch Paulus weigerte sich aus Gründen, die Titus zunächst nicht verstand, einen Wagen zu mieten. Während der viertägigen Schiffsreise von Thessaloniki nach Athen hatte Paulus nicht viel gesprochen. Er hatte kaum gegessen. Und wenn Titus nachts aufwachte, hatte er seinen Herrn immer wach neben sich gefunden.

Die Sonne brannte unbarmherzig auf Paulus, Titus und Silvanus herunter. Ununterbrochen rasten Pferdewagen an ihnen vorbei, die Holzräder machten auf dem Steinpflaster einen entsetzlichen Krach, der in den engen Gassen widerhallte. Es hatte seit geraumer Zeit nicht geregnet und der Straßenrand war voll von toten Ratten, verschimmelten Essensabfällen und Fäkalien.

»Ich hasse den Lärm, den Gestank, und die Hitze in dieser Stadt«, sagte Paulus, nachdem sie bereits zwei Stunden gegangen waren. »Lasst uns einen Wagen mieten.«

Doch kein Kutscher wollte sie mitnehmen. Es schien, dass man in Athen nicht gerne Geschäfte mit Fremden aus dem Osten machte. Judäer, Syrer, Araber, Perser und alle, die jenseits von Antiochien wohnten, wurden als religiöse Extremisten betrachtet, die einen Aufstand gegen das Römische Reich planten. Und so blieb Paulus, Titus und Silvanus nichts anderes übrig, als zu Fuß weiterzugehen. Es dauerte fünf Stunden, bis sie das Zentrum von Athen erreichten, und noch eine weitere, bis sie den Geschäftsmann ausfindig machten, mit dem Timotheus Kontakt geknüpft hatte.

Der dunkelhaarige Mann war schlank, hatte eine riesige Nase, und sein Atem roch nach Knoblauch. Er sagte, er wäre gewillt, kilikische Decken in sein Sortiment aufzunehmen, der Preis und die Qualität des Musters seien annehmbar. Der Händler bestand jedoch auf den Alleinvertrieb für Achaia, also für ein Gebiet, das Korinth mit einschloss. Als Paulus ihm mitteilte, dass er für Korinth bereits einen Vertriebspartner habe, reduzierte der Händler seine Erstbestellung von hundert Decken auf fünfzig. Außerdem werde er die Ware erst bezahlen, wenn er auch die letzte Decke verkauft habe. Dies war kein sehr gutes Angebot. Fünfzig Decken würden Kapital binden. Und was konnte Paulus tun, wenn sich neunundvierzig sofort verkauften, aber sich die letzte Decke, angeblich, als unverkäuflich erwies und für immer im Lager blieb?

Die Verhandlungen zogen sich hin, und Titus begann sich zu fragen, ob sich Paulus' Investition, Timotheus nach Athen zu schicken und dann noch persönlich vorbeizukommen, jemals lohnen würde. Schließlich setzten sie einen Vertrag auf und unterschrieben ihn vor Zeugen. Als Lieferdatum einigten sie sich auf das kommende Frühjahr.

Der Händler hatte Nachrichten von Timotheus. Dieser war bereits aus Korinth eingetroffen und hatte sich in einer Herberge am Hafen einquartiert, wo er auf Paulus wartete.

»Ich bin erschöpft, und es ist zu spät, den ganzen Weg zu Fuß zurückzugehen«, sagte Paulus zu dem Geschäftsmann. »Wo kann ich hier ein Zimmer mieten?«

Der Mann schüttelte den Kopf. »Niemand wird dir ein Zimmer vermieten. Nicht an einen Judäer. Aber ich kenne einen Mann, der dich nach Einbruch der Dunkelheit mit seinem Pferdewagen zum Hafen bringen würde. Er verlangt von Judäern allerdings den doppelten Preis.«

Nachdem sich Paulus auf die Stufen vor dem Laden im spärlichen Schatten einer Hauswand niedergelassen hatte und auf den Sonnenuntergang wartete, beschwerte er sich bei Titus: »Ich hasse Geschäfte mit Nicht-Judäern.« Titus wurde bewusst, dass Paulus auf der Reise ausschließlich mit judäischen Händlern verhandelt hatte. Viele hatten sogar eine Verbindung nach Syrien, wie Alexander in Antiochien, Andronicus und Iunia in Ephesus, Sosipater in Korinth, und natürlich Hellene in Philippi.

Titus zog Paulus die Sandalen aus. Die Fußsohlen waren mit großen Blasen bedeckt, einige davon rot und blau. Sein Herr hatte nicht ein einziges Mal geklagt. Titus wusch Paulus die Füße und rieb sie mit Olivenöl ein. Ab und zu, wenn er eine besonders empfindliche Stelle berührte, zuckte Paulus zurück.

Als es dunkel wurde, zeigte der griechische Ladenbesitzer auf einen Fahrer mit einem einachsigen Wagen wie er bei Pferderennen in der Arena verwendet wurde, und sagte: »Der verrückte Hettiter!«

Der Hettiter war ein groß gewachsener, breitschultriger Mann mit langem, grauem Bart. Er hatte zu Titus' Erstaunen, einen eisernen Helm auf dem Kopf.

»Er hat mein Leben schon mehr als einmal gerettet«, sagte der Mann und klopfte sich auf den Helm, der große Dellen aufwies.

»Das Leben ist zu kurz, um solch ein Risiko einzugehen!«, sagte Silvanus und bat Paulus, zu Fuß zum Hafen zurückgehen zu dürfen.

Titus half seinem Herrn auf die Sitzbank zur Rechten des Fahrers, selbst zwängte er sich links neben den Hettiter. Nachdem Titus den verlangten Betrag bezahlt hatte, stand der Fahrer auf und kaufte von einem Straßenverkäufer einen Becher Wein.

»Auf Hermes!«, betete der Hettiter, goss ein paar Tropfen auf den Boden, leerte den Becher mit zwei kräftigen Zügen und warf ihn dem Straßenhändler zu, der ihn geschickt auffing.

Der Hettiter wandte sich an Paulus. »Fertig?« Es war mehr eine Feststellung als eine Frage. Noch bevor Paulus antworten konnte, machte sich der Wagen mit einem kräftigen Ruck auf den Weg.

Der Fahrer setzte sich gar nicht erst hin. Sie überholten zwei Pferdewagen und einen Esel noch bevor sie das Forum verlassen hatten und in das dunkle Labyrinth von schmalen Gassen eintauchten, das den Berg hinabführte. Das wilde Geratter der eisenbeschlagenen Räder machte einen Höllenlärm auf der gepflasterten Straße, Katzen und Hunde liefen um ihr Leben, Fußgänger brachten sich durch

Sprünge in Sicherheit. Der Wagen streifte Hausecken, Äste, entgegenkommenden Verkehr, Fackeln flackerten kurz auf, bevor sie vom Fahrtwind ausgeblasen wurden.

Titus glaubte zu verstehen, woher die vielen toten Tiere am Straßenrand kamen. Alles die Schuld des Hettiters und seiner Kollegen! Er warf einen Blick auf Paulus. »Schneller! Schneller!«, feuerte der Apostel den Fahrer an, während er sich mit aller Kraft an der Sitzbank festklammerte.

Nach einer Stunde waren sie wieder im Hafen von Piräus. Der Hettiter setzte sie allerdings vor der falschen Herberge ab, und sie mussten noch eine weitere Stunde gehen, bis sie bei Timotheus eintrafen. Nach der anstrengenden Fahrt tat der Spaziergang gut. Eine sanfte, kühle Brise wehte vom Meer her. Sie roch nach Salz und Fisch.

Timotheus hatte ein Zimmer gemietet, das groß genug für alle war. Titus säuberte und verband erneut die Blasen an den Füßen seines Herrn und half ihm in ein sauberes Gewand. Sie waren hungrig. Timotheus schlug vor, in die Taverne einzukehren, die an die Herberge angrenzte.

Die rundliche Bedienung hatte graue Augen, dunkle Haare, aufgedunsene, rote Wangen und leierte das Menü mit monotoner Stimme herunter: Käsegebäck, Gurkensalat, Huhn mit frisch gebackenem Brot, Honiggebäck zum Nachtisch und Rotwein aus Samos, um alles angemessen hinunterzuspülen. Titus starrte wie gebannt auf den Ausschnitt der Frau. Eine winzige Kupferbrosche versuchte verzweifelt das Kleid über ihrem üppigen Busen zusammenzuhalten, der sich unruhig unter dem hauchdünnen Stoff hin und her bewegte. Ab und zu, wenn die Frau sprach, öffnete sich das Kleid ein wenig und offenbarte mehr, als selbst in einer Taverne so nah am Hafen angemessen war.

»Was ist los?«, fragte Timotheus plötzlich.

»Ich habe nur gerade an etwas gedacht, das mir Justus in Korinth erzählt hat«, log Titus.

»Was?«, fragte Paulus.

»Er sagte, dass eine weitere Delegation aus Jerusalem unterwegs ist. Nach Philippi und Thessaloniki.«

Paulus und Timotheus waren sofort wieder ins Gespräch vertieft. Titus, dem immer noch ein wenig übel war von der Wagenfahrt, widmete sich ganz dem dunkelroten, schweren Wein. Rufe und laute Verladegeräusche von der nahen Hafenanlage begleiteten die Mahlzeit.

Als Titus am nächsten Morgen aufwachte, war Paulus bereits angezogen und fertig zum Aufbruch. Silvanus war erschöpft lange nach Mitternacht aufgetaucht und schlief noch, Timotheus war im Hafen und bemühte sich um eine Schiffspassage nach Thessaloniki.
»Geh jetzt! Ich möchte in Korinth sein, bevor die Sonne untergeht«, sagte Paulus.
Titus brauchte weniger als eine Stunde, um einen Kapitän zu finden, der nach Korinth segelte. Sie gingen an Bord und kurz darauf lief das Schiff aus.
»Warum seid ihr nicht selbst nach Thessaloniki zurückgekehrt?«, fragte Silvanus Paulus. »Eine Jerusalemer Delegation stellt eine ernste Bedrohung für die Gemeinde Gottes dar.«
»Ich muss mich um meine Geschäfte kümmern. Timotheus hat mir berichtet, dass Sosipater seinen Textilladen aufgegeben hat.«
»Die Gemeinde Gottes in Korinth wird eure Gegenwart zu schätzen wissen«, sagte Titus.
Doch Paulus tat die Bemerkung mit einer Handbewegung ab. »Herodias in Damaskus, Hellene und Syntyche in Philippi, Alexander in Antiochien, Timotheus, und du, mein Titus, euer aller Wohlergehen hängt vom Erfolg meines Geschäftes ab. Meine Familie braucht mich jetzt mehr als die Gemeinde Gottes in Korinth oder Thessaloniki.«

TEIL IV:
VON KORINTH NACH MALTA

Korinth

An Korinther (1 Kor 16,3-4)
Wenn ich komme, werde ich Leute, die ihr für würdig haltet, mit Empfehlungsbriefen ausstatten und mit eurer Spende nach Jerusalem schicken. Falls es sich aber um einen hohen Betrag handelt, werde ich selbst gehen, und eure Leute können mich begleiten ...

November 12 = Heshvan 18, Sabbat

Am Sabbatmorgen rief Justus von Palmyra Talitha zu sich. Talitha kniete vor Justus nieder und senkte den Blick.

»Ich habe einen Brief von meiner Frau Anrum erhalten. Sie hat in die Scheidung eingewilligt«, sagte Justus. »Ich werde ihr meinen gesamten Besitz mit Ausnahme des Stadthauses in Jerusalem überschreiben.«

Talitha war das gleichgültig. Seit jenem Gottesdienst, bei dem Paulus' Aufruf zur Kollekte verlesen worden war und die Gemeinde in Korinth beschloss, kein Geld zu sammeln bis Paulus selbst vorstellig wurde, hatte sie das Haus nicht verlassen dürfen. Justus behandelte sie wie eine Gefangene, und sie tat wortlos, was ihr befohlen wurde. Ihre Mutter hatte ihr beigebracht, dass eine Sklavin ihre Würde bewahrte, solange sie Respekt vor der Herrschaft zeigte. Freundlichkeit war freiwillig.

Justus und seine beiden Begleiter waren bei Demetrius, dem Vorleser der Gemeinde, untergekommen, wo ihnen aber nur ein einziges Zimmer zur Verfügung stand, ein ausgedienter Speiseraum. Die drei Männer hatten es sich auf den Liegen entlang der Wände bequem gemacht, Talitha musste wie ein Hund in der Mitte des Zimmers auf dem Boden schlafen.

»Anrum schreibt, dass sie dich verstoßen hat«, sagte Justus. »Da du, rechtlich betrachtet, zu meinem Besitz in Palmyra gehörst und deine Herrin Anrum keinen Anspruch auf dich erhebt, bist du jetzt eine freie Frau.«

Auch diese Nachricht ließ Talitha gleichgültig. In ihrem Herzen war sie immer eine freie Frau gewesen und würde es immer bleiben.

»Anrum hat dir dies hier geschickt.« Justus legte ein versiegeltes Schreiben vor Talithas Füße, doch Talitha hob es nicht auf. »Es ist ein Schuldschein von einem Geschäftspartner in Dalmatien. Der Brief ist versiegelt, nur der Schuldner darf ihn öffnen.«

»Ich brauche keine Almosen«, sagte Talitha und starrte weiterhin auf den Boden.

Justus nahm den Schuldschein und drückte ihn Talitha in die Hand. »Es ist genug, um dich auf Jahre hin zu versorgen. Du kannst jetzt gehen.«

Talitha verbeugte sich ein letztes Mal vor ihrem Herrn. Dann richtete sie sich auf, löste langsam ihr Kopftuch, das Symbol ihrer Unterdrückung, und während sie Justus direkt in die Augen sah, band sie das schwarze Tuch um seinen Kopf. Sie schob den Schuldschein in den Ausschnitt ihres Kleides. Anrum, die Frau, die während ihrer ganzen Ehe versucht hatte, ihrem Mann ein Kind zu gebären, hatte am Ende einen Weg gefunden, Justus zutiefst zu verletzen. Dadurch, dass sie Talitha offiziell die Freiheit gab, nahm sie Justus auch das Kind weg, das seine Sklavin unter ihrem Herzen trug.

Talitha wandte Justus den Rücken zu, und, zum ersten Mal seit Monaten, schüttelte sie den Kopf und ließ ihr langes, schwarzes Haar frei bis auf die Schultern fallen. Die beiden Gefährten des Justus verfolgten die Szene mit offenen Mündern. Als Talitha erhobenen Kopfes an ihnen vorbei zum Ausgang ging, spuckte sie den beiden Männern vor die Füße.

Paulus mietete zwei miteinander verbundene Zimmer in Gaius' Herberge. Als Titus darauf hinwies, dass sie bei dem Juwelier Diotrephes umsonst wohnen könnten, fuhr ihn sein Herr erbost an: »Es gibt nichts Schlimmeres, als längere Zeit bei jemandem zu Gast zu sein, der einen Tag und Nacht bewundert. Der Mann geht mir auf die Nerven!« Paulus schüttelte den Kopf. »Nur wenn ich in der besten und teuersten Herberge der Stadt wohne, werde ich von Geschäftspartnern respektiert.«

Korinth bereitete sich auf den Winter vor. Die Straßen waren leerer, die Verkaufsstände nicht mehr so zahlreich, die Tavernen nur zur

Hälfte gefüllt. Die Seefahrtsaison war offiziell zu Ende, und bis zum Fest der Isis im nächsten Frühjahr würden nur wenige Schiffe die beiden Häfen anlaufen.

Es gab schlechte Nachrichten aus Antiochien. Hellenes Bruder Alexander schrieb, dass er die kilikischen Decken in der gewünschten Stückzahl nicht liefern könne. Auch versprach er, Paulus' Anzahlung mit Zinsen zurückzuzahlen, an einer weiteren Zusammenarbeit war er nicht interessiert. Die Tatsache, dass Lucius' Vater Sosipater sein Textilgeschäft in Korinth aufgegeben hatte, erschien nun nicht mehr so wichtig.

Paulus' neue Geschäftsidee, die in Philippi so vielversprechend ausgesehen hatte, sich allerdings in Athen bereits als schwer umsetzbar erwies, war nun endgültig gescheitert. Denn ohne kilikische Decken konnte Paulus auch nicht nach Spanien expandieren.

Talitha ging zum Forum und betrat den Schönheitssalon. Obwohl Chloe Talitha nur einmal bei dem Gottesdienst in Gaius' Herberge gesehen hatte, erkannte sie sie sofort wieder.

»Schneide mir die Haare kurz«, sagte Talitha. »Und das hier ist alles, was ich habe.« Sie drückte Chloe das Medaillon der Artemis in die Hand, das sie von der Priesterin in Ephesus erhalten hatte.

Mit jedem Schnitt von Chloes Messer, mit jeder schwarzen Haarsträhne, die auf die weißen Marmorplatten fiel, fühlte Talitha, wie sie wieder zu der Frau wurde, die sie sein wollte. Durch alles Leid hindurch, trotz der Schändung durch ihren Liebhaber, der gewaltsamen Entführung aus Philippi durch Justus und der Trennung von ihren Schwestern im Geiste, Maria, Hellene und Euodia, hatte sie nicht daran gezweifelt, dass die Große Mutter sie beschützen und bewahren und sich am Ende alles zum Guten wandeln würde.

Eine Stunde später saß Talitha, in ein großes Tuch gewickelt, zufrieden in einer Nische des Innenhofes. Die Haare waren kurz geschnitten, die Haut eingeölt, Wangen und Lippen rot angemalt.

Chloe nahm das Tuch und rieb mit sanften Bewegungen Talithas Rücken und Bauch trocken. »Deine Schwangerschaft bekommt dir gut«, sagte sie. »Welch wunderschöne Haut, geschmeidig und sanft!

Was sagt dein Liebhaber zu eurem Baby?«

»Wir reden nicht miteinander.«

»Männer sind schrecklich.« Chloe legte ihre Hände auf Talithas Schultern. Sie schauten beide in den kleinen Spiegel, der vor ihnen stand. »Du bist unglücklich, das habe ich gleich gesehen. Aber du bist an den richtigen Ort gekommen. Hörst du das Wasser rauschen?«

Talitha schloss die Augen und hörte in der Entfernung das Plätschern eines Brunnens.

»Die Quelle der Peirene«, sagte Chloe. »Peirene gebar dem Poseidon einen Sohn und nannte ihn Kenchrias. Artemis tötete Kenchrias. Peirene war untröstlich und weinte und weinte und weinte. Apollo von Korinth verwandelte ihre Tränen in eine Quelle. Peirenes Tränen stillen den Durst der Korinther, in ihren Tränen bade ich meine Kundinnen, und mit ihren Tränen habe ich deine Haare gewaschen. Peirene weint für uns Frauen, sie trägt unseren Kummer, damit wir nicht so viel weinen müssen.«

Talitha nahm Chloes Hand und drückte sie. »Mein Geliebter ist kein hoffnungsloser Fall. Er würde sich gerne ändern, er weiß nur nicht, wie er das machen soll.«

»Er muss neu geboren werden«, antwortete Chloe. »Du kannst Mutter Erde nicht ändern, aber du kannst beeinflussen, was auf ihr wächst und wie gut es wächst. Du kannst das Gute liebevoll pflegen und das Böse wie Unkraut auszupfen. Jeden Winter sterben die Pflanzen, und jedes Frühjahr werden sie zu neuem Leben auferweckt.«

»Und du glaubst, dass ein Mensch wiedergeboren werden kann?«, fragte Talitha.

»Ich habe es selbst erlebt.« Chloe gab Talitha ihr Medaillon zurück. »Möge dir Artemis mehr Glück bringen, als sie der armen Peirene gebracht hat! Du kannst bei mir wohnen. Meine Schlafkammer hat zwei Betten.«

Paulus sandte Titus zu Sosipater mit der Bitte, ihn so bald wie möglich in der Herberge zu besuchen. Als Titus von seinem Botengang zurückkehrte, fand er seinen Herrn auf der Liege im Vorzimmer ihres Apartments. Silvanus saß auf dem Boden zu Paulus' Füßen, ein

Tintenfass neben sich und eine Papyrusrolle auf dem rechten Knie. Vor ihm lagen lose Blätter verstreut, die er abzuschreiben schien.

»Timotheus hat vorgeschlagen, Kopien der Briefe zu machen, die ich geschrieben habe, nachdem wir aus Ephesus abgereist sind«, sagte Paulus. »Es wird Aquila in Ephesus interessieren, wie die Sache mit der Kollekte weitergegangen ist.«

»Wann hat Timotheus das vorgeschlagen?«, fragte Titus.

»In Athen, als wir gemeinsam in der Taverne saßen. Du hast daneben gesessen.«

Titus erinnerte sich an die vollbusige Kellnerin, an den Wein aus Samos und daran, wie wenig er den jungen Timotheus hatte ausstehen können. Doch worüber die beiden Herren gesprochen hatten, das wusste er nicht mehr.

Paulus zeigte auf Silvanus. »Ich habe mir von Gaius die Originale geben lassen, die ich nach Korinth gesandt habe, und Silvanus schreibt sie jetzt ins Reine. Ich erwähne dich, Titus, und auch Silvanus und Timotheus, alle anderen Namen habe ich gestrichen. Ich werde mich hüten, für meine Gegner Werbung zu machen!«

»Habt ihr auch Justus' Namen weggelassen?«, fragte Titus.

»Selbstverständlich!«

»Herr, wie soll jemand verstehen, um wen es geht, wenn ihr Justus nicht mit Namen nennt?«

»Meine Freunde wissen schon, um wen es geht«, meinte Paulus und er klang bitter.

»Aber ihr überarbeitet eure Briefe doch nicht für eure Freunde, sondern für die ganze Welt. Clemens hat gesagt, ihr sollt nicht mehr auf Wasser schreiben, sondern für die Ewigkeit!«

»Die Welt braucht nicht zu wissen, wie meine Feinde heißen. Und wenn du so weiter machst, Titus, lass ich auch deinen Namen streichen.«

Titus wäre das eigentlich recht gewesen. »Und die unflätige Clown-Rede, bleibt die erhalten? Muss die ganze Welt davon unterrichtet werden?«, fragte er.

»Sie ist das Beste!«, eiferte sich Silvanus. »Die anderen Briefe bereiten das Publikum nur darauf vor. ›Ich spiele euch jetzt den Clown!‹ – das ist der Höhepunkt, ein absolutes Glanzstück!«

Paulus strahlte vor Stolz.

Titus hob eines der Blätter auf, die auf dem Boden lagen. »Sehe ich das richtig, ihr habt noch Text ergänzt?« Er zeigte auf einige Zeilen, die am Rand des ursprünglichen Briefes notiert waren.

Silvanus las die Randnotiz vor: »In Damaskus befahl der Statthalter des König Aretas, die Stadt zu durchsuchen, um mich zu verhaften. Aber ich bin durch eine Öffnung in der Mauer entwischt, an einem Seil hinuntergeklettert und seinen Händen entkommen.«

»Ach das«, sagte Paulus.

»Ihr seid nicht an einem Seil hinuntergeklettert, ihr habt in einem Korb gesessen! Erinnert ihr euch nicht mehr?«, sagte Titus.

»Warum sollte ich die Geschichte nicht ein bisschen aufbessern dürfen? Das unterhält und schadet niemandem.«

Titus schüttelte den Kopf.

»Dann eben nicht«, sagte Paulus verärgert. »Silvanus, erwähne den Korb. Bist du jetzt zufrieden, Titus?«

Titus ließ nicht nach. »Ihr solltet die Leute aus Jerusalem, die euch das Leben schwer machen, beim Namen nennen«, sagte er.

Ohne seinen Blick von der Rolle auf seinem Knie zu wenden, meinte Silvanus süffisant: »Oh, er hat ihnen alle möglichen Namen gegeben: Lügenapostel, Diener Satans, Betrüger, Krämerseelen, kastrierte Hunde …«

»Kastrierte Hunde?«, unterbrach Paulus.

»Nicht direkt«, entschuldigte sich Silvanus.

Paulus schloss die Augen, in Gedanken versunken. »Beschnitten – verschnitten, ein schönes Wortspiel. Beschneidung als Kastration, das ist die Mutter aller Beschneidungswitze! Danke, Silvanus.«

Silvanus grinste.

»Aber ich werde weder Justus, noch Kephas oder Jakobus oder sonst irgendeinen Jerusalemer beim Namen nennen«, sagte Paulus.

»Die Leute sind ohnehin nicht an Aposteln interessiert«, murmelte Titus stur. »Sie wollen etwas über Jesus erfahren.«

Paulus schüttelte den Kopf. »Jesus, Jesus, Jesus! Wie oft muss ich es dir noch erklären: Jesus ist nicht wichtig! Der Geist Gottes ist wichtig! Christus ist wichtig!«

»Mittlerweile hat das so ein ungebildeter Quadratschädel wie ich auch verstanden! Aber werden es eure Leser verstehen, wenn ihr es ihnen nie erklärt?«

»Warum unterhalte ich mich bloß mit dir?« Paulus war verstimmt.

Titus wartete einen Moment. »Eine andere Sache, die ihr ansprechen solltet, ist, warum ihr darauf besteht, von eurer Hände Arbeit zu leben und euch nicht von den Gläubigen aushalten lassen wollt.«

Paulus nickte. Diese Empfehlung erschien ihm sinnvoll. »Ich könnte es wie eine Prüfung gestalten und sehen, wie viele Fragen die Leser richtig beantworten: Bin ich, Paulus, ein freier Mann? – Ja. Bin ich an das Gesetz Mose gebunden? – Nein. Bin ich an das Gebot Jesu gebunden? – Nein. Muss ich Christus gehorsam sein? – Ja. Jesus mag seinen Jüngern tausend Mal gesagt haben, dass es in Ordnung ist, wenn sie von andrer Leute Wohlstand leben, aber wenn Christus mir nur ein einziges Mal befiehlt, dass ich von meiner Hände Arbeit leben soll, dann bleibt mir keine Wahl.«

Titus stimmte seinem Herrn zu: »Darüber müsst ihr schreiben.«

Ein Diener der Herberge richtete aus, dass Sosipater im kleinen Speiseraum, der den Gästen für Geschäftstreffen zur Verfügung stand, eingetroffen sei und auf Paulus warte. Titus begleitete Paulus, Silvanus blieb im Zimmer und widmete sich seinem Schreibprojekt.

Während seines ersten Besuches in Korinth hatte Titus Sosipater, Lucius' Vater, nur kurz getroffen. Er war ebenfalls aus Syrien und hatte jahrelang Geschäfte mit Paulus gemacht. Der freundliche, ältere Herr war nicht Mitglied der Gemeinde Gottes, nahm aber an den Gottesdiensten in der Synagoge teil. Seine Beziehung zu Paulus beruhte mehr auf gemeinsamen Geschäftsinteressen als auf gemeinsamen religiösen Überzeugungen.

Sofort nach der Begrüßung machte Paulus seinem Unmut darüber Luft, dass Sosipater sein Textilgeschäft auf dem Forum aufgegeben hatte.

»Ich bin jetzt ein alter Mann«, sagte Sosipater. »Es war Zeit, mich aus dem aktiven Geschäftsleben zurückzuziehen.«

»Du wirst schon früh genug sterben«, fauchte ihn Paulus an. »Dann hast du genug Zeit, um dich auszuruhen. Und was ist mit deinen Söhnen? Warum führen sie das Geschäft nicht weiter?«

»Jason und Lucius haben andere Pläne. Jason wohnt bereits in Rom, und Lucius wird ihm eines Tages folgen.«

»Rom?«, fragte Paulus. »Was machen sie in Rom?«

»Jason und Lucius haben einen Betrieb aufgekauft: Den Laden der Gebrüder Sosius. Sie dachten, der Name sei ein gutes Omen.«

»Ich kenne das Geschäft!«, sagte Paulus. »Es liegt zwischen dem Tempel des Vertumnus und des Janus auf dem Aventin. Die Gebrüder Sosius sind Verleger. Sie stellen Bücher her und vertreiben sie.«

Sosipater war erfreut. »Du warst noch nie in Rom und hast doch von ihnen gehört?«

Paulus trug vor:

> Vertumnum Ianumque, liber, spectare videris,
> scilicet ut prostes Sosiorum pumice mundus.

Titus sah Sosipater fragend an.

»Das ist ein Zitat von Horaz, aus dem Vorwort zu einem Buch von Briefen, das von den Gebrüdern Sosius veröffentlicht worden ist«, sagte Sosipater.

»Liebes Buch«, paraphrasierte Paulus das Gedicht, »du scheinst schamlos nach zwei Männern zu schielen, Vertumnus und Janus.«

Paulus holte tief Luft. »Du kannst es nicht erwarten, bis die Gebrüder Sosius dein Leder mit Bimsstein haarlos schrubben, so wie sich gewisse Männer die Beine mit Bienenwachs enthaaren lassen, bevor sie sich am Straßenrand prostituieren.«

»Bücher sind aus Papyrus und nicht aus Leder, und Papyrus hat keine Haare«, sagte Sosipater verärgert und versuchte das Thema zu wechseln. »Meinen Söhnen gefiel der Name des Ladens. Er erinnerte sie an mich.«

»Lässt du dir die Beine enthaaren?«, fragte Paulus und lachte laut auf.

Titus schämte sich für seinen Herrn. Es gab keinen Grund, sich dem alten Sosipater gegenüber so respektlos zu benehmen.

»Für den Fall, dass du wirklich zu blöd bist, das Wortspiel zu verstehen«, wehrte sich Sosipater und nahm Paulus energisch an der Hand, »man könnte den Namen Sosi-pater auch als ›pater Sosiorum‹, Vater der Gebrüder Sosius, verstehen.«

Chloe war die erste Person, die Talitha auf ihrer Reise kennenlernte, die an Jesus Christus glaubte, aber nicht an den Gottesdiensten in der Synagoge teilnahm. Bisher hatte sie es nur mit Christusgläubigen zu tun gehabt, die sich zusätzlich zu den normalen judäischen Gottesdiensten trafen. Chloe aber beachtete keinerlei Speisegebote und schnitt ihren Kunden auch am Sabbat die Haare.

Eines Abends, nachdem die beiden Frauen den Laden für die Nacht geschlossen hatten, setzten sie sich in den Hof unter den klaren Sternenhimmel und plauderten. Talitha öffnete ihr Herz und erzählte, wer der Vater ihres Kindes und was in jener schrecklichen Nacht in Philippi geschehen war. »Titus weiß nicht, dass du schwanger bist?«, war alles, was Chloe dazu sagte.

Als Talitha früh am nächsten Morgen aufwachte, war ihr übel, und als sie aus dem Bett kletterte, musste sie sich übergeben. Chloe, die im anderen Bett schlief, war sofort auf den Beinen.

»Tut mir leid«, jammerte Talitha.

Chloe säuberte Talithas Gesicht mit dem Ärmel ihres Nachthemdes und begleitete sie zurück zum Bett. Talitha legte sich auf die Seite, sie zitterte am ganzen Körper und fühlte sich schwach. Chloe goss Wasser über den Steinboden, zog ihr Nachthemd aus und wischte damit auf. Unwillkürlich musste Talitha an die Nacht in Philippi denken, in der sie den Boden mit der kilikischen Decke sauber gemacht und Titus ihr dabei zugesehen hatte. Wie vorsichtig war sie gewesen, sich zu bedecken, sich vor den vermeintlich lüsternen Blicken ihres Liebhabers zu schützen, und wie unbekümmert kniete Chloe vor ihren Augen nackt auf dem Boden!

»Silvanus ist ein schöner Mann«, sagte Chloe, während sie den Boden aufwischte. »Er könnte jede Frau in dieser Stadt haben – und wohl auch die meisten Knaben. Silvanus wäre ein Mann für dich, jeder wäre besser als dein Titus.«

Talitha brach in Tränen aus.

Am Abend ging Talitha mit Chloe zur wöchentlichen Versammlung der Gemeinde Gottes in Gaius' Restaurant. Paulus und Titus waren ebenfalls anwesend.

Titus trug die kilikische Decke, die Talitha gewaschen und Euodia zum Teil neu eingefärbt hatte, unter seinem Arm. Er ging gelassen auf Talitha zu, reichte sie ihr und sagte: »Die Decke gehört jetzt dir. Paulus will, dass du sie behältst.«

Nachdem der rituelle Kelch seine Runde gemacht hatte, stimmte Demetrius einen griechischen Psalm an.

Chloe blickte verstohlen zu Talitha und lächelte. »Der zweiundzwanzigste Psalm«, flüsterte sie. »Mein Lieblingspsalm – du wirst gleich verstehen warum.«

Der Her Gott ist mein Hirte,
Mir wird es an nichts mangeln.
Der Herr Gott führt mich
Zur Wohnung von Chloe.
Der Herr Gott beschützt mich
Am Ufer des Wassers der Ruhe.

Talitha lächelte. Chloes Salon, ein Platz der Ruhe, stand neben der Quelle der Peirene.

Demetrius kündigte an: »Ich werde ein Lied singen, das die Frommen von Jerusalem geschrieben haben.«

Chloe stand auf, ging in den Hof und begann ihre Hüften sanft im Rhythmus zu wiegen, den Demetrius mit seiner tiefen Stimme vorgab:

Vermählt euch nicht mit Ungläubigen!

Chloe zog ihr Oberkleid aus und öffnete ihr Haar. Sie trug ein durchsichtiges, weißes Seidenhemd, das ihren schlanken Körper wie ein Schleier bedeckte. Sie drehte sich in Kreisen und Spiralen, tanzte in die Speiseräume und wieder hinaus auf den Hof, sie stolperte, fiel auf die Knie und legte ihren Kopf auf Gaius' Schoß.

Demetrius sang weiter:

Kann sich Licht mit Dunkelheit vermischen?

Gaius schob Chloe von sich, und sie stand auf, stolperte wieder, diesmal in den Hof hinaus, und fiel wie leblos zu Boden.

Was haben Christus und Be-li-ar gemeinsam?

Demetrius betonte jede Silbe des Teufelsnamen, und die Gemeinde rief: »Beliar! Beliar! Beliar!«

Chloe erhob sich langsam, rieb sich die Augen als wäre sie aus tiefem Schlaf erwacht, und richtete sich auf.

Demetrius sang:

Berührt nicht, was unrein ist,
Und ich werde euch annehmen.
Ich werde euer Vater sein,
Und ihr werdet meine Söhne sein.

Chloe bewegte sich in Talithas Richtung, ergriff ihre Hände und forderte sie auf, mit ihr zu tanzen. Talitha fühlte sich in Chloes Arm federleicht, geborgen und sicher.

Die Gemeindeglieder waren von ihren Liegen und Hockern aufgestanden und bildeten einen Kreis um die beiden tanzenden Frauen, wippten von einem Bein auf das andere, klatschten den Takt mit den Händen, wiederholten den Refrain:

Denn unser Körper soll sein Tempel sein.

Chloe hob einen Arm, und die Stimmen der Gemeindeglieder wurden leiser und sanfter. Sie zog Talitha zum letzten Mal an sich, drückte sie fest an ihre Brust. Talitha spürte Chloes rechte Hand, wie die Finger eines Liebhabers, langsam über den Rücken nach unten gleiten. Chloe küsste sie auf die Lippen, und für einen Augenblick drang ihre Zungenspitze in Talithas Mund, und Talitha schmeckte die warme Nässe von Chloes Atem. Erschrocken wich sie zurück.

Demetrius brachte das Lied zum Abschluss:

Ich werde euer Vater sein.
Und ihr werdet meine Töchter sein,

»Amen«, sang die Gemeinde.

Den Kopf leicht zur Seite geneigt, blickte Chloe voller Sehnsucht in Talithas Augen. Ihre festen Brustwarzen bildeten sich unter dem dünnen Kleid ab, und plötzlich verstand Talitha, warum Chloe so verzweifelt die Ehe mit Gaius beenden wollte: Chloe liebte Frauen.

Nach dem Gottesdienst half Titus seinem Herrn die Treppen hinauf zu ihrem Apartment. Jeden Abend versorgte Titus Paulus' Füße, die immer noch entzündet waren. Er säuberte die wunden Stellen, rieb Öl auf die zarte Haut, die sich über den Verletzungen neu gebildet hatte, und erneuerte den Verband. Titus genoss das stille Ritual, genau wie sein Herr.

Talitha zuzusehen, wie sie zu Demetrius' Worten mit Chloe tanzte, hatte ihn einerseits mit tiefer Dankbarkeit erfüllt, er war dankbar, dass diese junge Frau Teil seines Lebens geworden war, andererseits aber war er wütend auf sich selbst. Was hatte er nur getan! Und was konnte er tun, um das Leben wieder erträglich zu machen?

»Jedes Mal, wenn ich Talitha sehe, schäme ich mich«, brach Titus das Schweigen. Er massierte gerade Paulus' rechten Knöchel. »Es ist meine Schuld. Was muss ich tun, damit alles wieder gut wird?«

»Nichts«, antwortete Paulus. »Christus hat alles für dich getan.«

»Muss ich nicht Reue zeigen?«

»Wenn du deine Schuld zugibst, hast du Reue gezeigt.«

»Was mich am meisten stört, ist, dass es mir gefallen hat.«

»Sünde ist fast immer angenehm«, sagte Paulus.

»Aber ich würde es wieder tun, wenn sich die Gelegenheit ergibt. Einmal im Leben habe ich mich gewehrt gegen all die Misshandlungen, die ich erlitten habe! Ich habe es nur für mich getan, nur für mich! Schaut euch mein Leben an! Ich vergeude meine Tage und Nächte, indem ich anderen diene, alles, was ich tue, tue ich für andere, ich bin nichts als ein lausiger Diener, ein ungebildeter, lausiger Hausdiener.«

»Und doch schämst du dich. Du schämst dich dessen, was du dem Mädchen angetan hast, nicht wahr?«

»Ja. Sehr.«

»Du hast den Geist des Gesetzes missachtet!«, sagte Paulus mit ruhiger Stimme.

»Den Geist des Gesetzes?«

»Hinter jedem Gesetz steckt eine Absicht, Gottes Grund für das Gebot«, sagte Paulus. »Jeder Mensch, Judäer oder nicht, ist mit einem Gewissen geboren, einem Sinn dafür, was Gottes Absicht ist, einem Sinn für das, was richtig ist und was falsch.«

Titus hatte Paulus' linken Fuß frisch verbunden. »Ich habe mich ihr aufgedrängt«, murmelte Titus. »Ich bin nicht stolz darauf.«

»In Gottes Augen seid ihr beide verheiratet«, sagte Paulus. »Nach dem Gesetz gibt es keine Vergewaltigung in der Ehe. Aber du hast gegen Gottes Geist verstoßen. Du hast einen Traum zerstört, den ihr beide teilt. Du hast gegen dein Gewissen gehandelt – deshalb empfindest du Schuld.«

Was Paulus sagte, leuchtete Titus ein.

Nach einer Weile fragte Paulus: »Möchtest du deine Sünde auslöschen?«

»Was geschehen ist, ist geschehen und kann nicht ungeschehen gemacht werden«, flüsterte Titus. Mit einem Male fühlte er sich sehr unwohl und befürchtete Schlimmes. Ein Sklave sollte sich niemals seinem Herrn anvertrauen. Das konnte leicht als Schwäche ausgelegt werden und war sehr unprofessionell.

»Gott der Herr, der Allmächtige, kann das Geschehene ungeschehen machen. Das ist das Wunder der Vergebung, das ist der Grund, warum der Christus Jesus am Kreuz sterben musste. Er starb für unsere Sünden. Das Geschehene ungeschehen machen, willst du das?«

»Ja«, flüsterte Titus fast unhörbar.

»Von ganzem Herzen, mit all deinen Sinnen und all deinem Verstand?«

»Von ganzem Herzen«, wiederholte Titus. Was hätte er sonst tun sollen? Die Situation war ihm schrecklich peinlich.

Paulus befahl ihm, auf den Boden zu knien, und er legte ihm die Hände auf den Kopf. »Im Namen des Herrn verkündige ich, Paulus, Diener und Apostel Jesu Christi, dass deine Sünden vergeben sind. Du bist mit dem Blut des Opferlammes reingewaschen, das für uns gestorben ist, dem Blut des Christus Jesus.«

Titus empfand Wut, fühlte sich für dumm verkauft und zutiefst gedemütigt. Er vergrub sein Gesicht in seinen Händen. Wie konnte ihn ein Mann, der so gebildet und aufgeklärt war wie Paulus, einem solch unsinnigen Ritual unterziehen? Was er, Titus, getan hatte, war schändlich, aber kein Gericht der Welt würde einen Sklaven zu Tode verurteilen, der sich an einer Sklavin vergangen hatte. Und ganz gewiss würde man dafür keinen unschuldigen, freien Mann wie Jesus von Nazareth zur Rechenschaft ziehen und ihn für Titus' Tat ans Kreuz nageln! Ohne Paulus den anderen Fuß zu verbinden, stand Titus auf und ging.

Stundenlang lief er durch die Straßen von Korinth. Wenn er an Talitha dachte, fühlte er sich genau so erbärmlich und schuldig wie er sich gefühlt hatte, bevor Paulus seine Zauberworte ausgesprochen, Himmel und Hölle beschworen und behauptet hatte, dass ihm seine

Schuld nun vergeben sei. Als er zur Herberge zurückkehrte, waren Silvanus und Paulus längst im Bett und schliefen fest. Titus legte sich hin und ergab sich seinem Kummer.

Als sie endlich wieder zu Hause waren, konnte Talitha ihren Ärger nicht länger zurückhalten. Sie trat gegen einen Holzeimer, der mit großem Getöse über die Marmorplatten im Hof schlitterte, und schrie: »Du hast deine Zunge in meinen Mund gesteckt!«
Chloe lächelte, sagte aber nichts.
»Weiß Paulus davon?«
»Warum wohl glaubst du, dass sein Herz weich wurde, als ich Fortunatus und Achaicus nach Ephesus sandte und ihm mitteilen ließ, dass mich Gaius geheiratet hat? Paulus war der einzige, der meinen Hilfeschrei verstand!«
Talitha verschränkte die Arme und wandte Chloe den Rücken zu.
»Du beschwerst dich über Titus, weil er sich einmal über dich hergemacht hat! Ich musste das ständig über mich ergehen lassen, erst vom Vater, dann vom Sohn. Ich habe Paulus gefragt, ob ich mich verweigern darf. Er hat geschrieben, dass mein Körper meinem Mann gehört. Ob Paulus weiß, dass ich Frauen begehre? Natürlich weiß er das. Paulus begehrt Männer. Schwule erkennen Lesben.«
»Paulus begehrt keine Männer!«, rief Talitha. »Ich kenne seine Frau! Sie hatte ein Kind von ihm! Paulus ist verheiratet!«
»Ich war zwei Mal verheiratet«, antwortete Chloe kalt.

Titus stand früh auf. Nach allem, was am Abend zuvor geschehen war, wollte er so wenig wie möglich mit seinem Herrn alleine sein. »Wie geht es dir?«, würde Paulus vielleicht fragen. »Spürst du das neue Leben in dir? Der alte Mensch ist verschwunden, wie fühlt sich der neue Mensch, den du angezogen hast, an?« Die Wahrheit war, dass sich Titus elend fühlte, schlimmer als je zuvor, und er war nicht in der Verfassung, darüber zu reden. Deshalb tat er, was ihn immer tröstete, wenn es ihm schlecht ging. Er widmete sich der Schmutzwäsche. In einer gut ausgestatteten Herberge

Kleider zu waschen, war eine unkomplizierte und befriedigende Tätigkeit.

Als er wieder die gemieteten Zimmer betrat, saß Paulus auf der Liege, und Silvanus saß auf dem Boden und schrieb. Die einzelnen Papyrusblätter waren verschwunden, stattdessen kopierte Silvanus den Inhalt einer Rolle auf eine andere.

Plötzlich überkam Titus ein Gefühl unsäglicher Dankbarkeit dafür, dass er nicht den ganzen Tag bei dem alten Mann mit seinen judäischen Fantasien verbringen musste. Es gab ein Leben, das es zu leben galt! Da waren Mahlzeiten, die zubereitet werden mussten, Unterwäsche, die gewaschen werden wollte, Wein, der getrunken werden sollte, Zeit, die man vergeuden konnte! Aber für einen religiösen Menschen wie seinen Herrn war alles im Leben tiefernst. Paulus zog es vor, sich an einem wunderschönen Tag wie diesem in sein düsteres, bedrückendes Zimmer zurückzuziehen und Gedanken nachzuhängen, für die sich kein Mensch, der bei gesundem Verstand war, interessierte. Und der arme Silvanus war gezwungen, dem alten Mann Gesellschaft zu leisten.

»Silvanus denkt, dass ich dir besser zuhören sollte«, sagte Paulus zu Titus. »Deine Vorschläge gestern seien sehr wertvoll gewesen, meint er. Sag, gibt es noch etwas, worüber ich schreiben sollte?«

Titus dachte an Clemens in Philippi und an die Wirtsfrau in Troas. Er atmete tief ein. »Liebe«, sagte er. Ihm war klar, dass sich sein Herr über diese Antwort ärgern würde. »Schreibt über Liebe. Ist Liebe nicht die zentrale Botschaft des Christus?«

»Liebe ist etwas, das man tut, und nicht etwas, worüber man schreibt!«, eiferte sich Paulus erwartungsgemäß. »Keine menschliche Sprache ist in der Lage, die tiefe Sehnsucht nach Liebe in Worte zu fassen, nicht einmal die Engel können das!«

»Aber die Engel können davon singen, nicht wahr?«, sagte Titus. »Sie können über Liebe singen!«

Paulus starrte Titus verständnislos an. »Was?«

»Vielleich könntet ihr ein Gedicht verfassen.«

Zu Titus' Erstaunen schloss Paulus die Augen und sagte:

Ich rede mit Menschenzungen,
Aber ich singe mit …

»Engelszungen«, beendete Titus den Satz.

> *Und dennoch hat mich niemand lieb!*
> *Wer will meine Musik hören?*
> *Wer will sich an meinem Lied erfreuen?*

Silvanus ließ die Feder fallen und schaute auf. »Das ist gut!«
Paulus sprach weiter:

> *Ich bin ein Prophet,*
> *Ich verstehe alles,*
> *Mit meinem Glauben bewege ich Berge,*
> *Und dennoch hat mich niemand lieb!*
> *Ich bin ein Nichts!*
> *Ich gebe alles auf, was ich besitze.*
> *Ich ruiniere meine Gesundheit*
> *In der Hoffnung, gelobt zu werden.*
> *Und dennoch hat mich niemand lieb!*
> *Ich bin ein Nichts!*

Paulus hielt einen Moment inne und suchte nach Worten. Dann
leuchtete sein Gesicht auf, und er sagte:

> *Liebe ist sanft,*
> *Liebe ist freundlich,*
> *Liebe ist nicht eifersüchtig, nicht arrogant.*
> *Liebe gibt nicht an und ist nicht grob.*
> *Liebe ist nicht eigensinnig.*
> *Liebe trägt nichts nach.*
> *Liebe freut sich nicht an Ungerechtigkeit.*
> *Liebe lebt von der Wahrheit.*
> *Amen.*

»Ausgezeichnet, Herr!«, rief Silvanus und klatschte.

»Eine leichte Übung«, antwortete Paulus. »Liebe ist das Gegenteil von dem, was ich bin und was ich tue. Ich bin nicht sanft und
freundlich, ich bin eifersüchtig, arrogant, gebe an und bin grob. Ich
bestehe immer auf meinen eigenen Ansichten und trage jedem alles
nach. Mir macht es nichts aus, anderen zu schaden, und wenn es um
die Wahrheit geht – bei kilikischen Decken zum Beispiel – bin ich
flexibel.«

Titus schaute Silvanus sprachlos an. Sie waren Zeugen eines jener seltenen Augenblicke geworden, in denen ein Herr Schwäche zeigte. Vielleicht hatte der Seelendoktor in Troas am Ende doch Unrecht gehabt! Vielleicht war Paulus nicht unheilbar in sich selbst verliebt, nicht so selbstbezogen, wie ihn Außenstehende erlebten. Oder vielleicht brachte der Versuch, ein Lied zu dichten, etwas in Paulus zum Vorschein, das sonst versteckt blieb, begraben unter der Last seiner tief sitzenden, krankhaften Ängste und Schuldgefühle.

Als Talitha aufwachte, hatte ihr Chloe eine Tasse mit Milch und ein getrocknetes Fladenbrot ans Bett gestellt. Talitha ließ sich Zeit. Sie genoss es, versorgt zu werden. Sie zog das hellblaue Kleid an, das Chloe ihr gegeben hatte und das alle Frauen trugen, die für sie arbeiteten. Dann ging sie hinaus in den Hof. Chloe sah sie sofort und bat sie, sich auf einen der leeren Stühle zu setzen.

Chloe zog Thalithas Augenbrauen mit einem weichen Pinsel nach. »Ich wollte dir nicht wehtun, als ich sagte, dass jeder Mann besser wäre als dein Titus.«

»Schon gut«, antwortete Talitha.

»Kannst du ihm denn verzeihen?«

Talitha war sich nicht sicher. »Was bedeutet Vergebung?«, fragte sie.

»Was passiert ist, ist passiert«, sagte Chloe. »Das muss man hinnehmen. Aber man kann etwas sterben lassen. Dann kann man es begraben. Und wenn es begraben ist, kann neues Leben daraus entstehen. Alles ist Teil eines Kreislaufs. Auch unsere Fehler sterben, wenn wir sie sterben lassen. Die Erdmutter kann Leben schaffen aus allem, egal, was es ist, gut oder böse. Wie der männliche Same zu bestimmten Zeiten im Körper einer Frau Frucht trägt, so wird auch alles, was du zur rechten Zeit in den Schoß der Erdmutter legst, zu neuem Leben.«

»Wann ist der richtige Zeitpunkt?«, fragte Talitha.

»Jetzt«, antwortete Chloe schlicht. »Herbst ist die Zeit, wenn die Blätter verwelken und vom Wind weggetragen werden. Es ist die Jahreszeit um loszulassen, um sich auf die kalten Monate einzustellen. Wenn du willst, kann ich ein Reinigungsritual für dich vorbereiten?«

»Das wäre wunderbar«, sagte Talitha.

»Nächsten Sabbat nehme ich mir den Morgen frei. Möchtest du Titus bitten, uns zu begleiten?«

»Ich werde ihn bitten, aber ich werde ihn nicht zwingen.«

———

Paulus hatte den ganzen Tag wieder damit verbracht, mit Silvanus' Hilfe, an seinem Briefband zu arbeiten. Titus, der Literatur nur erlebte, wenn sie öffentlich vorgetragen wurde, sah zum ersten Mal, wie viel Arbeit geleistet werden musste, um ein Buch zusammenzustellen. Was so klar, mühelos und elegant klang, wenn es von einem geübten Vorleser vorgetragen wurde, war tatsächlich das Ergebnis stundenlangen Grübelns, unanständiger Gedanken, riskanter Entscheidungen, zügelloser Selbstdarstellung und seelischer Entblößung. An diesem Morgen aber wurde Titus Zeuge einer weiteren Dimension des kreativen Prozesses: Gewalttätigkeit. Als er das Vorzimmer betrat, jagte Paulus Silvanus von einer Ecke des Raumes in die nächste, schwang einen schweren Stock nach ihm, während Silvanus geschickt auswich und versuchte, sich so weit von seinem Herrn zu entfernen, wie es das kleine Zimmer zuließ.

»Jetzt, da ich ein brillantes Gedicht über Liebe verfasst habe, erzählst du mir, dass ich es nicht in mein Buch aufnehmen kann!«, rief der Apostel und versuchte Silvanus einen kräftigen Schlag zu verpassen. Doch der junge Kerl war flink, der alte Mann blind, und so bestand niemals ernsthafte Gefahr.

»Es tut mir leid, Herr, aber ich habe die Kopien für Clemens in Philippi, Aquila in Ephesus, Gaius in Korinth, Sosipaters Sohn in Rom und all die anderen, die ein Exemplar bestellt haben, bereits fertig!« Schließlich gelang es Silvanus, Paulus' Stock mit der Hand abzufangen und festzuhalten. »Es gibt noch so viel anderes, was ich ins Reine schreiben muss, bevor ich abreise! Ihr habt in eurem anderen Brief so wunderbar über die Gaben des Geistes geschrieben, ist Liebe nicht auch eine Gabe Gottes?«

Paulus hielt still. »Ich kann ja wohl schlecht den alten Brief verändern.«

»Warum denn nicht?«, fragte Silvanus.

Und das war alles, was nötig war, um Paulus zu beruhigen. Er dachte nach. Titus und Silvanus waren still. Als gute Diener wussten sie, wann es besser war, den Mund zu halten.

»Ich bin mir sicher, dass Aquila meine Anmerkungen zu schätzen weiß«, begann Paulus mit sich selbst zu reden. »Ich könnte eine Abschrift an Clemens senden. Ich könnte eine Kopie nach Rom schicken. Ich könnte die Namen von Gaius und Chloe …«

Silvanus seufzte erleichtert.

Und während der Herr weiter mit sich selbst murmelte und argumentierte, klopfte jemand an den Türpfosten. Titus stand auf und war überrascht einen Laufburschen vorzufinden, der eine Nachricht für ihn, Titus, überbrachte.

Titus bat Silvanus, ihm den Zettel, so diskret es die Situation erlaubte, vorzulesen. »Ich hoffe du bist gesund. Am Sabbatmorgen will Chloe ein Reinigungsritual für dich und mich durchführen. Wir brechen bei Sonnenaufgang auf. Talitha.«

»Ich hasse Rituale!«, murrte Titus, riss den Zettel aus Silvanus' Hand, warf ihn auf den Boden und trampelte darauf herum.

Paulus drehte sich um: »Ich hoffe, meine Briefe finden eine etwas freundlichere Aufnahme.«

Silvanus berührte Titus' Arm und flüsterte: »Sie muss dich sehr, sehr lieb haben.«

»Auf, auf!«, rief Paulus und rieb sich die Hände, glücklich wie ein kleiner Junge, der sich über ein neues Spielzeug freut. »Gehen wir an die Arbeit. Wir nennen es: An Korinther A.«

Und genau das taten die beiden. Sie entfernten Chloes und Gaius' Namen oft genug, um es den Lesern schwer zu machen, das sündige Paar zu identifizieren. Zusätzlich zu dem Titel »An Korinther A« erhielt das Schreiben im ersten Satz noch eine allgemeine Adresse: »An alle, die Jesus Christus überall auf der Welt anbeten«, um den Zuhörern klar zu machen, dass es sich bei dieser Veröffentlichung um die überarbeitete Fassung einer privaten Korrespondenz handelte. Paulus fügte sein Gedicht über Liebe in den Teil ein, in dem er sich mit Zungenrede und anderen Geistesgaben auseinandersetzte. Gelegentlich fügte er auch kurze Erläuterungen hinzu, die klar stellen sollten, was im ursprünglichen Brief gemeint war, von einem uneingeweihten Lesepublikum aber leicht missverstanden werden konnte. So wollte er mit seiner Aufforderung, »Gaius zur Zerstörung seines Körpers« dem Satan zu übergeben, nicht sagen, dass die Gemeinde Gaius nach dem Leben trachten sollte. Ohne den Wortlaut des ursprünglichen Briefes zu ändern, fügte er deshalb folgenden Satz ein: »Ich wollte in meinem Brief an euch nur sagen, dass ihr euch von Leuten fernhalten sollt, die in sexueller Sünde leben. Ihr sollt sie nicht wie Brüder und Schwestern im Glauben behandeln, ihr sollt nicht einmal mit ihnen essen!« Es gab noch eine Handvoll anderer kommentierender Ergänzungen wie diese.

Die Exzerpte aus den vier späteren Briefen, die Silvanus bereits kopiert hatte, erhielten den Titel: »An Korinther B«, aber weil der dritte der vier Briefe, der Spendenaufruf, nicht nur nach Korinth ging, sondern an die ganze Region gerichtet war, korrigierte Paulus die erste Zeile von »An Korinther B« zu: »An die Gemeinde Gottes in Korinth und an alle Heiligen, die in ganz Achaia wohnen.« Silvanus schrieb die Korrektur zwischen die Zeilen jeder Kopie.

Wenig später kehrte Timotheus von seiner Reise nach Thessaloniki zurück. Wie erwartet, hatte die Delegation aus Jerusalem für Unruhe gesorgt, zu der befürchteten Auflösung der Gemeinde Gottes war es aber nicht gekommen. Allerdings war eine der beiden reichen Witwen, die die Gruppe im Wesentlichen finanziert hatte, überraschend verstorben. Die Gemeinde Gottes hatte Paulus so verstanden, als hätte er gelehrt, dass das Ende der Welt unmittelbar bevorstehe und alle Christusgläubigen noch am Leben sein würden, wenn Gott die Trompeten zum jüngsten Gericht blasen ließ. Paulus und Silvanus unterbrachen ihre Arbeit und verfassten einen Brief, den Timotheus auf seinem Weg nach Philippi in Thessaloniki abliefern sollte. In Philippi sollte Timotheus Clemens eine Kopie der überarbeiteten Briefe an Korinth überbringen.

Chloe, Talitha und Titus brachen früh am Morgen auf, verließen die Stadt durch das westliche Tor und folgten dem steilen Pfad den Berghang hinauf. Nach ungefähr einer Stunde bog Chloe vom Weg ab und führte Talitha und Titus um eine Steinformation herum zu einem Felsvorsprung, der aus dem grünen Abhang herausragte. Auch aus dieser Entfernung und Höhe waren die starken Mauern von Korinth noch gut zu sehen und wirkten beeindruckend in ihren Ausmaßen. In der Ferne sah Titus den westlichen Hafen Korinths, Lechaion.

»Wo Himmel und Erde und Wasser sich berühren, dort verehren wir Mutter Erde«, sagte Chloe.

»Wie könnt ihr die Erdmutter anbeten und gleichzeitig an Christus glauben?«, murmelte Titus vor sich hin.

Chloe legte ihr Kleid ab. »Alle Religionen sind ähnlich«, sagte sie. »Es gibt nur einen Gott, und die Große Mutter trägt viele Namen.« Chloe hatte ein seidenes Unterkleid an. Die leichte Brise drückte den weichen Stoff sanft gegen ihre schlanken Beine und kleinen Brüste. Titus wandte seinen Blick ab.

»Die Oberwelt wird repräsentiert durch Sonne, Mond und Sterne«, sagte Chloe, »unsere Welt durch Mutter Erde, Vater Blitz und den Regenbogen, der die beiden verbindet. Die Unterwelt ist die Welt der Tiere: Der Löwe, der tötet, die Schlange, die ihre Beute unter die Erde zieht, und der Geier, der das tote Fleisch in den Himmel trägt.«

Nun zog auch Talitha ihre Kleider aus.

»Möchtest du an dem Ritual teilnehmen?«, fragte Chloe Titus. »Wir begehen es nackt.«

Während sich Titus auszog, sagte er: »Aber die Judäer beten nicht zu Sonne, Mond, Sterne, Blitz und Regenbogen.«

»Wirklich nicht?«, entgegnete Chloe. »Der judäische Herr Gott, ist ein Gott, der mit Blitz und Donner genug Regen fallen lassen kann, um Mutter Erde zu ertränken, der judäische Gott hat den Regenbogen geschaffen als Zeichen des Friedens zwischen Mutter Erde und Vater Blitz.« Sie atmete tief ein. »Der Herr Gott, von dem ich gehört habe, hat die Welt geschaffen, indem er Erde, Himmel und Wasser, die drei Gesichter der Erdmutter, voneinander trennte.«

Sie legten ihre Kleider an den Zugang zum Felsvorsprung und beschwerten sie mit drei runden Steinen, um etwaigen Besuchern zu signalisieren, dass der Heilige Ort gerade für ein Ritual genutzt wurde. Dann gingen sie zur Mitte der Felsterrasse. Talitha nahm einen

Stock, zog einen weiten Kreis um alle und sagte: »Der Ring ist geschlossen!«

»Dieser heilige Ort ist der Großen Göttin Demeter geweiht«, sagte Chloe, öffnete ihren Zopf und ließ die Haare über die Schultern fallen.

Talitha nahm Titus an der linken Hand, Chloe nahm seine Rechte. Sie bildeten eine Reihe, blickten nach Osten und hoben die Hände gegen den Himmel. Talitha segnete den Sonnenaufgang und dankte der Großen Göttin dafür, dass sie jeden Morgen neues Licht schenkte. Sie wandten sich nach Süden und hoben die Hände. Chloes Körper begann zu zittern. Titus sah sie erschrocken an. Ihre Haare flogen im Wind, ihre Augen hatte sie weit aufgerissen, Chloe begann, in Zungen zu reden.

Sie verbeugten sich gegen den Westen, Titus war an der Reihe. »Gesegnet sei der Sonnenuntergang, der den Tag von der Nacht scheidet«, improvisierte er. »Gesegnet sind die, die die Schatten überwinden. Gesegnet sind die, die von dieser Welt in die nächste schreiten.« Eigentlich war es gar nicht so schwer.

Sie wandten sich gegen Norden, und Talitha sprach ein Dankgebet für die Kälte und den Winter, der das Reich, die Kraft und die Fraulichkeit der Erdmutter in alle Ewigkeit erneuerte.

Sie setzten sich in die Mitte des Kreises und schwiegen. Nach einiger Zeit wagte Titus Chloe eine weitere Frage zu stellen. »Zungenrede ist doch etwas, das nur die Christusgläubigen tun?«

Chloe lachte. »Jedes Orakel der Welt spricht mit Gottes Stimme. Zungenrede ist viel älter als Jesus.«

Titus musste zugegeben, dass Chloe recht hatte. Wenn man um ein Orakel im Tempel bat, war die Antwort rätselhaft und für Uneingeweihte oft unverständlich. Und so wie Paulus von den judäischen Propheten sprach, klang es, als hätten sie lediglich weitergegeben, was Gott der Herr zu ihnen gesprochen hatte, und viele dieser hebräischen Sprüche konnten nicht einmal von hebräischen Judäern ohne Auslegung verstanden werden.

Sie schwiegen wieder. Titus beobachtete den wolkenlosen Himmel, das dunkelblaue Meer, die abgeernteten Felder. Talitha streckte die Hand aus und berührte seinen Arm. Er wandte sich ihr zu und sah sie an. Ihr Körper hatte sich verändert. Sie hatte jetzt einen sanft gewölbten Bauch, dessen Haut leicht spannte. Ihre Brüste sahen weicher aus, voller, die dunkle Haut um die Brustwarzen größer.

»Du hast zugenommen«, bemerkte er.

Sie schaute ihm in die Augen. »Ich trage dein Kind unter dem Herzen.«

Titus erstarrte. Genau in diesem Augenblick klatschte Chloe in die Hände. »Der Zeitpunkt für das Ritual ist gekommen!«, erklärte sie.

»Inanna«, sang Talitha in ihrer klaren, tiefen Stimme. Chloes dunkle, raue Wiedergabe von »Athena« erklang in vollkommener Harmonie.

Titus' Herz schlug wild. Er hörte zu, wie die beiden Frauenstimmen lauter und lauter wurden und allmählich wieder verebbten und in Stille endeten. Er zählte die Wochen seit jener Nacht in Philippi. Achtzehn Wochen, vier ein halb Monate, eine halbe Schwangerschaft.

Talitha legte sich in den ockergelben Sand, auf den Rücken, ihr Kopf zeigte zum Berg und ihre Füße zum Meer.

Chloe forderte Titus mit einer Handbewegung auf, sich an Talithas linke Seite zu knien und seine Hände auf Talithas Bauch zu legen. Chloe betete:

Gesegnet sei der Leib, der dich geboren hat.
Gesegnet seien die Brüste, die dich genährt haben.
Gesegnet sei die Frucht deines Leibes.
Fürchte dich nicht,
Du hast Gnade gefunden in den Augen der Göttin.
Fürchte dich nicht,
Du hast Gnade gefunden in den Augen ihres göttlichen
Liebhabers.
Du trägst ihr Kind.
Amen.

Paulus verlangte von Titus nicht, dass er am Sabbat arbeitete, aber er erwartete, dass sich sein Diener zurückmeldete, sobald die Sonne untergegangen war. Als Titus vom heiligen Ort der Demeter spät am Nachmittag zurück in die Stadt kam, suchte er Paulus sofort auf.

Sein Herr hatte den ganzen Tag mit Silvanus an ihrem neuen Projekt gearbeitet: »An Korinther A«.

»Lies vor!«, befahl Paulus.

Silvanus lächelte. Er hob die Wachstafel mit seinen Notizen und las laut: »Das ist meine Antwort an Kephas, an die Brüder des Herrn mit ihren Frauen, und an die anderen Apostel: Jesus hat denen, die das Evangelium predigen, erlaubt, vom Dienst am Evangelium zu leben. Ich verzichte auf dieses Recht. Lieber würde ich sterben.«

Paulus ergriff Titus' Arm und zog sich von der Bettkante hoch, auf der er saß. »Bist du nun glücklich, mein Freund? Ich habe die Jerusalemer mit Namen genannt. Und ich habe von Jesus gesprochen.«

In jener Nacht hatte Titus einen Traum. Er war auf einem Berg mit Chloe und Talitha, er lag zwischen den beiden unbekleideten Frauen, der Wind blies sanft durch Chloes Haar. Er stand auf und ging fort, ließ die beiden schlafenden Frauen auf der Felsterrasse zurück. Paulus war gestorben und hatte ihm einen Schatz vererbt, versteckt in einem leeren Grab. Im Schutze der Dunkelheit trug Titus Gold, Silber, Edelsteine körbeweise fort. Er lebte in einer kleinen Wohnung, die eine kreisrunde Eingangstür hatte, ganz oben am Hang mit Blick nach Osten, Richtung Syrien. Im Hof hatte er einen Teich angelegt, wie in Damaskus. Er lebte mit einer Frau zusammen, die er sehr lieb hatte. Sie hatte braune Haare und war zu alt, um noch Kinder zu gebären. Und dann hörte er Talitha leiden, sie stöhnte, sie atmete schwer, sie rang nach Luft, und er erinnerte sich: Talitha war schwanger. Sie trug sein Kind.

Am Morgen des ersten Tages der Woche flickte Titus wie gewöhnlich die Kleider seines Herrn. Er saß im Hof und schloss mit Nadel und Faden einen Riss in Paulus' Gewand. Silvanus hatte sich neben ihn gesetzt und beobachtete ihn.

»Justus von Palmyra wird morgen nach Rom aufbrechen«, sagte Silvanus. »Die Gemeinde Gottes wird ihn heute Abend segnen und ihn aussenden. Ich werde mit ihnen reisen. Paulus freut sich darüber. Auf diese Weise kann ich dabei sein, wenn seine Briefe in Rom verlesen werden.«

Titus entdeckte ein Loch in einem der Ärmel und stopfte es. Seit ihm

Silvanus gesagt hatte, dass er »Männer liebt«, empfand Titus tiefen Respekt für den jungen Mann. Im Vergleich zu Silvanus' Situation erschien sein eigenes Leben unkompliziert. Als Sklave musste Titus gelegentlich die Wahrheit beschönigen, um seinem Herrn gefällig zu sein, aber er musste nicht, wie Silvanus, jeden Tag seines Lebens jeden einzelnen Judäer, den er traf, belügen. Titus würde Silvanus' Kameradschaft sehr vermissen.

»Mein Herr, Clemens, möchte, dass ich Lucius und Jason in ihrer Verlagsbuchhandlung in Rom aushelfe«, sprach Silvanus weiter. »Er hat auch erwähnt, dass Kephas einen Schreiber sucht. Kephas möchte seine Lebenserinnerungen veröffentlichen, ein Buch über Jesus. Du darfst Paulus auf keinen Fall davon erzählen. Ich arbeite vielleicht schon bald für die Konkurrenz.« Er lachte.

Titus legte seine rechte Hand aufs Herz. »Du weißt, deine Geheimnisse sind bei mir gut aufgehoben. Und wer wird dich hier ersetzen?«

»Tertius, Gaius' jüngerer Bruder, wird Paulus neuer Sekretär.« Er machte eine Pause. »Paulus hat einen Brief nach Rom diktiert, den ich zustellen werde. Es ist ein Abschiedsbrief. Eine Art religiöses Testament. Paulus glaubt nicht mehr daran, dass er Rom jemals erreichen wird. Tertius fertigt gerade Kopien des Briefes an.«

Ein Geräusch ließ Titus und Silvanus aufblicken. Paulus stand im Türrahmen seiner Wohnung im ersten Stock.

»Stellt euch vor: In wenigen Wochen liegt euer Briefband vielleicht zum Verkauf im Laden der Gebrüder Sosius aus!«, rief Silvanus und begann ein Gedicht vorzutragen:

Geliebtes Buch!
Wenn du erschienen bist, kannst du nicht mehr zurück.
Wenn dich dein Liebhaber vernascht hat,
Wirft er dich in die Ecke,
Zerreißt dich und benutzt dich als Klopapier!

Paulus rief über den Hof: »Unser Silvanus kennt seinen Horaz!«

Chloe brach früh auf, um zum Gottesdienst zu gehen. Sie erklärte Talitha, dass sie es als ihre heilige Pflicht als Vorsitzende über den

Speisesaal der Frauen ansah, sicherzustellen, dass das Essen auch fertig war, wenn die Gemeindeglieder eintrafen. Talitha begleitete sie. Es war das erste Mal in ihrem Leben, dass sie als freie Frau und nicht als Sklavin an einer öffentlichen Veranstaltung teilnahm. Sie hatte ihr graues, einfaches Sklavenkleid abgelegt, das sie normalerweise trug, wenn sie den Haushalt verließ, und hatte ein weißes Kleid und kunstvoll gefertigte Sandalen an, die Chloe ihr geliehen hatte.

Talitha setzte sich nach der Mahlzeit still auf den Hocker zu Titus' Füßen, schloss die Augen und ließ ihre Gedanken ziehen. Sie dachte an die Göttin Demeter und an das Reinigungsritual, das sie am Vortag erlebt hatte. Hoch über dem Meer, nackt auf dem Sand liegend, vom Wind umschmeichelt und von den Strahlen der Morgensonne gewärmt, waren ihre Sorgen zerschmolzen, und ihr Leid wurde von der Erde unter ihr aufgesogen. Kraft, von der Sonne freigesetzt, drang durch Titus' und Chloes Hände in ihren Körper, die Wärme wanderte von den Zehen bis hinauf zu ihrem Kopf, sog ihre Ängste und Zweifel aus ihrem Herzen und floss über den Rücken in die Erde, Demeters Bauch. Persephone würde Talithas Leid im Winter in die Unterwelt tragen, ihre Tränen in Lachen verwandeln, und im Frühjahr neues Leben gebären. Ihr Geist war zur Felsgrotte in Jerusalem entrückt worden. Sie hatte die Frauen singen hören: »Talitha cum!« »Talitha cum!« »Junge Frau, erhebe dich!«

Demetrius stimmte einen griechischen Psalm an und langsam kehrte Talitha in die Gegenwart zurück. »Die Gemeinde erhebe sich!«, sprach er mit seiner tiefen Stimme.

Nach dem Psalm gab Justus eine offizielle Erklärung ab: »Ich habe meinen irdischen Besitz aufgegeben. Ich habe mein gesamtes Vermögen an die Gemeinde der Frommen unter den Heiligen in Jerusalem überschrieben. Meine geschiedene Ehefrau ist abgefunden worden, und ich habe meinen Sklaven die Freiheit geschenkt.«

Justus von Palmyra reichte Talitha eine Urkunde, ausgestellt von den Behörden in Korinth, die ihr offiziell die Freiheit gab.

Dann sagte er: »Dies war die letzte Bedingung, die ich erfüllen musste. Ich bin jetzt ein vollwertiges Mitglied der Armen von Jerusalem, mit allen Rechten und Pflichten. Gleichzeitig lege ich meinen alten Namen, Justus von Palmyra, ab. Ab heute heiße ich Justus Jesus.«

»Gelobt sei Gott der Herr!«, rief Demetrius, und viele stimmten mit ein, sangen, tanzten und priesen Gott.

Dann wurden Justus und seine beiden Reisegefährten zusammen mit Silvanus in die Mitte des Raumes geführt.

Die Reisenden sangen:

Bewahre uns, O Herr, wir flehen dich an!
O Herr, wir flehen dich an, segne uns!

Die Gemeinde antwortete:

Gesegnet ist, der da kommt im Namen des Herrn.

Dann legten die Gemeindeglieder den vier Männern die Hände auf und beteten in Zungen.

Titus berührte Talitha und deutete auf Paulus. Der alte Mann weinte. Er flüsterte: »Paulus wäre so gerne mit Justus nach Rom gereist.«

Nach dem Gottesdienst befahl Paulus, dass Titus ihn in den Geschäftsraum der Herberge führe. Titus erwartete, Tertius dort vorzufinden, bewaffnet mit Feder und Papyrus, bereit den letzten Willen des Apostels zum wiederholten Male festzuhalten. Stattdessen wartete dort Phoebe, die Diakonin aus Kenchräa, die Titus so harsch abgewiesen hatte, als er das erste Mal nach Korinth kam.

»Dein Herr braucht dich heute nicht mehr«, sagte Phoebe und zeigte auf die Tür.

Im Hof traf Titus auf Silvanus. Er hatte einen großen Krug Wein gekauft und lud alle ein, seinen Abschied mit ihm zu feiern. Titus trank zwei Becher mit, ihm war aber nicht nach Geselligkeit. Er verabschiedete sich bald und zog sich in die Schlafkammer zurück. Dort nahm er das Medaillon der Artemis, das ihm seine Mutter gegeben hatte, in die Hand und schloss die Augen.

Plötzlich stand Talitha in der Tür. »Phoebe erwartet uns«, sagte sie. Widerwillig folgte er ihr in den Geschäftsraum der Herberge. Phoebe lag immer noch auf ihrer Liege, doch Paulus war verschwunden.

»Paulus hat mich gebeten, mich mit dir und Talitha zu unterhalten«, begrüßte sie die beiden.

Titus seufzte. Wieder bereute er, dass er sich seinem Herrn anvertraut hatte. Jetzt fühlte sich Paulus wahrscheinlich verantwortlich, ihm zu »helfen«. Es gab nichts Schlimmeres, als sich Ratschläge von Leuten anhören zu müssen, die selbst nicht mit dem Leben zurecht-kamen, Ratschläge von Leuten wie Paulus.

»Würde es dir etwas ausmachen, dich mit mir zu unterhalten, Titus? Die Sorge um die Seele ist meine Geistesgabe«, sagte Phoebe.

Titus starrte gebannt auf die drei schwarzen Haare, die aus der War-ze auf Phoebes Wange wuchsen. Sie bewegten sich im Rhythmus ihrer Stimme. Ob es ihm etwas ausmachen würde, sich mit Phoebe zu unterhalten? Erst zwang ihn Paulus auf die Knie und beschwor den Geist des verstorbenen Jesus von Nazareth aus dem Totenreich herauf, dann legte er einen magischen Zauber auf ihn und behaup-tete, dass das, was Titus Talitha angetan hatte, in Wirklichkeit nie geschehen sei. Das hätte er besser Talitha erklären sollen, nicht ihm: »Mein Kleines, mach dir nichts draus. Es ist nichts passiert.« Talitha war auch nicht viel besser. Sie schleppte ihn den Berg hoch, damit er sich nackt mit ihr und ihrer verrückten Freundin im Staub wälzte. Und jetzt kam noch die bucklige Phoebe und bot ihm ihre Art »Hil-fe« an!

»Vom ersten Augenblick an, hat Talitha beschlossen, dass ich der Vater ihrer ungeborenen Kinder sein werde«, sagte Titus schließlich. Es klang wie ein Vorwurf.

»Es hat sich viel Ärger in dir angestaut«, sagte Phoebe ruhig.

»Ein ganzes Leben voll Wut!«, rief Titus. »Alle kommandieren mich herum! Jeder behandelt mich wie Dreck!«

Phoebe hob beschwichtigend den Arm, und Titus bekam sich wie-der in den Griff.

»Tut mir leid«, stammelte er. Auf Talithas Lippen bildete sich ein Lächeln. Sie hatte gewonnen. Er hatte sich unmöglich gemacht.

»Es hat sich viel Ärger in dir angestaut«, wiederholte Phoebe. »Wir können das sehen.« Und dann sagte Phoebe etwas, das Titus niemals erwartet hätte. Phoebe sagte: »Es ist unsere Schuld. Meine Schuld und Talithas Schuld. Ich habe dich nicht gut behandelt, als du zum ersten Mal nach Korinth gekommen bist. Ich habe dich wie Dreck behandelt. Vergib mir!«

Titus war verwirrt. Was sollte das heißen? Ein freie Frau, die sich bei einem Sklaven entschuldigte? »Talitha lässt mich einfach nicht in

Ruhe. Immer soll ich tun, was sie sagt«, stammelte Titus.

»Es tut mir leid«, erwiderte Talitha.

»Es braucht dir nicht Leid zu tun. Du bist eben so. Lass mich einfach nur in Ruhe!«

»Titus!« Talitha lockte mit sanfter, sorgender, mädchenhafter Stimme. »Ich lasse dich doch in Ruhe!«

Phoebe unterbrach Talitha und erklärte Titus, dass er jederzeit die Unterhaltung abbrechen könne. Titus drehte sich auf der Stelle um und verließ den Raum.

Silvanus, der noch immer mit seinen Freunden im Hof feierte, winkte Titus zu sich herüber. »Paulus sagt, ich soll dir das hier geben.« Er überreichte ihm Paulus' Familiendolch.

Titus nahm den Dolch, zog ihn aus der Scheide, befühlte die glänzende Schneide und sagte: »Ich musste Herodias versprechen, den Dolch immer sauber zu halten. Man wisse nie, hat sie gesagt, wofür er noch gebraucht werden würde.«

»Hast du gerade mit Phoebe gesprochen?«, fragte Silvanus und zeigte auf die Tür zum Geschäftsraum. »Ich habe dich und Talitha hineingehen sehen.«

»Talitha ist noch bei ihr. Ich glaube, sie weint.«

»Und du? Wie geht es dir?«, fragte Silvanus.

Titus zögerte. »Besser«, sagte er. »Viel besser.«

Phoebe hatte ihm keinen Vorwurf gemacht, im Gegenteil, sie hatte sich bei Titus entschuldigt. Paulus hatte ihn gezwungen, vor ihm niederzuknien, ihn gedemütigt, bevor er ihm die Sündenvergebung zusprach. Phoebe dagegen hatte um Vergebung gebeten.

»Phoebe weiß, was sie wem wann zu sagen hat, sie hat die Geistesgabe der Seelsorge«, unterbrach Silvanus Titus' Gedanken. »Was hast du jetzt vor?«

Und plötzlich wusste Titus genau, was er wollte. »Ich werde Talitha nach Hause begleiten.«

»Verdirb es nicht wieder!«, mahnte Silvanus.

Titus ging zurück in den Geschäftsraum, nahm Talitha schweigend an die Hand und führte sie hinaus. Phoebe nickte zustimmend.

Auf dem Weg zu Chloes Haus sprachen Titus und Talitha kein Wort. Wie konnte sich Titus erst unterdrückt und verachtet vorkommen und im nächsten Moment so zufrieden und glücklich sein? Er verstand sich selbst nicht.

Titus klopfte gegen das Tor. Nach einer Weile meldete sich Chloe verschlafen und entriegelte den Eingang. Talithas Augen glänzten, sie kämpfte mit den Tränen. Schließlich gab Titus seinem Herzen einen Stoß und folgte Talitha in den Innenhof und zu ihrer Schlafkammer.

»Oh, die beiden Turteltäubchen«, murmelte Chloe, nahm ihre Decke und ging.

Talitha schloss die Tür. Titus dachte an die Nacht in Philippi. Er fühlte sich anders. Er empfand keinen Zorn im Herzen, er hatte kein Bedürfnis, ihr weh zu tun. Sie setzten sich nebeneinander auf das Bett. Talitha nahm seine Hand und legte sie auf ihren Bauch. Er fühlte eine leichte Bewegung. Oder bildete er es sich bloß ein? Er beugte sich vor und legte sein Ohr an ihren gewölbten Bauch. Ein sanfter Herzschlag. Schnell. Kaum hörbar. Kostbar.

»Es tut mir leid«, stammelte Titus, es war ihm ernst. »Ich möchte mich bessern.«

»Du bist eben so«, flüsterte sie. »Bleib wie du bist. Wir haben keine Wahl, wir müssen sein, wer wir sind.« Doch ihre Stimme klang bitter. Und dann begannen sie zu reden. Stundenlang. Talitha wollte, dass er sie berührte, überall. Und sie wollte ihn küssen. Überall. Als Titus seine Augen schloss, zogen Eindrücke der vergangenen Monate an ihm vorbei. Er sah die Mädchen von Damaskus, die Rothaarige in Troas, die Priesterinnen von Samothrake, die vollbusige Bedienung in Athen. Frauen, denen er begegnet war, erschienen und verschwanden wieder, und seine Erinnerungen verschwammen wie die Farben der kilikischen Decke, wenn sie nass wurde, wurden ausgewaschen und verblassten. Irgendwann, so hoffte er, würde sich der Schmerz in seiner Seele in Vertrauen und Liebe verwandeln.

Talitha fand keinen Schlaf. Sie zog die Decke über die nackte Schulter des schlafenden Geliebten. Ein kalter Wind kam auf, trieb Staubwolken von den abgeernteten Feldern in die Stadt und drückte den feinen Sand durch den Spalt unter der Tür hindurch.

Trotz der Freude, wieder vereint zu sein mit dem Geliebten, war Talitha traurig. Titus würde nie verstehen, wie sie die Welt erlebte. Es war, als sei er blind für die spirituelle Dimension des Lebens. Er machte sich lustig über ihre tiefsten Überzeugungen, und Rituale, die ihr so viel bedeuteten, langweilten ihn. Titus hatte sich geweigert, mit ihr zu beten, bevor er einschlief, und sie fühlte sich kindisch, einfältig und einsam, als sie alleine zur Großen Göttin betete, der Mutter allen Lebens. Er glaubte an das Leben vor dem Tod, hatte er gesagt, aber Leben nach dem Tod sei doch nur von Priesterinnen und Priestern erfunden worden, von denen man erwartete, dass sie den Trauernden Trost zusprachen. Könnte sie an der Seite eines solchen Menschen glücklich sein? Wie konnten sie ein Paar werden, wenn er nicht an die Große Mutter glaubte, die alle Liebenden vereint?

Am späten Vormittag, Talitha war immer noch wach, drang ungewohnter Lärm vom Hof in die Schlafkammer. Talitha weckte Titus. Den Schreien, Rufen und Flüchen nach zu urteilen, schaute ein Mann in die Nischen, in denen sich Chloes Kundinnen, abgeschirmt von fremden Blicken, die Haut einölen oder Körperhaare entfernen ließen. Und dann schlug jemand mit aller Gewalt gegen die Tür.

»Bist du da drin?« Es war Paulus, der wie von Sinnen schrie: »Titus, bist du da drin?«

Titus stand auf und öffnete die Tür. Grelles Sonnenlicht flutete vom Hof in die Kammer. Talitha zog die kilikische Decke über ihre Brust. Paulus packte den unbekleideten Titus an den Armen, zog ihn hinaus in den Hof und tanzte mit ihm. »Ich kann sehen! Ich kann sehen!«, rief er. »Weißt du noch, was mir Johannes in Ephesus gesagt hat? Dass eine Sünde erst dann wirklich vergeben ist, wenn man mit einem Bruder oder einer Schwester darüber geredet hat? Ich habe Phoebe alles erzählt, und jetzt kann ich wieder sehen!«

Allmählich fühlte sich Talitha morgens wohler. Sie hatte wieder Energie und entwickelte einen unstillbaren Appetit. Chloe tätschelte Talithas Hüften oder warf einen Blick auf ihren Busen und sagte Dinge wie: »Du isst jetzt für zwei«, oder: »Du weißt schon, manche Frauen finden einen fetten Hintern attraktiv!«

»Pass bloß auf, wo du deine Hände hinlegst«, antwortete Talitha scherzend. »Ich habe einen eifersüchtigen Mann. Falls er dich auch nur einmal erwischt, wenn du mich so ansiehst, wirst du das nicht überleben!«

Von Titus ging allerdings keine Gefahr aus. Er kam jede Nacht, und alles, was er wollte, war, sein Ohr auf ihren Bauch legen, bevor sie in seinen Armen einschlief. An klaren Tagen zogen sie auf das Dach von Chloes Haus und schliefen unter freiem Himmel und einem Berg von Decken. An seiner Seite fühlte sich Talitha sicher, geborgen, umsorgt und begehrt. Aber sie merkte auch, dass es etwas gab, das den Geliebten bedrückte, und eines Nachts fragte sie ihn danach.

»Paulus hat begonnen, seine Reise nach Jerusalem vorzubereiten«, antwortete Titus. »Er hatte den Korinthern versprochen, die Kollekte persönlich abzuliefern, wenn sie so großzügig ausfällt wie sie nun tatsächlich ausgefallen ist.«

In dieser Nacht fielen die ersten, vereinzelten Schneeflocken. Talitha hielt den Geliebten warm, konnte selbst aber nicht schlafen. Die eisige Luft machte ihr nichts aus, es war die Kälte, die sich in ihrem Herzen einnistete, die ihr zu schaffen machte. »Wo du hingehst, da will ich auch hingehen«, hatte sie gesagt und Titus hatte sie fest in die Arme genommen und gedrückt. Woher aber sollte sie das Geld für die Reise nehmen?

Als Talitha mit Chloe frühstückte, erzählte sie von dem versiegelten Umschlag, den sie von Justus' geschiedener Ehefrau Anrum erhalten hatte.

»Dalmatien«, sagte Chloe nachdenklich. »Du wirst bis zum Fest der Isis im März warten müssen, es sei denn, du hast Freude daran, hochschwanger zu Fuß über schneebedeckte Gebirgsketten zu klettern! Kein Schiff wird die Reise um diese Jahreszeit wagen.«

»Der Mensch, den ich jetzt am meisten vermisse, ist meine Mutter«, sagte Talitha. »Wie sehr hätte sie sich gefreut, mich schwanger zu sehen! Wie gerne würde ich jetzt mit ihr reden, ihr zuhören und ihren Rat befolgen. Aber am allermeisten wünsche ich mir, dass sie dabei sein könnte, wenn das Kind zur Welt kommt.«

Chloe nahm Talitha in den Arm, und Talitha begann zu weinen, ihre Tränen zeichneten dunkle Flecken auf Chloes blauem Kleid.

Eine Stunde später hörte Talitha von einer Kundin, dass ein Schiff im Hafen lag, das noch am Vormittag nach Dalmatien auslaufen werde. Die Winterstürme hatten noch nicht eingesetzt, und der Kapitän hoffte, den heimatlichen Hafen an der dalmatinischen Küste noch erreichen zu können. In aller Eile warf Talitha ihre paar Habseligkeiten in einen Reisebeutel. Mit etwas Glück konnte sie den Schuldschein einlösen und in Korinth zurück sein, bevor Paulus nach Jerusalem aufbrach.

»Du wirst mir fehlen, Kleines«, sagte Chloe zum Abschied und umarmte Talitha, die sich mit einem Kuss auf Chloes Wange bedankte.

Es war Titus schwergefallen, Talitha nicht zu wecken, als er am Morgen aufgebrochen war, aber er dachte, es sei besser für das Kind, wenn die Mutter genug Ruhe bekam. Er hatte sich vorgenommen, mit Paulus über die anstehende Reise nach Jerusalem zu reden.

Paulus saß auf der Liege im Vorzimmer. Auf dem Boden vor ihm war Tertius.

»Schau mal, was unser junger Künstler hier produziert hat!«

Tertius steckte die Rohrfeder hinter sein Ohr, stand auf und reichte Paulus die Rolle, an der er gerade arbeitete.

Paulus wickelte sie auf, am Ende waren drei leere Papyrusbögen angeklebt. Er wandte sich an Titus: »Wenn ich dich in einem meiner Bücher erwähnen würde, würdest du es dann kaufen? Auch wenn du nicht lesen kannst?«

»Selbstverständlich«, antwortete Titus.

»Dann lass uns doch eine Liste zusammenstellen mit Leuten in Ephesus, die ein Buch von mir kaufen würden. Phoebe reist heute nach Ephesus ab, und ich will ihr eine Abschrift meines Briefes nach Rom mitgeben. Also, wen sollte ich namentlich erwähnen?«

»Ihr werdet sicherlich die Bischöfe der fünf Hausgemeinden grüßen wollen: Aquila, Aristoboulos, Narcissus, Asynkritos und Philologos«, sagte Titus. »Und ihr solltet Epainetos nennen, der der erste Einheimische, der der Gemeinde Gottes beigetreten ist, und natürlich Maria, die Mutter Jesu, und ihr dürft auch eure syrischen Landsleute und Geschäftspartner nicht vergessen: Andronicus und seine Frau Iunia.«

Paulus zog die Rohrfeder hinter Tertius' Ohr hervor, und tauchte die Spitze in das Tintenfass, das ihm der junge Mann reichte. »Phoebe wird den Brief überbringen, also beginne ich mein Postskript am besten mit ein paar netten Worten über sie …«

Als Paulus fertig war, hatte er ungefähr dreißig Leute mit Namen gegrüßt.

»Und jetzt lass uns dasselbe mit Korinth machen«, sagte er. »Wen sollten wir erwähnen? Wer in Korinth würde ein Buch kaufen, nur weil er darin vorkommt?«

»Sosipater, natürlich, und seine Söhne Lucius und Jason, eure römischen Verleger«, schlug Tertius vor. »Es ist wichtig, dass eure Freunde in Ephesus wissen, dass die Gebrüder Sosius von euch autorisiert sind, Kopien zu vertreiben.«

»Ich werde auch Timotheus erwähnen«, sagte Paulus. Dann drückte er die Rolle Tertius in die Hand. »Schreib du auch einen Gruß.«

Tertius schrieb einen Satz und gab Paulus die Rolle zurück.

Paulus las vor: »Ich, Tertius, grüße euch. Ich habe diesen Brief im Herrn geschrieben.« Paulus hielt inne, schaute den jungen Mann an und sagte: »Und ich dachte, ich hätte den Brief geschrieben!«

Tertius' Gesicht lief rot an.

»Ergänze noch einen Gruß von Erastus und vergiss Gaius nicht«, sagte Titus. »Und erwähne, dass du in seiner Herberge wohnst, damit sie wissen, wie sie dich erreichen können.«

Paulus strahlte vor Glück. Zum ersten Mal seit vielen Jahren hatte er mehr als nur einen Satz geschrieben. Seine Hand wirkte verkrampft, wenn er das Schreibrohr hielt, aber die Buchstaben, die er malte, waren groß und gleichmäßig geformt. Er schrieb das letzte Wort und reichte Tertius die Rolle. Tertius rollte sie sorgfältig auf und verstaute sie in einem runden Lederköcher. Dann verabschiedete er sich, um Phoebe die Kopie zu bringen.

Paulus hatte seine Sandalen ausgezogen. »Titus«, sagte er, während er seine Zehen untersuchte. »Jetzt, da ich wieder sehen kann, brauche ich dich nicht mehr.«

»Ich werde mit euch nach Jerusalem reisen«, sagte Titus.

»Ich kann die Reise jetzt ohne dich machen«, antwortete Paulus.

»Aber ich gehöre euch!«

»Nicht mehr. Du hast jetzt deine eigene Familie. Du brauchst Abba Paulus nicht.«

»Habe ich euch enttäuscht?«, fragte Titus.

Paulus griff in sein Gewand und zog zwei offizielle Schreiben hervor. Eines davon war versiegelt. »Ich habe Erastus besucht, er hat beide Urkunden beglaubigt, sie sind rechtsgültig.« Er legte das unversiegelte Schreiben auf den Boden und schob es mit dem Fuß zu Titus hinüber. »Ich habe dir die Freiheit geschenkt. Du bist nicht mehr mein Sklave. Du kannst jetzt Talitha heiraten, wenn du willst.«

Titus war sprachlos.

Paulus schob ihm die zweite, versiegelte Urkunde zu. »Das ist von Alexander aus Antiochien, Hellenes Bruder. Wie du weißt, hat er sich entschieden, mir meine Vorauszahlung, die ich letztes Jahr auf die Decken gemacht hatte, zurückzugeben. Ein Geschäftspartner in Nikopolis schuldet ihm Geld, er hat mir den Schuldschein geschickt, und ich habe ihn auf dich überschreiben lassen. Es sollte genug sein, um dich und deine Familie eine Weile lang über Wasser zu halten. Versuche ein besserer Ehemann zu sein, als ich es bin.«

Titus fiel vor Paulus auf die Knie und verbeugte sich bis seine Stirn den Boden berührte.

»Lass das!«, sagte Paulus. »Das ist kein Benehmen für einen freien Mann.«

Titus stand auf und setzte sich neben Paulus auf die Liege. Die beiden Männer schauten sich lange in die Augen.

»Seine Freunde saßen mit Hiob sieben Tage und sieben Nächte. Keiner sagte ein Wort zu ihm, denn sie sahen, dass sein Leid groß war«, brach Paulus schließlich das Schweigen. »Du, Titus, zusammen mit Silvanus und Timotheus, ihr habt mich in meinen dunklen Tagen begleitet wie Hiobs drei Freunde. Aber jetzt ist der Zeitpunkt gekommen, an dem ihr mich alleine lassen müsst, um mit Gott zu hadern.« Er hielt inne. »Ich muss nach Jerusalem zurück, allein. Bete für mich. Bitte Gott, dass die Ungläubigen in Judäa mein Leben verschonen und dass die Frommen von Jerusalem die Kollekte annehmen.«

Als Titus den Hof betrat, wurde ihm die Bedeutung dessen, was gerade geschehen war, langsam bewusst. Paulus hatte ihm die Freiheit geschenkt! Er konnte jetzt tun, was er wollte. Wenn er wollte, konnte er ein eigenes Geschäft haben. Wenn er wollte, konnte er sich Sklaven anschaffen. Wenn er wollte, konnte er Talitha offiziell zur Frau nehmen. Talithas Kind würde sein Kind sein. Und sie würde einen Sohn gebären, da war er sich sicher! Er war noch jung genug, um den Jungen aufwachsen zu sehen.

Titus fühlte sich, als stecke jemand anderer in seiner Haut, so als beobachtete er sich selbst aus sicherer Entfernung, als wäre er ein Schauspieler auf einer Bühne, der auf das nächste Stichwort wartete. Doch der Hof war leer, das Stichwort kam nicht, und Titus wusste nicht, was er nun tun sollte.

Dann lief er los, um Talitha die gute Nachricht zu überbringen. Er rannte so schnell er konnte, die Lungen keuchten, er fing an zu schwitzen, er bekam einen Krampf in einer Wade und der Schmerz brachte ihn wieder zur Besinnung. Der Gott der Judäer hatte Talithas Gebete erhört! Oder war es die Große Mutter, die den Liebenden Gnade erwiesen hatte?

Als Titus Chloes Salon erreichte, hielt er sich nicht mit Höflichkeiten auf. Wie Paulus zuvor, lief er von Nische zu Nische, suchte die Geliebte und rief: »Talitha! Talitha!« Und als er sie im Hof nicht finden konnte, riss er die Tür zu ihrer Schlafkammer auf, fiel auf die Knie, senkte den Kopf und sagte: »Talitha, Mutter meiner ungeborenen Kinder, ich möchte den Rest meines Lebens an deiner Seite verbringen!« Doch sie antwortete nicht. Titus öffnete langsam die Augen. Das Bett war leer und alle ihre Sachen waren verschwunden.

Plötzlich stand Chloe im Türrahmen und sagte kühl: »Sie ist vor einer Stunde mit dem Schiff nach Dalmatien abgereist.«

Titus ging langsam zu Gaius' Herberge zurück. Innerhalb von zwei Stunden war der größte Traum eines jeden Sklaven in Erfüllung gegangen und wieder zerronnen. Sein Herr hatte ihm die Freiheit geschenkt, aber Talitha hatte ihn verlassen. Warum hatte sie nicht mit ihm gesprochen? Warum waren Frauen so kompliziert?

Als Titus die Herberge betrat, hörte er laute Stimmen, die aus dem Geschäftsraum in den Hof drangen. Paulus und Erastus beschimpften sich.

»Warum, um Himmels willen, musstest du damit angeben?«, rief der Stadtkämmerer.

»Womit angeben?«, erwiderte Paulus mit seiner Fistelstimme.

Als Titus den Raum betrat, zog Erastus gerade eine Schriftrolle aus seinem Gewand. Sie bestand aus hauchdünnem, fast durchsichtigem, weißen Papyrus, der höchsten und teuersten Qualität auf dem Markt. An einer kurzen Schnur hing ein dreieckiges, kunstvoll verziertes Stück Elfenbein, auf dem der Titel des Buches eingraviert war.

Paulus riss die Rolle an sich und las den Titel vor: »Brief des Paulus. An Korinther B.«

»Ich habe das Buch von einem Freund erhalten, der es in Rom gekauft hat«, sagte Erastus. »Wie du weißt, bin ich auch Rechtsanwalt und vertrete Klienten vor Gericht.« Er nahm die Rolle aus Paulus' Händen und öffnete sie.

»Dein Freund hat das Buch in Rom gekauft?«, fragte Paulus.

Erastus drückte seinen Zeigefinger auf einen Abschnitt, der mit einem Kreuz markiert war. »Du musstest unbedingt damit angeben, dass du dem König Aretas in Damaskus entwischt bist!«

»Rom?«, wiederholte Paulus mit offenem Mund. »Aber Silvanus ist doch erst vor vier Wochen aufgebrochen.«

»Zeit genug für einen geschäftstüchtigen Verleger«, sagte Erastus mit einer wegwerfenden Handbewegung. »Tatsache ist: Wenn man eine Kopie in Rom erstehen kann, dann kann man sie auch in Ephesus, Antiochien, Damaskus, Bosra und Petra kaufen. Selbst wenn sich Aretas' Familie entschieden hätte, dich laufen zu lassen, können sie das jetzt nicht mehr tun. Malichus, Aretas' Sohn ist an der Macht. Er ist ein Freund Roms, und Rom kann nicht zulassen, dass einer ihrer Verbündeten in der Öffentlichkeit als Schwächling dargestellt wird. Dass du Aretas in dieser Weise beleidigst, ist schlimmer, als wenn du einen Mord begangen hättest! Du hast dir niemand geringeren als das Römische Reich zum Feind gemacht!«

Paulus hörte gar nicht zu. »Rom, Rom, Rom!«, flüsterte er immer wieder. »Ich habe es schließlich doch nach Rom geschafft!«

»Der beste Anwalt kann nichts mehr für dich tun«, sagte Erastus. »Aretas' Familie wird dich jagen, bis sie dich haben.«

»Hast du irgendeinen Rat für mich?«, fragte Paulus.

Erastus kratzte sich am Kopf. »Tauche unter! Die Nabatäer werden nicht ewig Roms Freunde sein. Schau, dass du so weit weg kommst von Damaskus, wie du nur irgend kannst.«

Ohne Vorwarnung verdrehte Paulus die Augen, sodass nur noch das Weiße sichtbar war, und sein Oberkörper sank zur Seite. Titus war mit einem Satz bei seinem früheren Herrn, legte ihn auf die Liege und schob ein Kissen unter seinen Kopf.

»Ist das einer seiner Anfälle?«, fragte Erastus unbeeindruckt.

Titus nickte. »Es ist harmlos.«

»Kann er uns hören?«

»Ich glaube schon.«

Erastus bat Titus, mit ihm in den Hof zu gehen.

»Hat Paulus rechtliche Probleme?«, fragte Titus.

Erastus zuckte mit den Achseln. »Wenn er sich nicht öffentlich über König Aretas lustig gemacht hätte, hätte er wahrscheinlich überhaupt keine juristischen Probleme.«

»Paulus spricht manchmal von einer schrecklichen Schuld, die er sich aufgeladen hat«, sagte Titus.

Erastus lachte. »Schuld ist, wenn man ein Gesetz bricht. Paulus hat kein Gesetz gebrochen. – Titus, was würdest du sagen, ist das Gegenteil von Erfolg?«

»Misserfolg?«

»Nein. Das Gegenteil von Erfolg ist Scham. Du bist erfolgreich, wenn dich die Leute, die dich lieben, für erfolgreich halten. Erfolg ist immer eine Konstruktion deiner Freunde. Was in einer Familie ein Erfolg ist, wäre in einer anderen eine Schande. Und du schämst dich, wenn du die Leute, die du liebst, enttäuschst. Das Gegenteil von Erfolg ist Scham. Weißt du, was Paulus' Problem ist?«

Titus schüttelte den Kopf.

»Paulus verwechselt Schuld mit Scham«, sagte Erastus. »Er fühlt sich als Versager, er schämt sich vor seinen Freunden und Verwandten, weil er so ist, wie er ist, und weil er getan hat, was er getan hat. Ich bin Anwalt, ich kann Leuten, die sich selbst anklagen, nicht helfen.«

In diesem Moment betrat Paulus den Hof.

»Was hast du nun also vor?«, rief Erastus.

»Ich werde deinen Ratschlag befolgen und die Stadt heimlich verlassen, sobald ich Reisegeld auftreiben kann.«

Titus hob Alexanders Schuldbrief in die Höhe.

Ohne zu zögern ging Paulus über den Hof und nahm den Umschlag aus Titus' ausgestreckter Hand. Er wandte sich an Erastus und sagte: »Mein Geschäftspartner Titus hat gerade angeboten, mein plötzliches Verschwinden zu finanzieren.«

Eine Stunde später hatten Titus und Paulus ihre Sachen gepackt. »Es gibt keinen Grund, sich zu verabschieden«, sagte Paulus. »Je weniger Leute von meiner Abreise wissen, desto geringer ist die Gefahr, die ich für sie darstelle.«

Sie gingen über das Forum, am Apollo-Tempel und dem Springbrunnen der Peirene vorbei, und verließen die Stadt durch das Nordtor.

»Lass mich die ersten Schritte alleine gehen«, sagte Paulus und löste sich von Titus, der ihm seine Schulter angeboten hatte.

Titus beobachtete, wie Paulus Schritt für Schritt den massiven Marmorplatten folgte, die die Straße nach Lechaion, dem westlichen Hafen Korinths, pflasterten. Er blieb vor frisch angelegten Latrinen stehen und rief: »Cloaca maxima, ich kann Rom bereits riechen!«

Auf halbem Wege zum Hafen machte Paulus eine Pause und ruhte sich aus. »Das hier gehört dir«, sagte er und gab Titus den Schuldbrief zurück. »Tu damit, was du für richtig hältst.«

Titus legte das gefaltete Schriftstück in den Lederbeutel, den er an einem Riemen unter seinem Gewand trug, zum Medaillon der Artemis und zu Paulus' Familiendolch.

»Ein ehrbarer Geschäftsmann aus Damaskus stellt keine Ansprüche auf Dinge, die ihm nicht gehören«, sagte Paulus.

Nekromanteion

An Korinther (1 Kor 15,54-55)
Wenn sich aber das Verwesliche mit Unverweslichkeit kleidet, und
das Sterbliche das Gewand der Unsterblichkeit anzieht, dann wird
sich auch das Orakel erfüllen, das in den Heiligen Schriften steht:
Der Tod ist verschlungen in den Sieg!
Tod, wo ist dein Stachel?
Hölle, wo ist dein Sieg?

December 20 = Kislev 27, dritter Tag der Woche

Die Wellen bauten sich hoch und immer höher auf und ein eisiger Wind blies über das Deck des Schiffes. Sie hatten die Bucht von Korinth verlassen und segelten an der Insel Ithaka entlang. Talitha dachte an Penelope, die nur ein Jahr mit Odysseus verheiratet gewesen war, als er in den Trojanischen Krieg zog. Sie wartete zwanzig Jahre, bis er wieder nach Hause nach Ithaka kam. Wie lange würde sie, Talitha, warten müssen, bis sie Titus wieder in die Arme schließen konnte?

Talitha stand aufrecht und selbstbewusst auf Deck, ihre Arme unter dem schweren Umhang über dem ungeborenen Kind verschränkt. Eine mächtige Welle rollte gegen die hölzernen Planken und drückte das Schiff auf die Seite, sie stolperte, rutschte und fiel. Doch zwei starke Arme ergriffen die schwangere Frau bevor sie das Deck berührte. Talitha wandte sich um und sah eine große Gestalt, eine Frau, in einem langen, grauen Mantel. Sie hatte ein buntes Halstuch um ihr Gesicht gewickelt, das nur einen kleinen Schlitz für die Augen freiließ, braune Augen, so braun wie ihre Haut.

Eine Gruppe von Frauen, die alle graue Umhänge und farbige Kopftücher trugen, umringten sie.

»Wer seid ihr?«, fragte Talitha.

»Pilgerinnen«, antwortete die dunkelhäutige Frau.

»Wir sind auf dem Weg zum Nekromanteion«, ergänzte eine andere Frau. »Man kann dort mit den Toten reden. Es ist der Ort, an dem

Orpheus den Hades betrat, um seine Eurydike zu suchen, der Ort, an dem Hades Persephone verführte und wo die Große Mutter Demeter ihre Tochter fand.«

»Morgen ist der kürzeste Tag und die längste Nacht. Es ist das einzige Mal im Jahr, dass Sterbliche mit den Toten reden können«, sagte die dunkelhäutige Frau.

Talitha hörte aufmerksam zu.

»Du könntest mit deiner Mutter reden«, flüsterte eine der Frauen gerade laut genug, dass es Talitha hören konnte.

Noch einmal mit ihr reden – dies war Talithas Wunsch gewesen, als Justus von Palmyra ihr im Lager vor Damaskus von der schweren Krankheit der Mutter berichtet hatte, es war ihre Sehnsucht, seit dem Tag, als sie bei der Ankunft in Jerusalem erfahren musste, dass die Mutter schon gestorben, ihr Leichnam schon beseitigt worden war. Ja, da war nichts, was Talitha lieber wollte, als noch einmal mit ihrer Mutter zu reden. Und so verließ sie das Schiff zusammen mit den Pilgerinnen und verbrachte die Nacht auf dem Fußboden einer billigen Herberge, im Vertrauen darauf, dass die Große Mutter, so unwahrscheinlich es auch war, ihr noch einmal eine Reisemöglichkeit nach Dalmatien eröffnen würde.

Noch vor Sonnenaufgang standen die Frauen auf und gingen in der kalten, feuchten Dunkelheit zu einer Anlegestelle am Fluss hinunter. Ein alter, zahnloser Fährmann winkte ihnen zu, und die acht Frauen bestiegen sein Floß.

Das Floß hatte kein Segel und kein Ruder und bot nicht genug Platz, um sich zu setzen. Nebel lag auf dem Wasser und verwandelte die aufgehende Sonne in eine feurige Kugel.

»Hat dieser Fluss einen Namen?«, fragte Talitha.

»Styx, du Dummerchen«, tadelte sie die alte Frau.

Der Fluss weitete sich und mündete in einen stillen See, dessen Oberfläche fingerdick mit totem Laub bedeckt war. Wenn der Fährmann mit seinem Stock den Boden aufwühlte, roch es nach Schwefel, und die Frauen hielten sich die Nase zu.

Talitha hatte ihr Artemis-rotes Kleid angezogen, sie wollte der Großen Mutter Respekt erweisen. Doch was im Frühjahr in Ephesus

ausgereicht hatte, war am ersten Tag des Winters im Epirus nicht
warm genug. Sie zitterte vor Kälte. Ihr Rücken schmerzte vom Gewicht des Kindes, ihre Knöchel waren geschwollen, und sie kämpfte
wieder mit Übelkeit. Wie die anderen Pilgerinnen auch, hatte sie am
Morgen gefastet.

Schließlich schob sich ein Landungssteg aus dem dichten Nebel, und
nachdem der Fährmann das Floß an einem der hölzernen Pfähle
festgebunden hatte, half er den Frauen einzeln an Land. Sie folgten
einem Pfad, der sich den Hügel hinaufwand, bis sie den Tempel erreichten, der wie auf Wolken über dem Nebel schwebte. In der Ferne
waren spitze, schneebedeckte Berggipfel zu sehen.

Das Heiligtum war in schlechtem Zustand. Schwarze Streifen auf
den Steinen zeugten davon, dass der Tempel vor vielen Jahren abge-
brannt war und man ihn mit wenig Sorgfalt teilweise wieder aufgebaut hatte. Eine Rampe führte über Geröll hinauf zum Eingang. Das
leicht gewölbte Dach war mit Erde bedeckt und mit Gras bewachsen.
Ziegen weideten darauf.

Eine weißhaarige Priesterin begrüßte Talitha und führte sie durch
das massive Tor und dann einen dämmrigen Gang entlang in eine
Kammer, in der eine Pritsche stand. Ein kleines Feuer brannte im
offenen Kamin und erhellte den Raum.

»Welches Kleidungsstück wirst du Melissa schenken? Was ist das
Wertvollste, das du am Körper trägst?«, fragte die Priesterin.

»Mein Kleid ist wie das Kleid der Artemis von Ephesus. Es ist das
wertvollste Bekleidungsstück, das ich besitze.«

»Dann wirst du ihr dein Kleid opfern!«

»Aber mein Kind wird frieren.«

»Melissa wird dein Kind für dich wärmen.«

»Wer ist Melissa?«, fragte Talitha.

»Die Frau des Periander von Korinth. Nachdem er die schwangere
Melissa durch einen Fußtritt getötet hatte, schändete er ihren Leichnam und verbrannte ihn nackt. Jetzt ist ihr kalt. Jede Frau, die den
Hades betreten will, muss Melissa ein Kleidungsstück schenken, damit sie sich und ihr Ungeborenes wärmen kann. Es muss das wertvollste Kleidungsstück sein, dass du am Körper trägst.«

Kein Wunder, dass die anderen Frauen bunte Kopftücher zu ihren grauen Umhängen trugen, dachte Talitha. Sie mussten nur die Tücher opfern.

»Ich kann mein Kleid nicht aufgeben«, sagte Talitha. »Es bedeutet mir zu viel. Und soll ich etwa nackt in die Herberge zurückkehren?« Die weißen Haare der Priesterin leuchteten im Dunkeln. »Ich weiß, wie du heißt, Talitha. Und ich kenne auch deinen rituellen Namen. Die Große Mutter hat ihn mir verraten.«

»Unmöglich!«, flüsterte Talitha.

»Inanna«, sagte die Priesterin. »Du hast diesen Namen erhalten, weil es dir vorherbestimmt war, diese Reise zum Hades zu machen. Und wie Königin Inanna, die all ihren Besitz, ihre Privilegien und ihren Stolz ablegen musste, bevor ihr gestattet war, nackt vor ihre Schwester Ereschkigal in der Unterwelt zu treten, so musst auch du dich von deinem wertvollsten Kleidungsstück trennen, dem Kleid der Artemis. Zieh es aus! Talitha cum!«

Talitha hatte keine Wahl. Unwillig murrend und vollkommen verwirrt schlüpfte sie aus ihrem Kleid. Die Priesterin nahm es, und warf es ins Kaminfeuer. Augenblicke später loderten Flammen auf und verschlangen das kostbare Kleid.

Die Priesterin reichte Talitha statt dessen einen schmutzigen, zerrissenen, grauen Umhang, den Talitha sich überwarf. Sie weinte. Die alte Frau kniete sich hin und strich Asche auf Talithas Füße, Hände und auf ihre Stirn. Sie drückte ihr eine kleine Figur aus Ton in die Hand. »Das ist Persephone«, sagte die Priesterin. »Wirf sie über deine linke Schulter.«

Talitha tat, wie ihr befohlen.

»Bereite dich nun auf deinen Tod vor, denn nur im Tod kannst du finden, was du suchst«, flüsterte die Priesterin. »Öffne den Mund.« Die alte Frau steckte bittere Nüsse in Talithas Mund. Sie befahl ihr, zu kauen und zu schlucken. Dann warf sie Harz ins Feuer, auf das brennende Kleid, und Rauch füllte den Raum. Talitha wurde schwindlig, sie fühlte sich mit einem Male leicht, als schwebe sie.

»Leg dich hin«, befahl die Priesterin.

Talitha legte sich auf die Pritsche, und einen Augenblick später war sie in tiefen Schlaf gesunken. Das Kind, das sie unter dem Herzen trug, stand auf und lief in der Kammer umher, zeigte aber nicht sein

Gesicht. »Was ist mein Name?«, fragte das Kind, und Talitha griff nach dem Beutelchen, das sie um ihren Hals trug und in dem das Pergamentstück lag mit dem Namen ihres Kindes.

»Junge Frau, erhebe dich!« Die Matrone nahm Talithas Hände und half ihr auf die Füße. »Schließe deine Augen und folge mir.«

Sie schienen ein Stück vorwärts zu gehen und dann wieder ein Stück in die entgegengesetzte Richtung, manchmal in Spiralen nach rechts, manchmal nach links. Einmal öffnete Talitha die Augen, es war völlig dunkel, und sofort stieß sie mit dem Fuß gegen eine Wand.

»Um auf dem rechten Weg zu bleiben, muss man mit dem Herzen schauen«, sagte die Priesterin. »Folge mir, ich bin das Licht und der Weg zum Hades und zur Großen Mutter Demeter, die alles Leben gebiert.«

»Wer bist du?«, fragte Talitha.

»Sie nennen mich Hekate«, antwortete die alte Frau. »Ich bin Demeters Mutter.«

»Persephone, Demeter, Hekate«, flüsterte Talitha, »Jungfrau, Mutter, Matrone«.

Sie begann eines der Lieder zu summen, das ihr die Frauen in der Felsgrotte vor den Toren Jerusalems beigebracht hatten. Und während sie der Matrone mit geschlossenen Augen folgte, sang sie:

Drei sind eins. Und eins sind drei.

Knospe, Blume, Frucht.

Mädchen, Mutter, Matrone.

Glücklich die Frau, die den Weg nicht alleine geht.

Nikopolis

An Römer (Röm 15,28)

Wenn ich die Kollekte abgeschlossen und nach Jerusalem gebracht habe, werde ich euch in Rom auf dem Wege nach Spanien besuchen …

Ianuarius 6 = Tevet 15, Sabbat

Sobald sie Nikopolis erreichten, stellte sich Titus bei Alexanders Geschäftspartner vor, löste den Schuldschein ein und ließ sich den Betrag in Gold und Silbermünzen auszahlen. Paulus wartete währenddessen auf der Straße und pflegte seine wunden Füße. Zwei Wochen hatten sie für die Reise von Korinth nach Nikopolis gebraucht, sie waren fast die gesamte Strecke zu Fuß gegangen. Im Sommer, auf einem guten Schiff, hätte die Reise nur einen Tag gedauert.

Titus kaufte sich eine neue Tunika aus elfenbeinfarbener Wolle, und ein paar Sandalen mit Kreuzbändern. Seine alten Schuhe und sein graues Sklavengewand schenkte er einem Bettler am Straßenrand. Dann mietete er zwei Zimmer im ersten Stock der teuersten Herberge der Stadt, ein wunderschönes Gebäude aus Stein mit Aussicht auf den Hafen.

»Wie ist euer Name?«, fragte der Herbergswirt.

»Titus von Damaskus«, sagte Titus und zahlte drei Nächte im Voraus. Er zeigte auf Paulus: »Das ist mein Bruder.«

»Ich habe schon von euch gehört«, antwortete der Wirt.

»Ihr müsst mich mit jemandem verwechseln«, sagte Titus.

»Vor Kurzem hat jemand nach einem griechischen Judäer aus Damaskus mit Namen Titus gefragt. Deshalb erinnere ich mich. Hätte nicht gedacht, dass es mehr als einen griechischen Judäer aus Syrien mit einem lateinischen Namen gibt!« Er lachte. »Das sind schon interessante Zeiten! Sogar die Beschreibung hätte gepasst: groß, breite Schultern, still, schütteres Haar.«

»Wer hat sich nach dem Mann erkundigt?«, fragte Titus.

»Wenn ihr nicht der Richtige seid, ist das wohl egal«, sagte der Wirt. »Zu den Zimmern gehören zwei Diener. Sie werden sich um eure persönlichen Wünsche kümmern.«

Der Wirt hatte sich Titus gegenüber respektvoll benommen, so wie es sich einem reichen freien Mann gegenüber gebührte. Die neue Tunika und die neuen Schuhe zeigten Wirkung. Titus ließ ihre Sachen auf die Zimmer bringen und Paulus ging sofort zu Bett. Er war völlig erschöpft. Titus aber wollte feiern. Er war jetzt reich! In dieser Nacht konnte er sich jeden Wunsch erfüllen!

Kaiser Augustus hatte Nikopolis auf einem Hügel zwischen einem See und dem Meer erbauen lassen. Er hatte angeordnet, die umliegenden Städte und Ortschaften zu zerstören, um die Bevölkerung zu zwingen, sich in der Stadt niederzulassen. Die Bürger von Nikopolis lebten also wie Fremde in ihrem eigenen Land, und sie kümmerten sich um die, die hier noch weniger zu Hause waren als sie selbst: um Seefahrer, Soldaten und Handlungsreisende.

Titus speiste im Garten einer Taverne, die Liegen waren im Freien aufgestellt. Er gesellte sich zu einer Gruppe junger Soldaten und bestellte das Beste, was auf der Speisekarte angeboten wurde: eingelegte Weinblätter, gestampfte Bohnen und gegrilltes Lammfleisch am Spieß. Er spülte die Mahlzeit mit reichlich Wein hinunter. Als Titus erwähnte, dass er ursprünglich aus Damaskus kam, sagte einer der Soldaten: »Wir sind auf dem Weg nach Syrien. Man sagt, die Judäer proben den Aufstand gegen Rom.«

Eine leicht bekleidete, dunkelhaarige Frau setzte sich auf Titus' Liege und lehnte sich zurück, bis ihre Haare seine Brust berührten. Er dachte an Paulus' Ehefrau. Vielleicht hatte Hellene so ausgesehen, als sie jung war. Warum brachte er Paulus eigentlich nicht nach Philippi zurück, wo er sich zur Ruhe setzen und seinen Lebensabend unbeschwert an der Seite seiner Frau verbringen konnte?

Die junge Frau öffnete die Lippen. »Eine Silbermünze«, flüsterte sie, »und ich bleibe dir die ganze Nacht treu.«

Titus nahm eine Silbermünze und ließ sie in den Ausschnitt der jungen Frau gleiten, sie wand sich und kicherte. Doch als sie ihre Hand auf sein Knie legte, zuckte er zurück. Talitha, die Mutter seines Kindes, war die einzige Frau, die er wirklich begehrte.

Als Titus sein Zimmer erreichte, saß ein alter Sklave vor der Tür. Der Mann sprang auf die Beine und erklärte, dass er die Nacht vor seiner Schlafkammer verbringen würde. Titus schüttelte den Kopf, gab ihm eine kleine Münze und schickte ihn zum Schlafsaal der Sklaven. Dann band Titus den Beutel mit dem Geld an die Innenseite seines Oberschenkels, steckte den Dolch unter die Matratze und legte sich auf die frischen, kühlen Laken. Er schloss die Augen. Der Wein zeigte Wirkung, alles drehte sich, er fühlte sich schwerelos, und langsam sank er in tiefen Schlaf.

Titus wachte auf, als er Schritte hörte. Jemand war in sein Zimmer eingedrungen. Er lag auf der Seite und ließ seine Hand langsam und unauffällig an die Stelle unter der Matratze gleiten, wo er den Dolch versteckt hatte.

»Bring mich um, wenn du musst, aber habe Mitleid mit deinem Kind.«

»Talitha!«, rief Titus, »Wie hast du mich gefunden?«

»Ein Grieche aus dem syrischen Damaskus mit einem lateinischen Namen – jede Herberge der Stadt hat deine Beschreibung.«

Talitha legte ihr Kleid ab und kroch zu ihm unter die Decke. Sie drückte ihren Bauch gegen seinen. Sie berührte die Narbe auf Titus' Brust mit den Fingern. »Du hast mir nie erzählt, wie du zu dieser Verletzung gekommen bist?«

»Eine Frau hat versucht, mein Herz zu stehlen«, sagte er.

»Ist es ihr gelungen?«

Titus strich durch Talithas Haar. »Mein Herz war bereits verloren.«

Am nächsten Morgen mietete Talitha eine billige Wohnung im ersten Stock eines älteren Gebäudes außerhalb der Stadtmauern. Gerne überließ ihr Titus die Verwaltung seines Geldes.

Militärtransporte waren die einzige Möglichkeit, das Adriatische Meer während der Wintermonate zu überqueren. Doch nahmen diese in der Regel keine Zivilisten mit. Paulus wollte kein Risiko eingehen und verzichtete darum darauf, sich durch Bestechung einen Platz auf solch einem Schiff zu sichern, wie es Justus, seine Gefährten und Silvanus getan haben mussten. Auch versprach er Titus, ihm alle Auslagen zurückzuerstatten, sobald sie in Rom angekommen seien und er Hellene habe verständigen können.

Jeden Morgen besuchte Talitha den Tempel der Aphrodite, um der Göttin der Liebe die Ehre zu erweisen. Sie gehörte zu einer Gruppe von neun schwangeren Frauen, die regelmäßig den Tempel besuchten.

Drei Priesterinnen begrüßten den neuen Tag und gedachten der Göttin, deren Schönheit und Jugend durch die Kraft des Meeres jeden Morgen erneuert wurde.

Die erste Priesterin erhob ihre Stimme:

Aphrodite,
Als erwachsene Frau,
Bereit zu empfangen, kamst du zur Welt.
Eine Frau ohne Mutter, von einem Vater ohne Geliebte,
Wird in der Gischt der tosenden Brandung
deine Jungfernschaft jeden Tag neu.

Die zweite Priesterin fuhr fort:

Aphrodite,
Jungfrau, Mutter, Matrone,
Als Hymen wählst du der Jungfer erste Liebe,
Als Hera benennst du das Kind bei der Empfängnis,
Du bist Atagartis, Kybele, Isis, und Venus,
Und wachst über jede Geburt.

Die dritte Priesterin erhob sich und betete:

O Göttin der Liebe,
Mache uns heil!

Talitha flüsterte in das anschließende Schweigen: »Mein Körper ist aufgebläht, mein Busen ist voll und schwer. Mein Schweiß riecht süß, meine Haare verfärben sich grau, Falten durchziehen wie Furchen mein junges Gesicht, und meine Kraft schwindet dahin. Meine Knochen schmerzen, das Essen schmeckt mir nicht mehr, ich kann nicht mehr gehen, nicht sitzen, nicht stehen, jede Bewegung tut weh. Nachts schrecken mich schlimme Visionen und ich erwache außer Atem mit wild rasendem Herzen. Aber an deinem Schrein empfange ich neue Kraft, neuen Mut, Jugend und Schönheit und Lust am Leben.«

Zum Abschluss der täglichen Liturgie, sang die kleine Gemeinde immer das gleiche Lied:

Aphrodite,
Der du Geist und Körper erneuerst,
Mache uns heil!

Titus saß auf einem flachen Stein am Ausgang des Tempels und wartete, bis Talitha den Schrein der Aphrodite verließ. Er grüßte die Leute, die vorbeikamen, und unterhielt sich mit den wenigen, die er seit seiner Ankunft in Nikopolis mit Namen kannte. Die Leute behandelten ihn mit Respekt. Er war jetzt ein freier Mann, und wenn er Talitha vorstellte, nannte er sie stolz seine Frau.

Als Talitha aus dem Tempel kam, nahm Titus ihre Hand und küsste sie. »Du hast mir nie erzählt, wie du mich in Nikopolis finden konntest«, sagte er.

»Ich habe mit meiner Mutter gesprochen«, antwortete Talitha. »Sie hat mir empfohlen, nicht nach Dalmatien zu gehen. Sie hat gesagt, der Schuldbrief sei nur eine weitere Gemeinheit von Justus' Frau Anrum. Mein Platz sei an der Seite des Vaters meines Kindes, hat sie gesagt, und sie hat gesagt, dass ich dich und Paulus in Nikopolis finden würde.«

»Aber deine Mutter ist doch tot!«, erwiderte Titus.

»Ich bin zu den Toren des Hades gegangen und habe dort mit ihr gesprochen.«

Titus schüttelte den Kopf. »Du kannst doch nicht mit einer Toten reden?«

»Die Leute, die an Christus glauben, machen das auch.«

»Aber Jesus ist von den Toten auferstanden«, sagte Titus.

»Meine Mutter auch. Wie hätte ich sonst mit ihr reden können?«

»Vielleicht hast du nur von ihr geträumt?«

»Nein, nein. Ich habe ihre Stimme gehört. Und es waren auch andere Leute mit mir im Raum, und sie haben die Stimme ebenfalls gehört.«

»Aber hast du sie denn tatsächlich gesehen?«

»Ich habe ihre Silhouette gesehen. Sie kam wie ein Schatten durch die Wand. Ich durfte sie nicht anfassen, aber ich habe ihre Stimme zweifelsfrei erkannt.«

»Wann hast du die Stimme deiner Mutter das letzte Mal gehört?«

»Vor sieben Jahren.«

»Und du bist sicher, es war dieselbe Stimme?«

»Die Stimme klang älter, als ich sie in Erinnerung habe.«

Titus schüttelte wieder den Kopf. »Wie kannst du dir dann so sicher sein?«

»Sie hat mich Talitha genannt und den Namen so ausgesprochen, wie nur sie ihn aussprach: mit einem nabatäischen Akzent. Und sie hat auf Aramäisch mit mir geredet.«

Titus musste zugeben, dass das sehr ungewöhnlich war.

»Die Toten sind nicht einfach fort. Sie leben in einer verborgenen Welt«, sagte Talitha. »Und außerdem – freust du dich denn gar nicht, dass ich dich gefunden habe?«

Doch so leicht gab Titus nicht auf. »Alle, die nach Rom reisen, kommen irgendwann durch Nikopolis, nicht wahr? Und natürlich hat es geholfen, dass du meine Beschreibung bei jeder Herberge der Stadt hinterlassen hast.«

»Ja«, sagte Talitha. »Das hat geholfen.«

Titus hatte eine Idee. »Hast du Anrums Brief schon geöffnet?«

Talitha holte den Brief aus dem Beutel, den sie an einem Band um ihren Hals trug. »Wenn ich Anrums Siegel öffne, ist der Schuldbrief wertlos«, sagte sie, brach das Siegel, faltete die Urkunde auf und legte sie auf ihren Schoß.

Das Blatt war leer, Anrum hatte nicht ein einziges Wort darauf geschrieben. Talithas Mutter hatte also Recht gehabt: Der Schuldbrief war nur eine weitere Gemeinheit von Talithas ehemaliger Herrin.

Talitha konnte das Fest der Isis kaum erwarten. Wie die meisten Hafenstädte am Mittelmeer feierte auch Nikopolis das Ende des Winters mit einem riesigen Fest zu Ehren der ägyptischen Göttin. Männer und Frauen versammelten sich außerhalb der Stadtmauern um ein hölzernes Schiff auf Rädern, das von einer Horde halbnackter junger Männer und Frauen gezogen und geschoben wurde. Knaben und Mädchen standen als Nymphen verkleidet im Boot, mit kleinen Flügeln auf dem Rücken und Kränzen aus Frühlingsblumen im Haar, und schossen grüne Zweige wie Pfeile in die Menge oder spritzten Wasser auf die Passanten.

»Weihwasser der Isis«, sagte Talitha zu Titus. »Es fließt durch unterirdische Kanäle vom Nil in die Zisternen eines jeden Tempels der Großen Göttin.«

Talitha und Titus folgten dem Schiff einmal um die Stadt. Die Pilger zogen den Wagen wie einen Pflug über die unbestellten Felder und schoben es den Hügel hinauf zu dem Denkmal, das Kaiser Augustus errichten ließ, um der entscheidenden Seeschlacht zu gedenken, der er die Alleinherrschaft über das Römische Reich zu verdanken und die ihn dazu bewogen hatte, die Stadt Nikopolis an dieser Stelle zu gründen.

Schließlich zog die Prozession hinunter zum Hafen. Viele der Teilnehmer trugen Masken und phantasievolle Kostüme. Einige gingen als Soldaten mit hölzernen Schwertern, andere als fette, römische Senatoren und andere wiederum als Philosophen mit langen, künstlichen Bärten. Männer zogen Frauenkleider an und Frauen Männerkleider. Übermütige Burschen trugen Stiefel, die wie Bocksfüße aussahen, steckten sich einen Kuhschwanz an und setzten sich Hörner auf den Kopf, sie spielten Rohrflöten, sprangen durch die Menge und belästigten Frauen und Mädchen. Ekstatische Pilger sangen unanständige Lieder, und nach jeder Strophe wandten sie sich einander zu, umarmten sich und küssten jeden, der in ihrer Nähe war, auf den Mund.

Titus erzählte eine Geschichte, die sein ehemaliger Herr, der Kapitän, oft zum Besten gegeben hatte: Als junger Mann habe er regelmäßig an der Isis-Prozession teilgenommen. Einmal, so behauptete er, hätte er sieben Söhne in nur einer Nacht gezeugt, alle mit verheirateten Frauen, und keiner der Ehemänner hätte jemals Verdacht geschöpft, »obwohl alle Knaben denselben Geburtstag hatten, und alle die bronzene Haut der Damaszener und die auffallend große, gebogene Nase geerbt hatten« – Titus fasste sich an die eigene Nase – »vermutete doch niemand irgendwas«. Und dann hatte Titus gelacht und gelacht und gelacht.

Das Fest der Isis am fünften März eröffnete die Schifffahrtssaison. Talitha drückte Titus' Hand und zeigte auf das Augenpaar, das auf den Bug vieler Fischerboote im Hafen gemalt war. »So, wie sich eine Frau die Augen anmalt, wenn sie ihrem Liebhaber gefallen will, so erneuern die Fischer die Augen der Isis, bevor sie in die neue Saison aufbrechen.«

Die Prozession endete auf dem Forum, und ein Priester der Isis, in strahlend weißem Gewand, kletterte auf die Kanzel, die neben dem Pier aufgebaut war, und erzählte die Legende der Großen Göttin: »Isis herrschte einst über die ganze Welt an der Seite ihres Bruders und Gatten Osiris, Sohn des Ra. Aber Seth ermordete Osiris, zerhackte seinen Körper in vierzehn Stücke, verstreute die Körperteile über die Erde und bestieg den Thron seines Bruders. – Isis bereiste die Weltmeere und fand dreizehn der vierzehn Teile, doch Osiris' Männlichkeit fand sie nicht. Versiert in der Kunst der Liebe, formte Isis mit ihren Händen einen Phallus aus Wachs. Und als sie den Leichnam küsste, kam der Bruder wieder zu Leben. Und aus den Freudentränen des Osiris empfing Isis ihren eingeborenen Sohn, Horus.«

Obwohl sie die Geschichte schon tausend Mal gehört hatte, war Talitha tief bewegt. Sie legte ihre Handflächen auf Titus' Wangen und küsste ihn sanft auf die Lippen.

Als der Tag sich neigte, die Sonne am Horizont verschwand, und der volle Mond in den Himmel stieg, hoben die Priester und Priesterinnen das Schiff der Isis vom Wagen, auf dem es gezogen worden war, und ließen es zu Wasser. Sie verteilten brennende Kerzen auf dem Deck und setzten das kleine Segel.

Kaum hatten sie die Vorbereitungen beendet, als auch der Wind die Richtung wechselte und begann, vom Land hinaus auf das Wasser zu wehen. Der Oberpriester löste das Tau, und das Schiff glitt langsam den Pier entlang, ohne Mannschaft an Bord fuhr es aus, wurde kleiner und kleiner, und kurz bevor es den Horizont erreichte, entzündeten die Kerzen die Planken. Die Flammen verschlangen das Segel, das Feuer reichte bis hoch in den Himmel hinauf. Das Knacken des brennenden Holzes war deutlich zu hören, als das Schiff endlich über die Kante der Erde stürzte und aus den Blicken der Menge verschwand. Isis war zurückgekehrt, sie war zu Hause bei Osiris, ihrem Bruder und Ehemann, dem Herrscher der Unterwelt.

Der Oberpriester kletterte wieder auf die Kanzel. Er las ein uraltes Gebet aus einer Schriftrolle vor, und die erwartungsvollen Zuschauer hörten andächtig zu. Als er schließlich verkündete: »Die Schifffahrtssaison ist jetzt eröffnet!«, jubelte die Festgemeinde auf, die Leute umarmten sich, tanzten miteinander und gaben sich den Kuss des Lebens, den Kuss der Isis, auf den Mund.

Satt vom Fleisch der gebratenen Opfertiere, angeheitert vom Wein, eine Spende der wohlhabenden Bürger von Nikopolis, kehrte Titus mit Talitha im Arm lange nach Mitternacht zu ihrer Wohnung zurück.

Paulus erwartete sie. Er war wütend: »Wildfremde Leute in aller Öffentlichkeit küssen! Wisst ihr denn nicht, dass unser Herr durch einen Kuss verraten wurde?«

»Der Kuss des Judas führte zu Jesu Tod«, sagte Talitha. »Aber Jesu Tod führte zum ewigen Leben für alle, die an ihn glauben. Gott hat den Kuss des Judas in den Kuss des Lebens verwandelt und Christus zum Herrscher über Himmel und Hölle gemacht.«

Paulus verschwand schnaubend in sein Zimmer.

Talitha, leicht schwankend, rief ihm hinterher: »So wie Isis' Kuss Osiris zum Gott über Leben und Tod, zum Herrscher der Unterwelt gemacht hat, so hat der Kuss des Judas Jesus zum Christus gemacht!«

Titus brachte Talitha zum gemeinsamen Schlafzimmer.

»Horus ist Christus«, lallte Talitha. »Isis ist Maria, die Frau des Vatergottes, sie hat den Geist des Lebens in Tränen empfangen…«

Nachdem sich Talitha hingelegt hatte, ging Titus zu Paulus. Paulus, der sein Leben lang einen Diener zur Verfügung gehabt hatte, fiel es schwer, sich alleine für die Nacht fertig zu machen. Auf ihrer Reise von Korinth nach Nikopolis und während der Wochen in Nikopolis hatte Titus das vertraute Ritual beibehalten. Die beiden Männer genossen diese gemeinsame Zeit.

»Morgen brechen wir nach Rom auf«, sagte Titus. »Talitha hat einen Platz für uns besorgt auf dem ersten Schiff, das morgen ausläuft.«

Paulus saß auf seinem Bett und nickte. »Sie sieht Dinge, die ich nicht sehe.«

»Wie geht es deinen Augen?«, fragte Titus.

Paulus zeigte auf vier Rollen, die neben seinem Bett lagen. »Ich habe mich so daran gewöhnt, mir vorlesen zu lassen, dass es mir schwer fällt, alleine zu lesen. Aber ich habe mich durch Sophokles' Ödipus gekämpft.«

Titus zog Paulus die Sandalen aus und massierte vorsichtig seine Füße. Auf dem langen Fußmarsch von Korinth nach Nikopolis waren einige der alten Wunden aufgebrochen und mittlerweile wieder verheilt. Paulus hatte begonnen, selbst zu schreiben, und zwischen den beiden Fingern, die die Feder hielten, hatten sich Blasen gebildet. Titus rieb die entzündeten Stellen mit einer indischen Salbe aus Zitronengras ein, die er auf dem Markt erstanden hatte. Paulus mochte den frischen Duft.

»Wie hat dir König Ödipus gefallen?«, fragte Titus und half Paulus in sein Nachthemd.

Paulus nahm Titus' Hand und hielt sie fest. Titus blieb ruhig stehen und wartete. Er mochte es nicht, wenn ihn Paulus an der Hand hielt.

»Erinnerst du dich an die Nacht, in der ich geheilt wurde?«, fragte Paulus.

»Sicher. Ich habe dich zu Phoebe gebracht. Und am nächsten Morgen hast du mich auf Chloes Hof gezerrt und bist mit mir über das Forum getanzt.«

»Du warst splitternackt«, sagte Paulus. »Ich kann's beschwören! Ich habe es gesehen!«

»Glaube mir, ich erinnere mich«, sagte Titus.

»Kennst du die Geschichte von König Ödipus?«, fragte Paulus.

»Der Mann, der mit seiner Mutter geschlafen hat?«

»Der Mann, dem Gott durch die Stimme eines Propheten verkündigen lässt, dass die Frau, die er liebt und geheiratet hat, seine Mutter ist, und der Mann, den er vor Jahren in Selbstverteidigung umgebracht hat, sein Vater war.«

Titus nickte. Er hatte das Theaterstück in Damaskus gesehen. Das Publikum war zu Tränen gerührt gewesen.

»Ödipus wird verrückt, reißt sich die Augen aus und geht freiwillig ins Exil.« Paulus schaute Titus in die Augen. »Das bin ich. Ich habe etwas Schreckliches verbrochen, und ich habe mich entschieden, meine Heimat zu verlassen und lieber blind zu sein, als mich meiner Schuld zu stellen.«

Titus löste sich von Paulus' Griff und nickte.

»Nachdem ich Phoebe meine Sünde bekannte, konnte ich wieder sehen.«

Titus nickte stumm. Er hatte immer noch nicht gelernt, mit den seltsamen Gemütsschwankungen dieses sonderbaren alten Mannes umzugehen. Er wollte ihn nicht verletzen, und Schweigen war oft die höflichste Reaktion.

Titus löschte die Flamme der Öllampe und kehrte zur Schlafkammer zurück, die er mit Talitha teilte. Sie lag auf dem Rücken, völlig angezogen, ein Arm hing vom Bett, den anderen hatte sie auf ihren schwangeren Bauch gelegt, die weiten Ärmel ihres Kleides sahen aus wie die Schwingen der Isis. Titus zog Talitha das Oberkleid aus und bedeckte sie vorsichtig mit der kilikischen Decke, die Ecken steckte er unter die Matratze so wie er es bald bei seinem eigenen Kind tun würde. Er legte eine Hand auf ihren runden Bauch und betete das aramäische Gebet, das ihm Barnabas beigebracht hatte.

Talitha schnarchte.

Rom

An Philipper (Phil 1,15-18)

Einige hier predigen Christus voller Neid und suchen Streit, andere predigen Christus mit der rechten Einstellung. Letztere tun es aus Liebe, weil sie wissen, dass ich zur Verteidigung des Evangeliums hier bin. Die aber aus Streitsucht Christus verkünden, benehmen sich unwürdig, sie würden mir, selbst wenn ich gefesselt wäre, noch Schaden zufügen wollen. Was soll's? Ob Christus nun aus List und Tücke oder in Aufrichtigkeit und Wahrheit gepredigt wird, Hauptsache, Christus wird überhaupt gepredigt! Und darüber freue ich mich ...

Martius 12 = Adar 21, erster Tag der Woche

Titus hatte sich so sehr auf Ostia gefreut, auf den Hafen Roms, in den sie einlaufen würden, dass er nicht einschlafen konnte. Er wollte auf keinen Fall das Riesenschiff verpassen, an dem sie vorbeigleiten würden, das größte Schiff, das jemals gebaut worden war. Unzählige Male hatte sein früherer Herr, der Kapitän, die Maße heruntergeleiert: das Schiff war 300 Fuß lang, sein Mast 200 Fuß hoch. Es war von Kaiser Gaius Caligula in Auftrag gegeben worden und nur für eine einzige Fahrt gebaut worden, nämlich um den angeblich größten Obelisk Ägyptens nach Ostia zu transportieren, wo er beim Bau eines neuen Leuchtturmes Verwendung finden sollte. Dieser Obelisk sollte jeden Besucher beim Einlaufen in den Hafen Roms, der Ewigen Stadt, der Hauptstadt der Welt, begrüßen.

Doch das riesige Schiff war nirgends zu sehen, und als Titus danach fragte, wollte keiner der Seeleute darüber reden. Gaius Caligula, einst der mächtigste Mann der Welt, war wenige Wochen zuvor ermordet worden. Niemand wusste so recht, was sie über seinen Nachfolger, einen entfernten Verwandten Caligulas, denken sollten. Claudius, ein kränklicher, gehbehinderter Mann mit einem schweren Sprachfehler, war von der Palastwache zum Regenten des Römischen Reiches ausgerufen worden, angeblich gegen seinen eigenen Willen. Es reichte schon, sich laut nach Caligula zu erkundigen, um in Schwierigkeiten zu geraten.

Was sie in Athen erlebt hatten, wiederholte sich in Ostia. Niemand wollte Judäer auf einem Fuhrwerk oder in einem Wagen mitnehmen. Aber die Strecke mit der hochschwangeren Talitha und dem hinkenden Paulus zu Fuß zu bestreiten, war ausgeschlossen. Mittags nahm Paulus seinen Stock, spielte den blinden Mann und ging über die befahrene Straße. Ein Kutscher hielt aus Mitleid an und brachte die drei Reisenden zu einer judäischen Herberge in einem Außenbezirk der Stadt. Die Fahrt dauerte drei Stunden.

Paulus ging es nicht gut. Seine Füße taten ihm weh. Talitha gab Titus eine Silbermünze und bat ihn, den Preis für die Unterkunft auszuhandeln, während sie sich um Paulus kümmerte.

»Wir brauchen eine Wohnung für zwei Wochen«, sagte Titus.

Der Herbergswirt, der sie aus der Entfernung beobachtet hatte, antwortete auf Hebräisch.

Titus wies auf Paulus. »Mein Freund spricht Hebräisch.«

Der Wirt lächelte. »In diesem Fall erhaltet ihr eine Ermäßigung. Es gibt hier nämlich viel zu viele griechische Judäer, die die Heiligen Schriften in ihrer ursprünglichen Sprache nicht lesen können. Aber das hält sie nicht davon ab, uns ständig zu belehren.«

Paulus, der die Unterhaltung nicht gehört hatte, drehte sich ihnen zu und rief über den Hof: »Wo treffen sich denn die Judäer heute Abend, die an Christus Jesus glauben, mein Bruder?«

»Keine Ermäßigung«, sagte der Wirt zu Titus und verzog das Gesicht. »Ich kann diese Sektierer nicht leiden.«

Sie waren sehr enttäuscht, als sie die Wohnung betraten. Sie bestand aus einem einzigen, großen Zimmer, das nicht mit der Herberge verbunden war. Der Raum lag im Erdgeschoss und die Eingangstür führte direkt hinaus auf die sehr befahrene Straße. Licht drang nur durch zwei winzige Öffnungen, ganz oben in der Wand. Titus schloss die Tür, und sie warteten, bis sich ihre Augen an das Dämmerlicht gewöhnt hatten.

»Ich muss aus diesen Kleidern raus«, sagte Talitha und begann, ihr Bündel auszupacken. »Ich habe dasselbe Kleid eine ganze Woche lang getragen.«

Titus hielt die kilikische Decke hoch, damit sich Talitha, von Paulus'
Blick geschützt, ausziehen und waschen konnte.

»Wie viel Geld haben wir noch?«, fragte Talitha, während sie sich die
Haare wusch.

»Ich habe dem Wirt die Silbermünze gegeben. Er hat mir nichts zu-
rückgegeben.«

»Was?«, rief Talitha. »Eine ganze Silbermünze? Das war alles, was
übrig war! Ich hätte dir niemals trauen sollen! Du kannst nicht einmal die einfachsten Aufgaben selbständig ausführen!« Talitha vergrub ihr Gesicht in den Händen und begann zu weinen.

Titus zuckte hilflos mit den Achseln.

Paulus, der auf dem Bett saß und ihnen zuhörte, verdrehte plötzlich
die Augen und sank langsam zur Seite. Titus ließ sofort die Decke
fallen und kam Paulus zu Hilfe. Der alte Mann klammerte sich an
Titus' Arm.

»Das ist das erste Mal, dass er einen Anfall hat, seit wir Korinth
verlassen haben«, sagte Titus und blickte über seine Schulter zu Talitha.

Talitha, immer noch nackt, war in die Hocke gegangen, den Rücken
zu Titus und Paulus gekehrt. Sie bedeckte ihr Gesicht mit den Händen und weinte. Nach einer Weile stand sie langsam auf, zog sich an,
kämmte ihre nassen Haare und verließ die Wohnung ohne ein weiteres Wort. Titus überlegte, ob er ihr nachgehen sollte, doch Paulus
hielt seinen Arm immer noch fest.

Talitha kam nicht zurück.

So unglücklich der Wirt auch gewesen war über die religiöse Überzeugung seiner neuen Gäste, er war doch höflich und professionell
genug, um ihnen den Weg zum nächstgelegenen Treffpunkt der
Nachfolger des Christus Jesus zu beschreiben: Sie versammelten sich
im Gasthaus eines Griechisch sprechenden Judäers aus Syrien.

Paulus hatte sich schnell von seinem Anfall erholt. »Ein wenig ver-
spätet zu erscheinen, steht zwei Weltreisenden aus Damaskus gut zu
Gesicht«, sagte er. »Wir werden einen großen Auftritt haben!«

Sie erreichten das Gebäude ungefähr eine Stunde nach Einbruch
der Dunkelheit. Vier große Speisezimmer, jedes hatte Liegeplätze

für fünfzehn Personen, waren über einen Innenhof miteinander verbunden, wo der Vorsitzende der Gemeinde, der Bischof, stand.

Die Gemeinde hatte gerade begonnen, den rituellen Becher Wein herumzureichen, als Paulus und Titus den Hof betraten.

»Wer bist du?«, fragte der Bischof Titus.

Doch bevor Titus antworten konnte, sagte Paulus: »Ich bin Paulus von Damaskus. Ich war blind, aber jetzt kann ich sehen.«

»Wer bist du?«, fragte der Bischof Titus erneut, ohne Paulus auch nur eines Blickes zu würdigen.

Paulus antwortete wieder, bevor Titus etwas sagen konnte. »Ich habe einen langen Brief an die Gemeinden der Christusgläubigen in Rom geschrieben, in denen ich mich vorgestellt habe.«

»Wir erhalten viele Briefe«, rief eine Männerstimme aus einem der Speisesäle. »Die meisten reisen hier durch auf dem Weg in den Westen, wollen die hohen Zimmerpreise nicht zahlen und suchen bloß eine billige Unterkunft. Vor allem Geschäftsleute aus Damaskus!«

Einige lachten. Titus war die Situation peinlich. War ihr Verhalten wirklich so berechenbar? »Aus Prinzip schenken wir Empfehlungsbriefen keinerlei Beachtung, vor allem nicht den langen Briefen!«, ergänzte der Mann mit lauter Stimme, und wieder lachten einige.

Der Bischof hob die Arme. »Wer bist du?«, fragte er Titus zum dritten Mal.

Und zum dritten Mal antwortete Paulus, bevor Titus ein Wort herausbrachte: »Ich bin ein Diener Jesu Christi. Gott hat mich zum Apostel berufen. Er hat mich auserwählt, das Evangelium zu verkünden, das Gott der Herr vor langer Zeit durch die Propheten der Heiligen Schriften versprochen hatte.«

Endlich wandte sich der Bischof an Paulus. »Wenn du ein Apostel Jesu bist, dann kannst du drei Tage lang bei uns wohnen. Aber nicht einen Tag länger.«

»Ich kann für meine Unterkunft selbst aufkommen«, erwiderte Paulus. »Meine Dienste kosten euch nichts.«

»Dann bist du auch kein wahrer Apostel Jesu«, sagte der Bischof.

Schweißtropfen bildeten sich auf Paulus' Stirn. Das Gespräch verlief nicht so, wie er es sich vorgestellt hatte.

Der Bischof wandte sich wieder Titus zu. »Bist du beschnitten?«

»Beschnitten am achten Tage nach der Geburt, wie es das Gesetz verlangt«, sagte Paulus bevor Titus antwortete. »Das Blut Jakobs fließt durch meine Adern. Ich bin vom Stamm Benjamin, ich rede und bete wie meine Vorfahren auf Hebräisch ...«

»Und was ist mit deinem Gefährten hier, der Mann, der scheinbar nicht reden kann?« Der Bischof zeigte auf Titus. »Ist er beschnitten?«

»Er kann auch ohne Beschneidung ein wahrer Sohn Israels sein«, sagte Paulus.

»Israel hatte nur einen wahren Sohn, Jakob. Oder willst du uns erklären, dass Esau auch ein wahrer Sohn Israels ist?«

Paulus' Gesicht leuchtete auf, doch Titus seufzte. Wenn es ums Argumentieren ging, konnten nur wenige Paulus das Wasser reichen.

»Gut, wenn Esau nicht ein wahrer Sohn Israels ist – wie du es anzudeuten scheinst –, dann ist die Beschneidung sicherlich nicht das, was einen wahren Sohn Israels ausmacht«, sagte Paulus. »Denn Esau war beschnitten! Es ist die Beschneidung des Herzens, die zählt, nicht die Beschneidung des Penis! Meinst du nicht auch?«

»Jetzt ist nicht der richtige Zeitpunkt für eine Debatte«, sagte der Bischof. »Unsere Gemeinde erkennt nur Beschnittene an. Erst musst du Sohn Israels werden, dann kann dich der Messias erlösen.« Der Bischof wandte sich an Titus: »Ich weiß, andere Gemeinden sehen das anders, aber ich bitte dich, unsere Überzeugung zu respektieren.«

Der Bischof reichte Paulus den Becher. »Willkommen, mein Bruder. Das Blut Christi, für dich gegeben.«

Paulus nahm den Becher, trank daraus, drehte sich um und reichte ihn Titus.

Titus ging Paulus' Verhalten auf die Nerven. Hatte der Bischof nicht klar gemacht, dass er, Titus, nicht am Ritual teilnehmen durfte?

»Zum wahren Israel Gottes! Trink!«, befahl Paulus und drückte den Becher an Titus' Lippen.

Titus nahm einen Schluck, doch Paulus hielt den Becher schräg, sodass er weitertrinken musste. Titus verschluckte sich, hustete, und verschüttete den Rotwein über seine Tunika.

Der Bischof war jetzt wütend. Einige Männer standen auf und wären womöglich noch handgreiflich geworden, hätte Paulus nicht seine Arme gehoben und sich auf den Weg zum Ausgang begeben.

Titus ging voraus, Paulus' Hand ruhte schwer auf seiner Schulter, so wie früher, als er noch blind war. Wieder im Zimmer angekommen, half ihm Titus, die Sandalen auszuziehen. Der Verband an den Füßen war blutig.

Nachdem er Paulus' Füße mit Seife gereinigt und mit sauberen Leinenstreifen verbunden hatte, brachte er ihn zu Bett und legte sich ebenfalls hin. Sein Kopf pochte, Wein auf leerem Magen bekam ihm nicht. Und wo war Talitha? Was hatte er bloß wieder falsch gemacht?

»Alles wird gut für die, die Gott lieben«, hatte Paulus in Korinth gesagt. Doch er, Titus, liebte er den judäischen Gott? Und warum sollte er? Wenn die Belohnung darin bestand, dass man, wie Paulus, von den eigenen Glaubensgenossen verachtet wurde? Oder, wie Talitha, sich ständig von seinem Geliebten betrogen fühlte? Warum sollte er Gott den Herrn lieben? Warum sollte er die Große Mutter anbeten?

Als Talitha die gemietete Wohnung verließ, traf sie der Straßenlärm wie eine Keule. Leute schrien so laut sie konnten, Pferdewagen ratterten vorbei, sogar die Schuhe der Fußgänger klapperten auf den Pflastersteinen, und all die Geräusche hallten und wurden durch die hohen Gebäude verstärkt, die die Straße auf beiden Seiten säumten. Ein Wagen hielt an, eine Frauenstimme rief auf Griechisch: »Möchtest du in die Innenstadt?«

Talitha zögerte nicht. Sie nahm die ausgestreckte Hand dankbar an und kletterte in den Wagen.

»Artemis-Rot«, sagte Talitha und berührte das Kleid der Frau.

»Gepriesen sei die Große Mutter! Sie ist überall!«, antwortete die Frau.

»Euodia!«, rief Talitha und fiel in die Arme der Freundin.

»Talitha«, antwortete Euodia. »Komm mit mir zum Stein der Kybele.«

Sobald sich der Wagen in Bewegung setzte, machte der Lärm, den die mit Eisen beschlagenen Räder auf der gepflasterten Straße erzeugten, jede Unterhaltung unmöglich. Talithas Herz schlug höher. Ihr Bauch schmerzte. Titus hatte das letzte Geld vergeudet, weil er zu dumm war, einen angemessenen Preis mit einem geizigen Wirt auszuhandeln, und dann hatte er sie nackt auf dem Boden liegen lassen. Langsam beruhigte sie sich. Wieder in der Nähe der Großen Mutter zu sein, würde sie trösten. So wie Isis einen Delphin gesandt hatte, um den schiffbrüchigen korinthischen Sänger zu retten, so hatte die Große Mutter auf wunderbare Weise Euodia gesandt, um Talitha beizustehen. Euodia war ein Engel, daran bestand kein Zweifel.

Als der Wagen anhielt, fragte Talitha: »Kybeles Tempel?«

»Hier in Rom nennen wir sie Sybille«, sagte ein Priester in fehlerlosem Griechisch und reichte seine Hand, um Talitha beim Aussteigen zu helfen. »Oder nur Magna Mater, die Große Mutter. Kommt und berührt den schwarzen Stein, der vom Himmel gefallen ist!«

»Römische Generäle haben den Stein aus dem phrygischen Pessinus gestohlen«, sagte Euodia und gab dem Priester eine Münze.

»Zufall oder nicht«, entgegnete der Priester und steckte das Geld ein, »aber nachdem Kybele hier eintraf, haben wir Römer Hannibal geschlagen und den Krieg gegen Karthago gewonnen.«

Talitha und Euodia gingen langsam die Stufen zum Tempel hinauf. Auf halbem Weg war Talitha völlig außer Atem und musste sich ausruhen. Der Tempel überblickte die Stadt, ein Meer von kleinen Lichtern.

»Und was ist mit den Ritualen? Hat Kybele ihren Liebhaber Attis mitgebracht?«, fragte Talitha.

Der Priester lachte. »Das hat sie fürwahr! Sie hat den Senat das Fürchten gelehrt. Sie mussten neue Gesetze erlassen, die es einem römischen Bürger verboten, der Göttin seine Männlichkeit zu opfern. Ich befürchte, Attis musste ausziehen. Und persönlich, wenn ich mir die Bemerkung erlauben darf, bin ich ganz froh, dass ich körperlich unversehrt bin, wenn ihr wisst, was ich meine.«

»Also keine Selbstkastration mit einer Scherbe?«, sagte Euodia zu Talitha. »Wirklich schade. Mir hat das Spektakel immer besonders gut gefallen. Es war mein Lieblingsritual.«

Der Priester verbeugte sich wortlos und ging.

Die beiden Frauen betraten das Heiligtum und reihten sich in die lange Schlange derjenigen ein, die der Großen Mutter an jenem Abend die Ehre erwiesen.

»Einige Römer nennen Kybele sogar die Syrische Göttin«, sagte Euodia.

»Die Göttin hat …«, begann Talitha, »viele Namen«, beendete Euodia den Satz.

Als die beiden Frauen an der Reihe waren, trat Euodia vor und kniete vor dem Altar nieder. Sie hob kurz ihren Schleier und berührte den schwarzen Stein mit den Fingerspitzen, küsste ihn, flüsterte ein kurzes Gebet und ging weiter.

Dann kniete Talitha nieder. Der Stein war viel kleiner, als sie erwartet hatte, eine dunkle Nadel, die kunstvoll in Silber gefasst war. Talitha streckte die Hand aus und berührte die glatte Oberfläche. Der Stein fühlte sich eisig an und die Kühle wanderte durch ihre Finger über die Arme in ihre Brust. Sie zog die Hand zurück, bevor die Kälte das Kind erreichte. Die große, dicke Kybele saß unbekleidet auf einem steinernen Thron, der von zwei Löwinnen getragen wurde, die knurrend und mit glühenden Augen drohend die schwangere Talitha anstarrten, während die Göttin ihren Kopf zur Seite drehte und ihren Blick von der werdenden Mutter abwandte.

Das war nicht die Große Mutter, die Talithas Herz im Boot auf dem galiläischen Meer bewegt hatte, von der die Frauen in der Felsgrotte in Jerusalem erzählt hatten und die Titus zu Artemis' Tempel in Ephesus geführt hatte. Dies war nicht die Göttin, die sie und Hellene unter dem Felsvorsprung in Philippi getröstet hatte, die Korinth und seine Häfen hoch vom Berg aus bewachte, die die Pforten des Hades geöffnet hatte, damit Talitha noch ein letztes Mal mit ihrer Mutter reden konnte. Diese Statue war die Statue eines Monsters aus einer längst vergangenen Ära, eine Gefahr für die Gegenwart, ein zorniges und herzloses Weib, die in ihrer Jugend jeden Mann haben konnte, den sie begehrte, aber jetzt, alt und verbittert, dazu verdammt war, still vor ihrem gestohlenen Stein zu sitzen, eine Fremde in einem fremden Land, misshandelt, entehrt und ihres Geliebten Attis beraubt.

Den Kopf immer noch zur Seite gewandt, sprach die Göttin, mit tiefer, fast männlicher Stimme:

Wehe dir, Babylon, Hauptstadt der Welt!
Deine Stunde wird kommen und ist schon da.

Plötzlich erlosch das Feuer in den Augen der Löwinnen, sie verwandelten sich in Esel, auch Kybele war wieder zu totem Stein erstarrt. Talitha zitterte am ganzen Körper. Sie stand auf und machte der nächsten Frau Platz. »Wehe dir, Rom!«, flüsterte sie. »Wehe dir, wenn dich die Rache der Großen Göttin trifft!«

Talitha verbrachte die Nacht in Euodias Wohnung. Zu müde, um sich noch zu unterhalten, gingen sie gleich zu Bett. Talitha schlief im Vorzimmer, Euodia im Schlafzimmer.

Am nächsten Morgen wachte Talitha früh auf. Das Kind trat gegen ihre Bauchdecke. Wie lange würde es noch bis zur Geburt dauern? Zwei Wochen? Vier? Euodia war bereits auf und stand in der Mitte des Zimmers, über ein Becken gebeugt, und wusch sich die Haare. Die Wände waren mit neuen, ungetragenen Kleidern behängt, viele davon in Artemis-Rot. Die Liegen waren mit Stoffen drapiert, die in verschiedenen Rottönen eingefärbt waren. Kochtöpfe und ein Kessel standen in einer Ecke des Zimmers, Becher und Teller waren in einem Regal sorgsam aufgestapelt. Die massive Eingangstür war von innen verriegelt, aber die ersten Sonnenstrahlen drangen durch zwei Fenster und erleuchteten die farbigen Mosaikböden. Es schien, dass der Raum genutzt wurde, um Gäste zu empfangen und zu bewirten, aber auch um Ware aus Hellenes Tarsus-Laden auszustellen.

»Wie lange wohnst du schon hier?«

»Ungefähr drei Monate«, sagte Euodia. »Ich kam mit Epaphroditus. Er wurde krank und alle dachten, er würde sterben. Ich habe ihn gesund gepflegt.«

»Wo ist er jetzt?«

»Er wohnt bei Jason und Lucius, den Verlegern.«

»Warum bist du nach Rom gekommen?«, fragte Talitha.

»Es war Hellenes Idee. Sie bat mich, hier den ersten Tarsus Laden zu eröffnen«, sagte Euodia. »Epaphroditus hat Geld für Paulus von der Gemeinde Gottes in Philippi mitgebracht. Erastus ließ uns wissen, dass Paulus nicht von Korinth mit der Kollekte nach Jerusalem abgereist war, und hat angedeutet, dass Paulus sich irgendwo versteckt hielt. Wir wussten von Hellene, dass Paulus über Rom nach Spanien reisen wollte. Und plötzlich erinnerten sich alle an den visionären

Traum von Epaphroditus' Frau, den Paulus bestätigt hatte: Sie hatte ihren Mann und Paulus gemeinsam in Rom gesehen. Die Gemeinde beschloss, Epaphroditus und mich mit dem Geld auf die Reise zu schicken.«

Euodia stieß aus Versehen das Becken um, über dem sie sich die Haare wusch. Das Wasser floss über den Mosaikboden, und wie durch Zauberei kehrten die Farben in die matten Steinchen zurück. Zwei Szenen kamen zum Vorschein, aus dem Leben der Demeter, der Göttin der Reinheit und Vergebung, der Talitha zusammen mit Chloe und Titus auf dem Berg in Korinth ihre Reverenz erwiesen hatte.

Das erste Bild zeigte, wie Demeter von Zeus vergewaltigt wurde, einem Akt, dem Demeters geliebte Tochter Persephone entsprang. Das zweite Bild zeigte, wie Demeter von Poseidon vergewaltigt wurde, als sie auf der Suche nach Persephone war, die von Hades verführt und in die Unterwelt verschleppt worden war.

»Warum gehen Männer so brutal mit uns Frauen um?«, sagte Talitha. »Sogar Göttinnen wird Gewalt angetan.«

»Nicht Kybele!«, erwiderte Euodia. »Sie überredet ihre Liebhaber, sich selbst zu kastrieren! Kannst du dir einen Mythos vorstellen, der Männer noch mehr erniedrigen könnte als dieser?«

»Das kann ich sehr wohl«, sagte Talitha. »Nichts würde einen Mann mehr demütigen, als eine fromme Geschichte über eine attraktive, begehrenswerten Jungfrau, die vom Geist Gottes schwanger wird und einen Jungen, also einen anderen Mann, zur Welt bringt. In solch einer Geschichte wird Männlichkeit nicht mehr gebraucht, sie würde auch mit Eunuchen funktionieren. Selbstkastration ist nicht mehr nötig.«

Euodia starrte Talitha an. »Wer wäre so grausam und gemein, sich eine solche Geschichte auszudenken? Eine Göttin, die ohne Mann schwanger wird, die Mutter und ewige Jungfrau gleichzeitig ist? Wer würde so eine Geschichte glauben?«

»Die Nachfolger Christi?«, fragte Talitha.

Titus stellte fest, dass es durchaus auch Vorteile gab, wenn man für ein Zimmer mehr bezahlte, als üblich war. Man erhielt Frühstück. Und das war noch nicht alles.

»Falls ihr in die Innenstadt müsst, stehen euch mein Wagen und Fahrer zur Verfügung«, sagte der Wirt, während er Paulus und Titus im Hof Fladenbrote mit Ziegenkäse und Honig auftrug, und dazu Kräutertee und warme Milch servierte. »Das ist alles im Preis eingeschlossen.«

Titus genoss das Frühstück, er hatte am Vortag nichts zu essen bekommen. Doch Paulus war ungeduldig und kaute lustlos an einem Stück Brot. Er wollte aufbrechen. Er trug den runden Lederbehälter unter dem Arm, den ihm Clemens in Philippi mitgegeben hatte und der seine Schreibgeräte enthielt und die Texte, die er in Nikopolis verfasst hatte.

Sobald sie in den Wagen eingestiegen waren, gab Paulus dem Fahrer Anweisungen:

Vertumnum Ianumque, liber, spectare videris.

Der Fahrer lachte und antwortete auf Latein.

»Was hat er gesagt?«, fragte Titus.

»Er sagt, es sei das erste Mal, dass ihm jemand eine Straßenadresse in Hexametern mitteilt.«

Die Verlagsbuchhandlung der Gebrüder Sosius nahm das ganze Erdgeschoss eines dreistöckigen Gebäudes ein. Auf Holztafeln, die in den Arkaden vor dem Eingang aushingen, waren die lieferbaren Titel angezeigt, die Textlänge eines jeden Buchs, und der Grundpreis. Luxusausgaben wurden auf Bestellung und gegen Vorkasse ausgeführt, für diese wurde der Preis einzeln ausgehandelt. Auf einem niedrigen Tisch waren Rollen ausgestellt, sorgfältig gesichert mit einem kräftigen Lederriemen, der fest mit der Wand verbunden war. Der große Verkaufsraum selbst war nicht ausgeschmückt, drei der vier Wände waren vom Boden bis zur Decke mit Bücherregalen ausgestattet. Aus einem Hinterzimmer drang Lucius' vertraute Stimme.

»Dadurch, dass wir unsere Bücher durch Diktat vervielfältigen, können wir bis zu tausend Kopien eines umfangreichen Buches wie Homers Odyssee in zwei Wochen herstellen«, kommentierte der Mann hinter dem Verkaufstisch Titus' Blick zum Hinterzimmer.

»Bist du Jason von Korinth, der Besitzer?«, fragte Paulus.

Die Stimme im Hinterzimmer schwieg. Lucius steckte seinen Kopf durch die Tür und rief: »Titus! Paulus!«

Und noch bevor Paulus den Gruß erwidern konnte, drehte sich ein Kunde um, der gerade die Bücherregale inspizierte, und verbeugte sich. »Ich habe dein Buch gesehen. Es liegt vor dem Geschäft aus. Ich fühle mich geehrt. Nicht jeden Tag hat man die Gelegenheit, einen Autor zu treffen! Falls ich ein Buch kaufe, würdest du es signieren?«

Lucius grinste. Jason brachte eine Rolle, tauchte einen Federkiel in ein Tintenfass und reichte ihn Paulus. Paulus schrieb einen Absatz am Ende des Buches. Nachdem die Tinte getrocknet war, nahm der Kunde die Rolle an sich und las vor: »Ehre sei Gott, der die Schwachen stark macht nach meinem Evangelium und nach der Lehre Jesu Christi.«

Der Kunde bezahlte und verließ den Laden überglücklich.

»Titus, ich habe gehört, du bist jetzt ein freier Mann, aber ich sehe auch, dass du nicht in der Lage bist, deine Tunika sauber zu halten!«, neckte Lucius und zeigte auf die Rotweinflecken auf Titus' Gewand.

»Das ist gestern Abend passiert, während …«

Jason unterbrach ihn: »… während des Gottesdienstes. Wir haben davon gehört. Ihr habt einen großen Auftritt gehabt. Es hat sich sofort herumgesprochen. Paulus, du bist über Nacht zu einer ziemlichen Berühmtheit unter den Christusgläubigen geworden. Willkommen in Rom!«

Paulus strahlte. Er legte Clemens' Lederbehälter auf den Verkaufstisch. »Ich hab hier was für dich. Ich habe den ganzen Winter daran gearbeitet.«

Jason nahm eine Schriftrolle aus dem Behälter und öffnete sie.

»Ich habe einen Brief geschrieben, in dem ich alles erkläre: Wie oft und warum ich in Jerusalem war, was Kephas, Jakobus und Johannes mit mir vereinbart hatten, und warum ich Kephas in Antiochien öffentlich bloßgestellt habe.«

»Kontroverser Stoff«, sagte Jason. »Genau das, was sich verkauft. Freund und Feind ist an so etwas interessiert.«

»Wir könnten die Schrift als Anhang zu dem Buch aufnehmen, das wir gerade vertreiben: An Römer, An Korinther A, An Korinther B«,

sagte Lucius. »Wie sollen wir die neue Schrift denn nennen?«
Titus war sich ziemlich sicher, dass Paulus der Titel ganz gleich war,
solange die Schrift kopiert und verbreitet wurde.

»Ich möchte, dass die Kollegen in Jerusalem den Brief lesen«, sagte
Paulus. »Aber ich habe ihn formuliert, als wäre er an bestimmte Gemeindeglieder aus Galatien gerichtet, die mich einmal in Ephesus
um Rat gebeten haben.«

»Wie klingt ›An Galater‹ als Titel?«, fragte Lucius seinen Bruder Jason.

»Das passt zu den anderen Titeln und ist allgemein genug, da es an
eine ganze Provinz oder Gegend gerichtet ist. So kann sich auch keine
Einzelgemeinde beschweren, dass sie den Brief nie gesehen hat.«
Paulus nickte.

Ein Botenjunge kam eilig ins Geschäft gelaufen. Jason nahm den
Brief an, gab dem Jungen eine kleine Münze und brach das Siegel
auf. Überrascht sagte er: »Es geht um dich, Paulus! Kephas bittet um
einen Besuch. Heute noch, wenn es geht, er würde sich freuen, dich
zu sehen.«

»Wie konnte er wissen, dass ich in deinem Laden bin?«, fragte Paulus.

»Wenn es um Gerüchte geht, ist Rom ein Dorf«, antwortete Lucius.

»Ich werde die Einladung nicht annehmen«, entschied Paulus. »Ich
habe zu lange darauf gewartet, mich mit Verlegern wie euch, Lucius
und Jason, zu unterhalten.«

»Ich könnte gehen«, bot sich Titus an. Ein Besuch bei Kephas erschien ihm unterhaltsamer, als den Tag in einem Buchladen zu verbringen.

»Warum nicht?«, sagte Paulus. »Wahrscheinlich ist Kephas eifersüchtig. Er hat den ganzen Winter in Rom verbracht, und niemand
hat es zur Kenntnis genommen. Ich tauche am Abend auf, und am
nächsten Morgen spricht die ganze Stadt von mir!«

Kephas wohnte in einem Privathaus, eine halbe Stunde zu Fuß vom
Laden der Gebrüder Sosius entfernt. Der Botenjunge zeigte Titus den Weg und sprach mit der Wache, die vor dem Eingang des
Hauses stand. Sobald Titus den Hof betrat, hörte er Silvanus' vertraute Stimme.

Die beiden Männer umarmten sich und küssten sich auf die Wange.

»Arbeitest du jetzt für Kephas?«, fragte Titus.

»Tue mir einen Gefallen und nenne ihn Petrus. Judäer sind hier nicht gern gesehen und aramäische Namen fallen auf«, antwortete Silvanus. »Ja, ich arbeite jetzt für Petrus, die Arbeitsbedingungen sind phantastisch!« Er grinste und zeigte auf das massive Steingebäude.

Der Innenhof war der geräumigste, den Titus je in einem Privathaus gesehen hatte, fast so groß wie der Hof in der Herberge, in der sie untergekommen waren, und entlang der Wände waren Büsche mit roten Blüten und Zierbäumchen in bemalten Tontöpfen aufgestellt.

Heute ist nicht allzu viel los«, sagte Silvanus »Acht Leute sind vor dir dran, die mit Petrus reden wollen. Mach es dir bequem, ich gebe dir Bescheid, wenn du an der Reihe bist.«

Zwei Stunden später kehrte Silvanus zurück und zeigte Titus den Weg zum Geschäftszimmer. Die drei großen Liegeflächen boten Raum für bis zu neun Personen. Die Gestelle waren aus Ebenholz geschnitzt und mit Gold und Perlmutt ausgelegt, die weichen Kissen mit teurem Stoff aus Damaskus bezogen. Alles in diesem Raum war geschmackvoll zusammengestellt und zeugte von ungeheurem Wohlstand. Titus starrte auf das Mosaik im Fußboden: Nackte Soldaten, die nichts als ihre Helme anhatten, brachten mit gezückten Schwertern junge Frauen in ihre Gewalt, andere ritten mit den entblößten Schönheiten davon.

»Die Vergewaltigung der Sabinerinnen durch die ersten Siedler Roms«, bemerkte Kephas in seinem unverkennbaren aramäischen Akzent, als er den Raum betrat und Titus willkommen hieß. »Jesus hat uns ausgesandt mit den Worten: Wenn du in ein Dorf kommst, finde heraus, wer reich ist, und wohne bei ihm bis du weiterziehst. Na ja, in einem Dorf wie Rom sind die Reichen wirklich reich.«

Kephas nahm Titus in den Arm und küsste ihn auf die Wangen. »Wo haben wir uns zuletzt gesehen? In Jerusalem?«

»In Antiochien«, sagte Titus.

»Natürlich. Antiochien. Ihr seid mitten in der Nacht abgereist. Paulus ist ein seltsamer Mensch! Er nimmt alles viel zu ernst.« Kephas schüttelte den Kopf und lächelte. »Wie ist es dir ergangen? Ich habe gehört, Paulus hat dich freigelassen?«

Kephas erwartete keine Antwort. Er setzte sich und forderte Titus mit einer Handbewegung auf, ebenfalls Platz zu nehmen. Mehrere Schriftrollen waren über den niedrigen Tisch verteilt, der vor ihnen stand. Einige waren mit hebräischen, andere mit griechischen und wieder andere mit lateinischen Buchstaben beschrieben. Kephas, der sich in der Öffentlichkeit als einfacher Fischer aus Galiläa vorstellte, konnte offensichtlich in drei Sprachen lesen und schreiben. Als Titus diesen frühesten Nachfolger Jesu zum ersten Mal vor fast einem Jahr in Jerusalem getroffen hatte, hatte ihn Kephas beeindruckt, weil er ihn, den Sklaven, wie einen freien, gleichberechtigten Mann behandelt hatte.

Zwei Silberbecher mit kaltem Fruchtsaft wurden serviert.

»Granatapfel«, sagte Titus, als er davon kostete. »Seit ich Syrien verlassen habe, habe ich keinen Granatapfelsaft mehr getrunken.«

»Ich hatte gehofft, du würdest ihn schätzen«, sagte Kephas. »Lass mich gleich auf den Punkt kommen. Was genau hat Paulus verbrochen? Warum hat der nabatäische König Aretas versucht, ihn zu verhaften?«

»Ich weiß es nicht.«

Kephas sah Titus in die Augen. »Du weißt es nicht, oder du willst es mir nicht sagen?«

Titus schwieg.

Kephas zog die Augenbrauen zusammen. »Ich werde offen sein mit dir. Und du kannst Paulus berichten, was immer du für nötig hältst. Vor sechs Wochen wurde Claudius zum Kaiser ausgerufen. Die judäische Bevölkerung hier hofft, dass sie sich mit Claudius besser arrangieren kann, als es ihnen mit seinem Vorgänger, Kaiser Caligula, gelungen war. Einer der Wege, wie sie das erreichen könnten, ist, den Römern zu helfen, den Frieden mit den Nabatäern zu bewahren. Und nun kommt Paulus und brüstet sich öffentlich, dass Aretas hinter ihm her war, ihn aber nicht fassen konnte. Prinz Agrippa, der Enkel des Großen Herodes, wohnt in Rom. Er war einer der Ersten, die Claudius' Wahl zum Kaiser unterstützten, und wahrscheinlich wird er eines Tages König von Judäa sein. Für Paulus ist die Geschichte, dass er Aretas entkommen ist, nur ein Schwank aus seinem Leben, doch für die Judäer hier in Rom stellt sein Abenteuer eine ernsthafte Gefahr dar.

Sie wollen vom neuen Kaiser als staatstreue Bürger gewürdigt und nicht wie Hunde aus der Stadt gejagt werden. Verstehst du, warum ich herausfinden will, was Aretas gegen Paulus in der Hand hatte?«

Titus nickte. Er verstand. Kephas dachte nicht wie ein armer Fischer aus Galiläa, er argumentierte wie ein erfahrener Politiker, der versuchte, die Interessen seiner Landsleute zu vertreten. Wie weit würde Kephas gehen? Könnte er Paulus gefährlich werden?

»Wenn du weißt, warum es die Nabatäer auf Paulus abgesehen hatten, teil es mir bitte mit«, sagte Kephas.

»Während Paulus' Aufenthalt in Bosra wurden alle judäischen Geschäftsleute von König Aretas enteignet«, begann Titus.

»Aretas rächte sich für die Schande, die über seine Tochter gebracht wurde, als sich Herodes von ihr scheiden ließ«, sagte Kephas. »Mein Sohn wurde damals als Soldat rekrutiert, er ist gegen Aretas in die Schlacht gezogen und verwundet worden.«

»Paulus bestach Aretas' Statthalter und versprach ihm eine enorme Summe, wenn er ihn laufen lasse. Doch Paulus hat nicht bezahlt. Und deshalb hat der Statthalter, selbst nach dem Tod des Aretas, versucht, Paulus zu ergreifen.«

»Kann das jemand bestätigen?«, fragte Kephas.

»Andronicus und Iunia in Ephesus haben es mir erzählt. Sie lebten zu der Zeit in Bosra.«

Kephas senkte den Blick und dachte nach. »Diese Bestechung hat also nichts mit Paulus' Glauben an Christus zu tun, richtig?«

Titus wurde misstrauisch.

Kephas lachte. »Titus, versteh mich recht, es ist bewundernswert, dass Paulus sich weigerte, Bestechungsgelder zu zahlen. Betrüger zu betrügen ist keine Sünde. Doch für die Christusgläubigen in dieser Stadt ist es beruhigend zu wissen, dass seine Probleme nicht mit seinem Glauben zusammenhängen oder mit seiner Predigt. Er war lediglich Opfer des weltweiten, ewigen Judäerhasses. Das ist alles.«

»Lediglich ein Opfer? Das ist alles?«, wiederholte Titus und musterte Kephas. Dieser Mann lebte ein Leben in Reichtum und Luxus, doch sah er sich selbst als arm, als jemand, der nichts besaß. Paulus dagegen, ein Geschäftsmann, der sein Leben lang im Dienste seiner Familie hart gearbeitet hatte und trotzdem kurz vor dem Bankrott stand, wurde von den Frommen in Jerusalem als reich, gesetzesfeindlich und dekadent beschimpft, als jemand, der das Gebot Jesu, auf Besitz zu verzichten und in Armut zu leben, bewusst gebrochen hatte.

»Ich denke, die Judäer in Rom werden einem Landsmann in Not zur Seite stehen«, sagte Kephas. »Schließlich ist Paulus aus dem Stamm Benjamin, ein wahres Kind Israels. Aber für die wenigen Christusgläubigen unter ihnen besteht kein Anlass zur Sorge. Paulus' Anklage hat nichts mit seiner Verkündigung zu tun. Ich werde Silvanus zu euch senden, sobald das Treffen der judäischen Führer heute Abend zu Ende geht.«

Kephas stand auf. Für ihn war die Besprechung zu Ende. Als er sich erhob, stieß er gegen den niedrigen Tisch. Einer der silbernen Becher kippte um, fiel auf den Boden und ergoss den roten Granatapfelsaft über den nackten Körper einer Sabinerin.

Titus kehrte zum Buchladen der Gebrüder Sosius zurück. Lucius war noch im Hinterzimmer und diktierte, während sich Jason um einen Kunden kümmerte. Titus war erstaunt, neben Paulus Epaphroditus, den kleinen, runden Buchhalter des Clemens von Philippi, stehen zu sehen.

»Titus«, sagte Paulus, »mein Traum ist wahr geworden: Epaphroditus wurde auf der Überfahrt von Philippi nach Rom krank und ist fast gestorben!« Paulus strahlte. »Mein Traum, Spanien zu erreichen, wird ebenfalls in Erfüllung gehen!«

»Wenn du vorher nicht verhaftet wirst«, sagte Jason, wandte sich wieder an seinen Kunden und erklärte: »Es gibt Gerüchte, dass Prinz Agrippa von Galiläa schon nach Paulus Ausschau hält. Soldaten könnten jeden Augenblick hier auftauchen. Jetzt wäre ein guter Zeitpunkt, Paulus' Buch zu kaufen. Vielleicht ziehen sie die paar Kopien ein, die wir noch auf Lager haben und machen unseren Laden dicht.«

Der Kunde zahlte bereitwillig den Betrag, den ihm Jason nannte, und Jason reichte ihm eine Schriftrolle.

»Ich habe Geld für Paulus mitgebracht«, sagte Epaphroditus zu Titus.

Titus war erleichtert. Jetzt konnte Paulus zurückbezahlen, was er für seine Flucht von Korinth nach Rom von ihm geborgt hatte.

Paulus packte Titus am Ärmel und zog ihn zu einem Tisch. »Ich habe den ganzen Tag geschrieben«, sagte er. »Ich habe einen Brief nach Philippi diktiert und unterschrieben, um mich für das Geld zu bedanken, ich habe Jasons Vorschläge in meine Kopie von ›An Galater‹ eingearbeitet. Ich habe auch mit eigener Hand einen kurzen Brief an meinen Freund Philemon in Kolossai verfasst. Schau!«

Höflichkeitshalber schaute sich Titus das Blatt an. Vor wenigen Monaten war Paulus nicht in der Lage gewesen, mehr als ein oder zwei Zeilen zu schreiben, aber jetzt, da er wieder sehen konnte, hielt ihn nichts mehr zurück. Paulus faltete den Brief, und ließ Wachs von einer brennenden Kerze auf die Rückseite tropfen, um die losen Enden des Blattes zu versiegeln. Auf die Vorderseite schrieb er die Adresse.

»Wie war dein Besuch bei Petrus?«, fragte er ohne aufzublicken.

»Er macht sich große Sorgen um dich«, sagte Titus. »Er denkt, dass man dich bald verhaften wird.«

Paulus hörte schon gar nicht mehr zu. »Ich habe an drei Briefen gleichzeitig geschrieben«, sagte er. »Ich bin der glücklichste Mann der Welt! Heute Abend wird in der Herberge gefeiert!«

Am späten Nachmittag mietete Euodia einen Pferdewagen und setzte Talitha wieder an der Herberge ab, an der sie sie aufgelesen hatte. Paulus, Lucius, Epaphroditus und Titus trafen wenig später ein. Talitha war dankbar, dass ihr Titus keine Fragen stellte, er schien einfach nur froh, sie wiederzusehen.

Der Herbergswirt war hocherfreut, als er von Paulus den Auftrag erhielt, ein Festessen vorzubereiten. Bei Einbruch der Dunkelheit versammelten sich die Freunde zur gemeinsamen Mahlzeit. Paulus machte den Vorsitz, Lucius und Epaphroditus lagen nebeneinander, Talitha und Titus lagen an der Wand gegenüber.

Talitha war erschöpft und müde. Ihre Arme und Beine fühlten sich schwer an, und ihr Herz klopfte laut und schnell. Während der ersten Wochen der Schwangerschaft war das Kind in ihr gewachsen, bis ihr Bauch wie ein runder Ball aussah. Doch während der vergangenen Tage drückte es nach oben in die Rippen, und das Atmen fiel immer schwerer. Der Rücken schmerzte ohne Unterlass. Talitha war dankbar, dass sie während des Essens auf der Seite liegen konnte, die einzige Stellung, die einigermaßen erträglich war.

Der erste Gang bestand aus gegrillten Schwalben. Die Unterhaltung verstummte, und das knirschende Geräusch, das die brechenden Knochen der kleinen Vögel machten, erfüllte den Raum. Gekochtes Lammfleisch und eingelegte Kohlblätter wurden als Hauptspeise serviert. Nach dem Essen segnete Paulus den Wein. Als Talitha an der Reihe war, ließ sie ein paar Tropfen auf den Boden fallen und sagte: »Roter Wein, Blut der Erdmutter.« Dann nahm sie einen Schluck, legte ihre Hand auf den Bauch und segnete das Ungeborene.

Die Zeremonie war fast beendet, als der Hauswirt in der Tür erschien und zwei Boten von Kephas ankündigte: Silvanus und – zum Erstaunen aller – Justus Jesus.

Titus hatte Justus das letzte Mal in Korinth gesehen, als die Gemeinde diesen mit seinen Gefährten auf die Reise nach Rom aussandte. Justus war dünn geworden, sein Gesicht hager, die Wangenknochen bildeten sich scharf ab, der Bart, den er immer sorgfältig gestutzt hatte, war ausgewachsen, und seine manikürten Fingernägel gebrochen. Armut bringt das mit sich, dachte Titus. Aber als er in Justus' Augen blickte, sah Titus tiefen inneren Frieden, die Art Gelassenheit, die man mit Geld nicht kaufen konnte.

Nachdem er Justus umarmt hatte, nahm Titus auch seinen Freund Silvanus in die Arme und küsste ihn auf die Wangen. Das Wiedersehen in Kephas' Haus war seltsam gewesen, Silvanus gehörte hierher, an Paulus' Seite. Blond, groß und vor Gesundheit strotzend, bildete er den perfekten Gegensatz zu dem alten Mann. Als Paulus Silvanus umarmte, hielt er den jungen Mann lange fest und drückte ihn an sich. Auf Titus wirkte die Geste mehr wie ein Abschied als eine Begrüßung.

Titus legte sich wieder neben Talitha und ließ seinen Arm auf ihrem Bauch ruhen. Er fühlte, wie sich das Kind unter seiner Hand bewegte, und drückte Talitha sanft.

Justus setzte sich auf die Kante von Epaphroditus' Liege, Silvanus stand in der Mitte des Raumes.

»Brüder und Schwestern«, begann Silvanus. »Ich komme gleich zur

Sache. Die Führer der judäischen Bevölkerung Roms haben Kephas' Bericht gehört. Sie schätzen den Streit zwischen der königlichen Familie Nabatäas und Paulus als eine sehr sensible Angelegenheit ein und wünschen nichts mehr, als dass Paulus unverzüglich die Stadt verlässt.«

Titus war schockiert. »Haben die christusgläubigen Judäer zugestimmt?«

»Die Abstimmung war einstimmig«, antwortete Silvanus. »Die Christusgläubigen konnten nicht sehen, was es dem Königreich Gottes nutzen würde, wenn sie sich mit dem König Nabatäas anlegten. Und sie wollten ihren ausgezeichneten Ruf und das Vertrauen, das sie sich bei den anderen Judäern in Rom erworben haben, nicht aufs Spiel setzen. Es ist eine politische Entscheidung.«

»Eine politische Entscheidung?«, fragte Titus.

»Wäre Paulus wegen seiner öffentlichen Tätigkeit als Prediger Christi in Schwierigkeiten geraten, würden ihn Kephas und die Christusgläubigen unterstützen«, sagte Silvanus. »Aber warum sollten sie sich wegen einer Angelegenheit, die nichts mit dem Evangelium zu tun hat, in Gefahr bringen lassen? Und was wäre, wenn Paulus verurteilt wird? Die Nachfolger Jesu Christi wollen nicht mit einem Kriminellen in Verbindung gebracht werden.«

Titus biss die Zähne zusammen. Ein Judäer, der so reich war wie Kephas' Gastgeber, hatte in seinem Leben sicher schon fragwürdigere Geschäftsentscheidungen getroffen als Paulus!

»Es ist besser, dass ein Mensch für das Wohl der Gemeinschaft leidet, als dass die ganze Gemeinschaft wegen eines Einzelnen leidet«, sprach Silvanus weiter. »Wenn Paulus ein wahrer Apostel wäre, würde er das auch so sehen. Das war jedenfalls Kephas' Standpunkt.«

»Wie konnte Kephas wagen, ein Urteil darüber zu fällen, wer ein wahrer Apostel ist und wer nicht? Ist er Jesus?«, rief Titus.

Bis auf Justus lachten alle. Justus sagte: »Jesus hat Petrus die Schlüssel zum Gottesreich übergeben. Petrus ist der Stellvertreter Jesu auf Erden.«

Im Raum war es still.

Paulus stand auf. Er räusperte sich und sagte: »Lass uns annehmen, dass ich tatsächlich in den Augen des römischen Gesetzes Hochverrat begangen habe. Die christusgläubigen Judäer sagen, dass sie nicht mit einem Verbrecher in Verbindung gebracht werden wollen. Und was ist mit Jesus von Nazareth? Sein Fall wurde vor einem römischen Gericht verhandelt, er wurde für schuldig befunden, öffentlich gedemütigt und hingerichtet. Habt ihr je einen Mann am Kreuz sterben sehen? Einen erwachsenen Mann, der nackt, durch Schmerzen und Blutverlust geschwächt, verzweifelt versucht, seinen Kopf aufrecht zu halten, damit er atmen kann? Er weint wie ein kleines Mädchen, und wenn seine zuckenden Muskeln schließlich nachgeben und er den Kopf senkt, kannst du das Blut in seinen Lungen gurgeln hören, und im Moment des Todes entleert sich der Darm. Da ist nichts Ehrenhaftes dran.«

»Kreuzigungsopfer haben kein Blut in den Lungen«, sagte Lucius.

Paulus schüttelte den Kopf. »Die zur ewigen Verdammnis bestimmt sind – Leute wie Kephas – finden die Botschaft des Kreuzes albern. Aber für diejenigen, die durch diese Botschaft gerettet werden, für die ist Jesu Schwäche am Kreuz ein Ausdruck der Macht Gottes.« Paulus wandte sich an Silvanus und sah ihm in die Augen. »Sie sagen, sie wollen nicht mit einem Verbrecher in Verbindung gebracht werden? Richte ihnen aus: Wir sind stolz darauf!« Paulus schüttelte seinen Kopf. »Bin ich Jesus? Nein. Aber ich bin mehr wie Jesus als Kephas es je sein wird!«

Paulus hob beide Arme und begann vorzutragen:

Seht euch so, als wäret ihr Christus Jesus,
Der, obwohl er wie Gott war,
Sich nicht – wie Kephas – Gott gleich gestellt hat,
Sondern sich erniedrigt hat
Und die Gestalt eines Sklaven angenommen hat.

Silvanus ging etwas zur Seite, damit sich Paulus in die Mitte des Raumes stellen konnte.

Wie jeder Mensch wurde er geboren
Und hatte den Körper eines Menschen.
Er erniedrigte sich
Und war gehorsam bis zum Tod.

Paulus legte sich flach auf den Boden, streckte die Arme nach links und rechts aus und sagte:

278

Bis zum Tode am Kreuz.
Amen.

———

Talitha konnte es nicht mehr länger aushalten. Nach Silvanus' Bericht und Paulus' dramatischer Antwort, mussten Entscheidungen getroffen werden, wichtige Entscheidungen. Epaphroditus, Clemens' Buchhalter, begann laut zu beten und in Zungen zu reden, doch Talitha konnte nicht warten. Sie stand auf und verließ den Raum.

Auf dem Weg zur Unterkunft – sie zog in ihrem Zustand den Nachttopf im Zimmer der öffentlichen Latrine der Herberge vor – dachte Talitha an die Erdmutter, die sie im Leibe ihrer Mutter geformt und vierzehn Jahre lang liebevoll umsorgt hatte. Ihre Schwangerschaft hatte sie Einsichten gelehrt, die ein Mann vielleicht niemals haben konnte. Männer machten sich Tag und Nacht Sorgen über Geld, Geschäfte und Politik, sie setzten in einem einzigen, unkontrollierten Augenblick Kinder in die Welt. Doch die Große Mutter verlangte von jeder schwangeren Frau, Monate lang täglich an das ungeborene Leben zu denken, dessen Geburt den eigenen Tod bedeuten konnte. Und sie zwang Talitha während einer Besprechung, die von allen als wichtig, vielleicht sogar als die wichtigste Besprechung ihres Lebens empfunden wurde, einfach aufzustehen, weil ihre volle Blase nicht warten konnte.

Talithas Gedanken wanderten. Warum stellte die Große Mutter nicht ebenfalls sicher, dass ein Kind nur in Nächten der Zärtlichkeit, des gegenseitigen Verstehens und der erfüllten Sehnsüchte empfangen werden konnte? Niemals sollte ein Kind das Ergebnis eines brutalen Überfalles zwischen Tür und Angel sein!

Als Talitha zum Speiseraum zurückkehrte, hatte Paulus wieder das Wort ergriffen. »Hört mir bitte zu!«, flehte Paulus. Er schloss die Augen und öffnete den Mund.

Doch bevor Paulus auch nur ein Wort sagen konnte, gaben seine Beine nach und er kippte zur Seite. Titus sprang auf und fing seinen ehemaligen Herrn auf. Lucius eilte zur Hilfe, und beide trugen Paulus zu seiner Liege.

»Ich habe unsägliche Schmerzen«, flüsterte Paulus. »Ich trage die Wundmale Jesu an meinem Körper.«

»Was meint er mit ›Wundmale Jesu‹?«, fragte Justus.

Paulus öffnete langsam seine rechte Faust. Frisches Blut tropfte aus einer Wunde in der Mitte der Handfläche. Er zeigte auf den Verband an seinen Füßen. »Ich trage Jesu Male an Händen und Füßen.«

Talitha hielt sich zurück. Sie wusste, dass Paulus' Füße vom Gehen bluteten und vermutete, dass die offene Blase an der Hand, wie üblich, vom ungewohnten Schreiben mit einer Feder stammte.

Paulus sprach jetzt lauter. »Was König Aretas Statthalter angeht, habe ich keine Schuld. Einen Betrüger zu betrügen ist kein Verbrechen.« Er hielt inne. »Aber ich habe eine andere, viel schrecklichere Sünde begangen.«

Der Raum war ganz still.

»Ich habe meine eigene Tochter ermordet.«

Titus war schockiert. Sollten die Gerüchte, von denen ihm Silvanus in Philippi erzählt hatte, am Ende doch wahr sein? War das die Tat gewesen, die Paulus Phoebe gebeichtet hatte, die Tat, die ihn hatte erblinden lassen? War es das, woran Paulus dachte, als er Sophokles' Ödipus las?

Lange Zeit verharrten sie in Schweigen. Schließlich sprach Epaphroditus die Frage aus, die alle bewegte: »Wie ist eure Tochter gestorben?«

Paulus setzte sich auf, senkte den Blick und starrte auf den Boden. Titus legte einen Arm um die Schulter seines ehemaligen Herrn.

»Als sie geboren wurde, hat mir Gott in einem Traum offenbart, dass er große Pläne hat für meine Tochter. Schon im Mutterleibe hatte er sie auserwählt und würde sich ihr offenbaren, wie es nur wenigen Menschen geschenkt war. Aber ich sollte sie immer in der Obhut ihrer Mutter lassen und nie alleine mit ihr reisen. Ich legte ein Gelübde ab.«

Paulus' Mundwinkel zitterten. »Und doch nahm ich sie einmal nach Petra mit. Ich wollte ihr die große Stadt der Nabatäer zeigen! Ich hatte eine geschäftliche Besprechung und ließ sie alleine in der Herberge zurück. Als ich wiederkam, hatte Gott der Herr ihr das Leben genommen.«

Titus sah, wie Talitha unruhig wurde. Schließlich rief sie: »Warum sollte Gott der Herr ein unschuldiges Mädchen umbringen?«

»Wenn du das Gebot Gottes brichst, hast du dein Leben verwirkt und musst sterben. Wie Adam.«

»Wenn dich die Große Mutter tröstet, wirst du empfangen und gebären und in deinen Kindern ewig weiterleben. Wie Eva.«

»Gott opferte seinen Sohn, weil ich meine Tochter umgebracht habe«, sagte Paulus.

»Unsinn!«, rief Talitha.

Dann stand Justus auf und hob die Arme. »Ich war dort«, sagte Justus. »Ich war an jenem Tag in Petra. Ich kann euch schildern, was geschehen ist.«

Talitha geriet ganz außer Fassung, Titus versuchte, sie festzuhalten. »Nicht du!«, rief sie und drohte Justus mit den Fäusten. »Jedes Mal, wenn sich dir die Gelegenheit dazu geboten hat, hast du Paulus geschadet! Du hast den Gottesdienst in Jerusalem gestört, als Titus getauft wurde! Du hast Hellenes Geschäfte ruiniert, und heute spielst du für seinen Erzfeind, Kephas, den Laufburschen! Warum sollten wir deinem Zeugnis Glauben schenken?«

»Schweige, Weib!«, sagte Justus und warf seiner ehemaligen Sklavin einen vernichtenden Blick zu.

Titus wusste nicht, was er tun sollte. Sollte er Talitha zu Hilfe eilen und Justus beschimpfen? Oder sollte er weiterhin versuchen, Talitha zu beruhigen? Schließlich riss sie sich von ihm los, setzte sich aufrecht hin und verschränkte die Arme über ihrer Brust.

»Sag, was du zu sagen hast«, forderte Epaphroditus Justus auf.

Justus trat in die Mitte des Raumes und verbeugte sich. »Ich war dort. Ich habe alles gesehen.«

Paulus bedeckte sein Gesicht mit den Händen.

»In jener Nacht brach ein Gewitter los in der Wüste. Es donnerte, blitzte, und ein gewaltiger Wolkenbruch überflutete die Schlucht, den einzigen Zugang zur Stadt, in kürzester Zeit. Pferde scheuten, Kamele und Esel rissen sich los, und die Menge brach in Panik aus. Ein reißender Fluss ergoss sich durch Petra und trug alles fort, was ihm im Wege stand. Hunderte sind in dieser Nacht ums Leben gekommen. Die meisten davon Kinder.«

Justus ging zu Paulus und legte seine Hand auf dessen Schulter. »Durch ein Wunder bist du nicht ertrunken oder von den Tieren zu Tode getrampelt worden. Du warst der einzige Gast der Herberge, der überlebte. Ein tragischer Unfall.«

»Es war kein Unfall! Es war die Strafe Gottes!«, rief Paulus.

Justus schüttelte den Kopf. »Es war nicht deine Schuld!«

Paulus flüsterte: »Ich hätte mein Gelübde halten sollen.« Dann schloss er die Augen und wurde ohnmächtig.

Es war Zeit, dass eine Frau die Sache in die Hand nahm, fand Talitha. Der alte Mann hatte genug gelitten für einen Abend und war offensichtlich nicht mehr in der Lage, eigene Entscheidungen zu treffen. »Bringt ihn auf sein Zimmer«, befahl sie.

Titus und Lucius legten Paulus auf eine Decke, packten deren Ecken und trugen ihn in seine Kammer, wo Talitha für ihn sorgte.

»Ich muss arbeiten«, flüsterte Paulus, als er wieder zu sich kam. »Auch wenn es die ganze Nacht dauert. Es gibt noch so viel zu tun …«

»Du musst jetzt nicht arbeiten«, sagte Talitha streng. »Du brauchst jetzt Ruhe.«

Als Paulus schlief, zog Talitha sich aus und legte sich auf das zweite Bett. Die Decke roch nach Titus.

Als sie aufwachte, war es noch dunkel. Titus lag neben ihr, an ihren Rücken geschmiegt, den Arm um ihren großen Bauch.

»Es wird alles gut«, flüsterte er. »Paulus kann nicht in Rom bleiben. Wir haben die nötigen Vorkehrungen getroffen, wir brechen morgen auf. Wir haben alles ausgegeben. Wir sind wieder arm.«

»Gut«, flüsterte Talitha. »Es gibt wichtigere Dinge als Geld.«

»Was denn zum Beispiel?«, fragte Titus.

Doch bevor Talitha antworten konnte, war Titus eingeschlafen.

Malta

An Korinther (1 Kor 13,13)
Für jetzt bleiben Glaube, Hoffnung, Liebe, diese drei. Aber die Lie-
be ist die größte unter ihnen …

Martius 19 = Adar 28, erster Tag der Woche

»Das Schiff! Das Schiff!«, rief Titus und zeigte aufgeregt auf Caligulas Schiff, das den Obelisk aus Ägypten nach Rom gebracht hatte.
»Ich habe es gesehen!« Und mit einem Male empfand Titus das Bedürfnis, nach Hause zurückzukehren. Doch statt auf dem Wege nach
Damaskus zu sein, glitten sie an den Hafenanlagen Ostias vorbei,
unterwegs nach Malta, um von dort aus nach Spanien zu reisen, an
das Ende der Welt, wo das Meer die ewige Finsternis berührte und
das Wasser ins Leere floss.
Lucius hatte den Kapitän mit dem Geld bestochen, das Epaphroditus
aus Philippi mitgebracht hatte. Er hatte außerdem versprochen, ohne
Bezahlung auf dem Schiff zu arbeiten. Nur so war es ihm gelungen,
für Paulus, Titus und die hochschwangere Talitha eine Überfahrt
nach Malta zu organisieren. Von Malta aus wäre es leicht, behauptete
Lucius, ein Schiff zu finden, das sie nach Spanien bringen würde.
»Ich glaube, ich habe den größten Fehler meines Lebens gemacht«,
murmelte Titus vor sich hin.
Talitha kniete auf dem Deck und kümmerte sich um Paulus. »Wie
fühlst du dich?«, fragte sie.
Paulus antwortete nicht, er sah sie nicht einmal an. Aus Stroh und
extra Kleidung hatte Lucius eine Matratze für Paulus gestopft, und
Titus hatte ihn mit der kilikischen Decke zugedeckt. Paulus' lederner
Köcher mit den Schreibgeräten diente als Kopfstütze.
Talitha versuchte es noch einmal: »Wie hast du geschlafen?«
»Ich wache mitten in der Nacht auf und kann nicht mehr einschla-
fen. Ich mache mir Sorgen.« Eine Träne rann über die Wange. »Auf
meinem linken Ohr höre ich nicht mehr gut. Manchmal ist es ganz
taub. Manchmal klingt es wie ein reißender Fluss. Aber wahrschein-

lich ist es nur eine Erbse.« Paulus lächelte.

»In den Ohren sind keine Erbsen«, sagte Talitha bestimmt.

Paulus begann zu weinen. »Ich hatte gedacht, dass mich Gott der Herr geheilt hat. Und nun bin ich doch wieder krank. Aber ich muss meinen Auftrag erfüllen, ich muss Spanien erreichen. Ich muss mich um Herodias kümmern und um Hellene, ich muss …«

»Wenn es dein Herr Gott will, dann wird es auch gelingen«, versuchte Talitha, ihn zu beruhigen.

»Ich kann jetzt nicht aufgeben. Nicht so kurz vor dem Ziel.«

Paulus schlief ein, und Titus setzte sich neben Talitha. »Es ging ihm so viel besser, bevor wir nach Rom kamen«, sagte Titus.

»Lucius meint, dass er an seinen entzündeten Füßen sterben wird.« Talitha schob die kilikische Decke vorsichtig beiseite. Eine große Zehe war gelb verfärbt und hatte schwarze Streifen entlang der Wundränder. »Riechst du es?«

Titus nickte. Es roch nach Verwesung.

»Die Zehe ist abgestorben. Ein Arzt könnte das Bein abnehmen. Doch Paulus ist zu schwach, er würde es nicht überleben.«

»Justus hat ihn umgebracht«, sagte Titus.

»Wenn unsere Träume sterben, sterben auch wir«, sagte Talitha. »Er hat davon geträumt, erlöst zu werden von seinen fleischlichen Gelüsten und von seinem kranken Körper. Er hat davon geträumt, dass ihm der Gott Israels seine Schuld vergibt, die Schuld am Tod der Tochter.«

»Doch wenn ihr Tod ein Unfall war«, sagte Titus, »trägt Paulus keine Schuld. Und ohne Schuldgefühl gibt es keine Vergebung. Und ohne die Notwendigkeit der Vergebung ergibt Jesu Tod am Kreuz für Paulus keinen Sinn.«

Nachdem der Kapitän den Anker hatte werfen lassen, gesellte sich Lucius zu Titus, der vorne am Bug saß und den Sonnenuntergang beobachtete.

»Als ich dich zum ersten Mal traf, hattest du Papyrus und Feder dabei«, sagte Titus.

»Ich reise nie ohne«, erwiderte Lucius.

»Was schreibst du denn?«

»Man soll nicht über das Projekt reden, an dem man gerade arbeitet. Das bringt Unglück. – Aber ich habe mir oft gedacht, dass das Leben des Paulus einen interessanten Stoff abgeben würde. Man müsste ein paar Details ändern, aber im Großen und Ganzen wäre seine Lebensgeschichte erzählenswert.«

Titus nickte.

»Ich würde alles aus meiner Perspektive schildern. Jedes Mal, wenn ich an Bord gehe, würde ich in erster Person schreiben, und was ich nicht selbst erlebt habe, würde ich recherchieren und in dritter Person erzählen.«

»Welche Details würdest du ändern?«, fragte Titus.

»Ich würde nicht erwähnen, dass Paulus vor König Aretas davonläuft. Das erzeugt den Eindruck, als habe Paulus ein Verbrechen begangen, und dieser Eindruck sollte vermieden werden. Es passt einfach nicht zu einem Mann Gottes, nicht wahr? Je weniger man über Damaskus spricht, desto besser. – Dass er von Korinth aus direkt nach Rom reist, passt nicht zu seinem Plan, die Kollekte eigenhändig in Jerusalem abzuliefern. Ich werde Paulus von Korinth nach Jerusalem reisen lassen.«

»Woher sollten die Leser deines Buches wissen, dass er nach Jerusalem reisen wollte?«, fragte Titus.

»Wer mein Buch kauft, hat sicher auch die Briefe des Paulus gekauft. Er schreibt oft über seine Reisepläne.«

»Und was geschieht in Jerusalem?«, fragte Titus.

»Genau dasselbe, das auch Jesus widerfahren ist: Die ungläubigen Judäer verfolgen ihn, zerren ihn vor Gericht und versuchen, ihn umzubringen. Denk doch bloß! Die Römer bereiten gerade einen Krieg gegen Judäa vor! Alle Leute hassen Judäer, das Buch würde sich überall verkaufen!«

»Und was sagen die Jerusalemer Apostel zur Kollekte?«, fragte Titus.

»Die ganze Kollektensache fliegt raus«, sagte Lukas nachdenklich. »Man muss unbedingt den Eindruck vermeiden, dass sich Paulus von den Jerusalemern dafür hat einspannen lassen.«

»Ich würde seinen Streit mit Petrus in Antiochien in einem ganz anderen Licht erscheinen lassen«, fuhr Lucius fort. »Ich behaupte einfach, dass sich Petrus und Paulus hinterher noch einmal in Jerusalem getroffen und versöhnt haben. Jakobus wäre die ideale Person, um das Treffen zu bezeugen. Er könnte einen Brief darüber verfassen, den ich im Wortlaut wiedergebe und der angeblich an alle Synagogen außerhalb Israels versandt wurde.«

Lucius warf ein Stück trockenes Brot über Bord. Eine Möwe pickte es aus dem Wasser und flog davon.

»Hast du schon einen Titel für dein Buch?«, fragte Titus.

»Die Abenteuer der Apostel. Die erste Hälfte handelt von Petrus, die zweite Hälfte von Paulus, und genau in der Mitte geben sich Petrus und Paulus die Hand.«

»Ich bin mir nicht sicher, ob Paulus das gefallen würde.«

Lucius war nicht zu bremsen. »Jedes einzelne Wunder, das ein Jerusalemer Apostel vollbringt, wird Paulus wiederholen. Wenn Petrus jemanden von den Toten auferweckt, wird auch Paulus jemanden auferwecken. Wenn Petrus jemanden durch Berührung heilt, wird auch Paulus jemanden berühren und heilen. Wenn Petrus einen bösen Geist austreibt, macht Paulus dasselbe. Wenn Petrus es mit einem Zauberer aufnimmt, wird auch Paulus gegen einen Zauber antreten. Verstehst du? Paulus wird genauso viele und genau die gleichen Wunder tun wie die Jerusalemer.«

»Aber Paulus hat doch noch nie jemanden geheilt«, erwiderte Titus. »Und Zauberer beeindrucken ihn sicher nicht.«

»Wen interessiert das schon?«

»Mich interessiert das. Geht es dir nicht um die Wahrheit?«

»Die Wahrheit ist, dass Paulus ein von Gott berufener Apostel ist«, sagte Lucius. »Und ich werde mich darum bemühen, dass das auch der letzte Einfaltspinsel versteht, der das Buch liest.«

»Und was geschieht, wenn Paulus in Jerusalem ankommt?«, fragte Titus.

»Er wird verhaftet.«

»Weswegen?«

»Weil er den griechischen Judäern zu wohlgesonnen ist. Eine Gruppe Extremisten, fanatische Nationalisten, lassen ihre Beziehungen spielen.«

»Leute wie Jakobus?«

»Hörst du eigentlich zu? Jakobus ist einer der Jerusalemer Apostel, er gehört zu den Guten! Jakobus würde versuchen, Paulus zu helfen. Er denkt sich irgendeine List aus.«

»Eine List?«

»Er schlägt zum Beispiel vor, dass Paulus das Nazoräer-Gelübde ablegt, damit er wie ein gesetzestreuer Judäer wirkt, konservativ und traditionell.«

»Was für ein Gelübde?«, fragte Titus.

»Es ist im Gesetz Mose beschrieben. Man rasiert sich den Kopf.«

»Und wie sollte Paulus das anstellen? Er hat doch eine Glatze.«

Lucius lachte. »Na ja, man muss ja den Lesern nicht alles sagen. Der Plan des Jakobus funktioniert aber nicht, weil jemand entdeckt – frag mich nicht wie –, dass einer der Begleiter des Paulus nicht beschnitten ist.«

»Und wer könnte das sein?«, fragte Titus.

»Willst du dich zur Verfügung stellen?«, sagte Lucius. »So wie Judas Jesus verraten hat, so verrät Titus Paulus?«

Titus holte aus, als versuchte er Lucius einen Schlag zu versetzen. Lucius duckte sich und grinste.

»Die Römer würden also Paulus verhaften, um ihn vor den fanatischen Judäern zu schützen«, sagte Lucius.

»Warum sollten sie das tun?«

»Der größte Markt für solch ein Buch wäre in Rom. Ich möchte, dass die Römer gut aussehen. Sie retten Paulus das Leben.«

»Aber die Römer haben Jesus hingerichtet, um für Ruhe in der Bevölkerung zu sorgen. Warum sollten sie mit Paulus nicht dasselbe tun?«

»Ich würde Paulus zu einem römischen Bürger machen. Er ruft den Kaiser an, der römische Statthalter bewahrt ihn vor der judäischen Volksmenge und schickt ihn nach Rom, wo er vor Gericht gestellt wird. Bei Jupiter, Christusgläubige würden sich freuen: Das Römische Reich rettet Paulus' Leben!«

»Aber Paulus ist doch kein römischer Bürger«, gab Titus zu bedenken.

»Macht nichts. Paulus hätte sicher gerne die römische Staatsbürgerschaft gehabt, glaubst du nicht?«

»Du sprichst so, als wäre er schon tot.«

Lucius nickte. Die Sonne war untergegangen, und es wurde kühl.

»Wer würde solch einen Schund lesen wollen?«, fragte Titus nach einer Weile.

»Frauen«, sagte Lucius langsam. »Weißt du, dass vor allem Frauen Romane kaufen? Man muss auf das Interesse der Kundschaft eingehen. Die Frauen in Paulus' Leben taugen nicht für eine gute Geschichte: Herodias ist eine alte Jungfer, Hellene ist eine treue, aber frustrierte Ehefrau, seine Tochter wurde vom Pferd totgetrampelt. Frauen wollen nicht, dass eine Geschichte genauso schäbig ist wie ihr eigenes Leben. Paulus soll anders sein als ihre Väter, Brüder, Ehemänner. Paulus muss unabhängig sein. Ein tragischer Held, der sich völlig aufopfert, der selbstlos auf jede Beziehung zu einer Frau verzichtet, weil es ihn doch nur von seiner heiligen Pflicht abhalten würde, Christus und dem Evangelium Gottes zu dienen.«

Titus seufzte und schüttelte den Kopf.

»Frauen brauchen Frauen, mit denen sie sich identifizieren können«, sagte Lucius mit Nachdruck. Euodia könnte ich beibehalten: Eine reiche Frau aus Lydien, die selbständig in Philippi ein Textilgeschäft führt und Paulus unterstützt, das ist ein Vorbild. Ich glaube, ich nenne sie Lydia. Es ist leichter, sich mit Nebenfiguren zu identifizieren, glaubst du nicht auch, Titus?«

»Und was ist mit Maria?«, fragte Titus.

»Himmel, Herr, Gott! Niemand ist an einer senilen, gehbehinderten, zahnlosen Heldin interessiert! Hast du dir noch nie einen Liebesroman vorlesen lassen?«

»Und was ist mit Sex?«

»Machst du Witze? Frauen hassen Sex. Sex macht Babies, die meisten jungen Frauen sterben während der Geburt! Nichts ist demütigender für eine fromme Frau als Sex!«

»Aber Frauen haben Lust auf Sex«, sagte Titus.

»Das ist genau das Problem: Lust. Fromme Frauen wollen wissen, wie sie mit ihren schmutzigen Gedanken und Sehnsüchten umgehen sollen, damit sie der göttlichen Strafe entgehen können. Gebären heißt sterben, der Lohn der Sünde ist Tod. Ist das nicht, was Paulus predigt?«

Wieder schüttelte Titus den Kopf. »Sonst noch was?«

»Paulus muss am Ende sterben.«

»Und wie?«

»Vielleicht als Märtyrer. Wie Jesus von Nazareth. Nichts bricht das Herz einer Frau mehr als die Vorstellung, dass ein Mann stirbt. Frauen sind da anders als wir Männer. Wenn jemand stirbt, denken sie an den Schmerz der Mutter oder der Geliebten oder der treuen Bewunderin. Glaub mir, um Frauen eine Tragödie zu verkaufen, müssen Männer sterben!«

»Und willst du das Buch unter deinem Namen veröffentlichen, Lucius?«, fragte Titus.

»Ja. Aber um die Leser zu verwirren, werde ich behaupten, dass ich ein Afrikaner bin aus Kyrene.«

»Ich wünsch dir viel Glück«, sagte Titus. »Aber ich will nichts damit zu tun haben.«

»Wirst du auch nicht, das kann ich dir versichern«, sagte Lucius. »Ich werde dich nirgends erwähnen. Was ist schon dran an der Geschichte eines alternden Sklaven, der ein dreizehnjähriges Mädchen schwängert?«

»Talitha ist fast fünfzehn«, widersprach Titus.

»Und ich lasse Paulus nur drei Tage lang blind sein«, fuhr Lucius fort, ohne Titus zu beachten. »Drei Tage nach seiner Offenbarung vor Damaskus kann er wieder sehen. Knackige junge Burschen wie Silvanus und Timotheus werden Paulus versorgen, weil natürlich« – er warf Titus einen vielsagenden Blick zu – »Frauen gerne über junge Männer lesen.«

Titus hatte genug gehört. Er drehte sich von Lucius weg auf die Seite und versuchte zu schlafen.

»Timotheus wird sich von Paulus beschneiden lassen! Was meinst du?«, fragte Lucius. »Paulus, der an Timotheus herumfummelt! Wenn das nicht die Aufmerksamkeit der Leser und Leserinnen findet, dann weiß ich auch nicht …«

»Ich finde deine Einstellung zum Kotzen«, antwortete Titus. »Und was ist mit dir? Wirst du deine Abenteuer auf Samothrake erwähnen?«

»Samothrake wird vorkommen. Ich werde es aber der Fantasie der

Leser überlassen, was dort genau passiert ist«, sagte Lucius. »Und ich werde mich vom Krankenpfleger und Buchhalter zum Arzt und Schriftsteller befördern.« Lucius holte tief Luft. »Die Abenteuer der Apostel von Doktor Lucius. Was meinst du? Oder soll ich die griechische Namensform wählen: Die Abenteuer der Apostel von Doktor Lukas?«

Das Schiff lief drei Tage später am frühen Nachmittag in den Hafen einer kleinen Stadt auf Malta ein. Die Hitze war drückend, die Luft schwül. Titus schleppte das Gepäck an Land und setzte es im Schatten eines Wohnhauses ab. Talitha bewachte die Sachen, während Titus umkehrte, um Paulus vom Schiff zu holen.

Die einheimischen Frauen hatten dunkle Haare wie die Nabatäer, waren aber nicht so groß und schlank. Sie hatten blaue, graue, grüne und braune Augen, und Talitha verstand ihre Sprache nicht. Eine alte Frau kam vorüber, hielt kurz an, streichelte Talithas Bauch und segnete sie. Als sie das Medaillon der Artemis an Talithas Halsband erkannte, rief sie aufgeregt: »Magna Mamma! Magna Mamma!« und zeigte mit der Hand auf einen nahegelegenen Hügel.

Titus und Lucius trugen den ohnmächtigen Paulus von Bord und legten ihn so in den Schatten neben Talitha, dass sein Kopf auf ihrem Schoß zu liegen kam. Lucius kehrte gleich wieder um, er hatte mit dem Kapitän vereinbart, die Nacht an Bord zu verbringen und die Ladung zu bewachen. Titus machte sich auf Zimmersuche.

Trotz der schwülen Hitze fror Paulus, und Talitha legte die kilikische Decke über ihn. Der üble Geruch, der von Paulus' Zehen ausging, zog Fliegen an.

Titus schämte sich, weil er in der Eile keine bessere Unterkunft gefunden hatte. Das einzige Schlafzimmer war halb unter der Erde, knapp unter der Zimmerdecke ließen zwei kleine Öffnungen, die nicht verschlossen werden konnten, den Lärm und Gestank der viel befahrenen Straße ein. Er hatte Paulus, so wie er war, auf einer der beiden schmalen Liegen abgelegt. Die Küche war schmutzig, feucht, und roch nach Schimmel. Die Eingangstür zur Wohnung aber war kreisrund und führte unmittelbar auf die Straße, sie erinnerte ihn an das runde Fenster in Damaskus, durch das Paulus geflohen war.

»Ich hatte eine Vision«, flüsterte Paulus. »Ich habe kleine, weiße Boote gesehen, die in der Bucht auf und ab schaukelten, sie waren an runde, weiße Bälle gebunden, die schwerelos auf dem Wasser schwammen. Und plötzlich bildete sich ein Strudel, und Speere und Lederhelme durchbrachen die Oberfläche, Soldaten stiegen aus den Fluten und marschierten an Land. Ich sah Nubier, Syrer, Karthager, ich erkannte Verwandte und Bekannte, ich sah Griechen, Römer, Araber, und alle erhoben die Waffen, zum Angriff bereit, bereit zu töten. Und dann hörte ich Donner, und der Himmel verdunkelte sich. Ich schaute auf und sah riesige, silberne Vögel, die die Sonne verdeckten. Die Erde bebte, Blitze schossen vom Boden, Feuer brach aus und verzehrte die Insel.«

Paulus bedeckte sein Gesicht mit zitternden Händen. »Doch als sie das Land erreichten, lösten sich die Soldaten auf wie der Morgennebel. Und eine Stimme forderte mich auf, die runden, weißen Bälle näher zu betrachten, an denen die Boote festgebunden waren, und ich erkannte, dass es Köpfe waren, die Köpfe junger Männer, und ihre Körper hingen leblos im Wasser. Der Boden der Bucht war mit Leichen übersät, zusammengekauert wie ungeborene Kinder, silbern glänzende Körper, Männer und Frauen, Jungen und Mädchen, die Augen fest geschlossen. Sie schliefen, sie warteten darauf, dass Christus sie weckte. Sie waren, wie Jesus, von Menschenhand ermordet.« Tränen liefen über Paulus' Wangen. »Diese Insel hat viel Blutvergießen gesehen und wird noch mehr erleben. Sie ist aus dem Meer gestiegen, doch das Meer wird sie niemals verschlingen.«

»Aus dem Wasser sind wir gekommen«, sagte Talitha, die auf der anderen Liege ruhte. »Und in die Tiefe werden wir zurückkehren.«

»Titus, deute mir meinen Traum!«, flehte Paulus. »Kannst du ihn verstehen?«

»Nichts ist sinnloser, als in einem Krieg zu sterben, der verloren wurde.«

Paulus nickte.

Titus blieb die ganze Nacht auf und kümmerte sich um Paulus. Er gab ihm Wasser zu trinken, hielt seine Hand, hörte seinen hebräischen Gebeten zu. Talitha schlief. Als die Sonne aufging, nahm Talitha Titus' Hand und legte sie auf ihren Bauch. Er fühlte, wie sich die Muskeln zusammenzogen.

»Das Kind kommt«, sagte Talitha. »Ich weiß, was ich machen muss.«

Talitha quälte sich mühsam den Hügel hinauf, auf den die alte Frau gezeigt hatte. Mehrere Male musste sie anhalten und sich ausruhen. Die Abstände zwischen den Wehen wurden kürzer. Der Tempel, ein runder Bau aus gewaltigen, aufrecht stehenden Steinplatten, war auf einer Felsterrasse errichtet, die das Meer überblickte. Die Decke des Heiligtums bestand aus Steinplatten, auf denen Erde aufgeschüttet war. Eine Matrone im schwarzen Kleid bewachte den Eingang. Talitha zeigte ihr das Medaillon der Artemis. Sie schaute es sich kurz an, steckte es ein und drückte Talitha eine kleine Frauenfigur in die Hand.

»Ich brauche Hilfe«, sagte Talitha auf Griechisch.

Die Frau zeigte auf die Figur, die sie Talitha gerade gegeben hatte: Eine dicke, nackte Frau mit großen Brüsten, weiten Hüften, lag, die Schenkel leicht gespreizt, auf dem Rücken. Dann legte die Matrone die Hände auf den runden Erdwall, der den Pfad zum Tempel säumte, und zeigte auf die Beine der Figur. Jetzt erkannte Talitha die Gemeinsamkeiten: der Tempel war in der Form der Großen Mutter gebaut.

»Magna Mater«, sagte Talitha.

»Magna Mamma«, antwortete die Frau und nickte heftig.

Die Erdwälle, die zum Eingang führten, waren die Beine der Großen Mutter. Die einzige Möglichkeit, in ihren Bauch zu gelangen, war durch die Passage zu gehen, durch die alles menschliche Leben kommt. Die Matrone zog die weichen, schweren Lederstreifen zurück, die den Eingang bedeckten, und Talitha schlüpfte hindurch. Eine Hand ergriff sie und zog sie sanft in die feuchtwarme Dunkelheit. Der lederne Vorhang schloss sich hinter ihr, sanfte Hände berührten sie und entkleideten sie. Dann öffnete sich der Vorhang vor ihr, und sie betrat nackt einen ovalen Raum, der von hunderten Öllämpchen erleuchtet wurde, die ihr trübes Licht auf die Steinwände und die leicht gewölbte Steindecke warfen. Dicke Erdwälle schirmten jedes Geräusch von außen ab. Der Raum hatte auf der linken und der rechten Seite in Stein gehauene Ausbuchtungen. In einer lag eine junge Mutter und stillte ihre neugeborenen Zwillinge. Eine Priesterin, so groß wie Talitha, aber doppelt so breit, begrüßte sie. Ihr ovales Gesicht hatte sanfte Konturen, ihr schwarzes Haar war nach hinten gekämmt und reichte fast bis zur Schulter. Alles an dieser Frau war rund: die dicken Arme, die prallen Brüste, der große Bauch und die breiten Hüften.

»Doulē«, sagte die Priesterin und zeigte auf sich.

Talitha erinnerte sich an das, was ihr die Frauen in der Felsgrotte prophezeit hatten: »Wenn deine Stunde kommt, wird dich eine Doulē, eine Dienerin, finden und auf deinem Weg begleiten.«

Die Frau nahm Talitha an der Hand und führte sie durch einen schmalen Durchgang in die nächste, kleinere Kammer.

»Hier schlägt das Herz der Erdmutter, hier sind ihre nährenden Brüste, hier wohnen die Gefühle«, sagte Talitha zu sich selbst.

In der Mitte der Kammer lag ein großer Stein. Die Doulē forderte Talitha auf, sich darauf zu legen. Eine Matrone und ein Mädchen halfen der Priesterin, wuschen Talitha und rieben sie mit den Händen trocken. Dann mischten sie Ockerfarbe und Wasser zu einer Paste, tauchten drei Finger in die Farbe und zogen dreifache Linien auf Talithas Rücken, Brüste und Beine. Den schwangeren Bauch überließen sie der Doulē, die mit einem Finger eine Spirale aufmalte. Die drei Frauen sangen dabei ein Lied, das Talitha aus der Felsgrotte bei Jerusalem kannte. Sie summte die Melodie und allmählich erinnerte sie sich auch an die persischen Worte.

Talitha war nun vorbereitet für den heiligen Ort, an dem die Große Mutter residierte. Sie warf einen letzten Blick auf die tönerne Figur in ihrer Hand. Sie hatte den Tempel durch die Scheide betreten, war in der ersten Kammer, der Gebärmutter, der stillenden Mutter begegnet, und in der zweiten Kammer, dem Herzen, von den drei Frauen gesegnet worden. Jetzt würde sie der Gottesmutter selbst gegenübertreten.

Eine tiefe Stimme ertönte, und obwohl Talitha die Worte nicht verstand, spürte sie, dass dies das Signal war, einzutreten. In dieser dritten und letzten Kammer war das Licht noch dämmriger und schimmerte rot, und der Geruch von Weihrauchharz füllte die Luft. Der Fußboden war mit glattem, weißen Marmor ausgelegt.

Die Große Mutter saß auf einem Thron, flankiert von zwei fauchenden Löwinnen. Sie war nackt und trug einen runden, aus Stoff geflochtenen Ring auf dem Kopf wie eine Krone. Es war die mächtige Kybele, der sie in Rom begegnet war.

Talitha fiel auf die Knie und beugte ihren Kopf. In der Gegenwart der Großen Mutter fühlte sie sich winzig und schwach und begann am ganzen Körper zu zittern.

»Schalom!«, grüßte die Göttin mit tiefer Stimme.

»Schalom!«, erwiderte Talitha. »Ich komme nicht, um Hilfe für mich zu erbitten. Ich bitte um Heilung für einen Freund«, sagte Talitha auf Aramäisch.

»Ich kann niemanden heilen, der nicht zu mir kommt.«

»Es ist ein Mann.«

»Kein Mann darf in mich eindringen.«

»Er hat den göttlichen Geist erfahren.«

»Geister brauchen keine Heilung. Ich bin für Mütter da.«

In diesem Moment setzten die Wehen wieder ein, intensiver und stärker als zuvor. Kybele hob Talitha vom Boden und setzte sie auf ihren Schoß. Als der Kopf zwischen ihren Schenkeln erschien, zog Talitha das Kind selbst aus ihrem Körper, hob es hoch und legte es an die Brust.

Sie sang das Lied, das die Frauen ihr in der Felsgrotte für diesen Augenblick mitgegeben hatten:

Willkommen mein Leben,
Hauch des göttlichen Atems.
Die Zeit formt Spiralen
Aus Geburt und aus Tod.
Willkommen mein Leben,
Hauch des göttlichen Atems.

Titus, der auf Talithas Bett eingeschlafen war, wachte auf und erschrak. Paulus hatte ihn an den Schultern gepackt und geschüttelt.

»Wo ist Talitha?«, rief Paulus. »Sie braucht uns!«

Der alte Mann zog selbst die Sandalen über seine bandagierten Füße und eilte zur Tür. Titus hatte Mühe, Schritt zu halten. Paulus hastete auf einen Hügel zu. Er schien keinen Schmerz zu empfinden, war stark und entschlossen, wie an dem Tag, an dem ihn Titus zum ersten Mal getroffen hatte. Sie folgten einem schmalen Fußweg und erreichten die Ruinen eines alten Tempels. Teile der Mauern standen noch, das Dach aber war längst in sich zusammengefallen. Am ehemaligen Eingang, im Staub, entdeckte Titus das Medaillon der Artemis.

»Talitha war hier«, rief er.

»Reich mir den Dolch!«, fuhr ihn Paulus an.

Titus zögerte.

»Ich habe dich gebeten, ihn für mich zu verwahren, bis ich ihn brauche. Jetzt brauche ich ihn!«

Titus band den Dolch von seinem Gürtel und reichte ihn Paulus.

Paulus drang in die Ruine des Tempels ein, und Titus folgte ihm. In der ersten Kammer lag eine Hündin, die gerade zwei Junge geboren hatte. Die zweite Kammer war leer, doch in der dritten Kammer fanden sie Talitha auf dem Boden liegend, einen Säugling im Arm. Sie war ohne Bewusstsein.

Paulus kniete sich hin, zog den Dolch aus der Scheide und durchschnitt die Nabelschnur. »Ein Mädchen«, sagte er zu Titus.

Titus trug Talitha, Paulus nahm das Kind, und sie eilten zurück zu ihrer Unterkunft. Erst als sie die Wohnung betraten, ließ Paulus' Kraft nach. Er legte sich hin und begann schwer zu atmen, seine Lungen machten rasselnde Geräusche.

Am späten Nachmittag war Paulus so schwach, dass er kaum die Augen offen halten konnte. Talitha dagegen war wieder zu Kräften gekommen.

Paulus machte Titus ein Zeichen. Er wollte etwas sagen.

»Weißt du, was mir am meisten leid tut?«, flüsterte Paulus.

Titus schüttelte den Kopf.

»Dass ich nicht fähig war, einen anderen Menschen zu lieben. Ich war nicht in der Lage, etwas für jemanden zu empfinden. Der einzige Mensch, der mir wichtig war, war ich selbst. Die zentrale Botschaft Jesu habe ich nicht verstanden.«

»Das ist nicht wahr«, sagte Titus. »Du weißt, was Liebe ist. Du hast sogar darüber geschrieben«, und Titus trug aus dem Gedicht vor, das Paulus mit Silvanus' Hilfe verfasst hatte:

Liebe glaubt alles!
Liebe hofft alles!
Liebe erträgt alles!
Liebe hört niemals auf.

Paulus holte tief Luft. Er atmete die Worte mehr als er sie aussprach:

Jetzt sehen wir wie durch gebrochenes Glas,
Aber dann sehen wir von Angesicht zu Angesicht.
Jetzt sind die Bilder unscharf und verschwommen,
Aber dann wird alles klar zu erkennen sein.
Und Gott, und jeder Mann und jede Frau
Werden mich ansehen
Und verstehen.

»Titus, du warst ehrlich zu mir und hast mir nicht verschwiegen, dass mich die Leute einen Clown für Christus nannten«, flüsterte Paulus. »Verrate mich jetzt nicht! – Habe ich versagt? Antworte mir!«

»Ihr habt nicht versagt, mein Herr«, sagte Titus mit fester Stimme.

»Ich bin nicht dein Herr!«, murmelte Paulus ungehalten. »Habe ich dir die Freiheit umsonst geschenkt? Ich will nicht die Lügen eines Sklaven hören, wenn ich sterbe. Ich will jemand, der …, ich will …« Paulus suchte nach Worten.

»Du willst einen Freund«, beendete Titus den Satz. »Ich bin dein Freund.«

Paulus begann lautlos zu weinen. Titus beugte sich vor, und Paulus versuchte, ihn zu umarmen, begann aber zu husten.

Später winkte er Titus nochmals zu sich und flüsterte: »Ich bin ein Versager. Mein Körper war gebrechlich, meine piepsige Stimme taugte nicht zum Predigen, ich war fußkrank und blind, mein halbes Leben lang war ich ein Krüppel. Ich habe meine Familie im Stich

gelassen. Ich habe als Geschäftsmann gelogen. Ich war eifersüchtig
auf die Jerusalemer Apostel.«

Titus legte seine Hand auf Paulus' Stirn. Sie fühlte sich kalt an.

»Erinnerst du dich an den Traum?«, flüsterte Paulus. »Die vielen Toten in der Bucht? Frauen, Kinder, junge Männer, ermordet bevor ihr
Leben einen Zweck erfüllen konnte?«

Titus nickte.

»Das ist die Botschaft des Kreuzes. Die Bedeutung der letzten Worte
Jesu. Jedes Leben ist vollkommen.« Paulus holte tief Luft. »Drei Mal
habe ich Gott den Herrn angefleht, mich zu heilen. Jedes Mal hat er
mir dasselbe offenbart: ›Lass dir an meiner Gnade genügen, meine
Macht kommt in deinen Krankheiten zur Vollendung‹. Jesus ist für
uns Versager zum Christus geworden.«

***

Am frühen Abend legte Talitha Paulus das Mädchen auf die Brust.
Er lächelte und segnete es auf Aramäisch.

»Was hat er gesagt?«, fragte Titus.

»Gesegnet, wer da kommt im Namen des Herrn«, übersetzte Talitha.

»Ich habe eine Bitte«, flüsterte Paulus.

»Welche?«, fragte Talitha.

»Ich möchte dich bitten, dem Kind den Namen meiner Tochter zu
geben, die in Petra verunglückt ist. Ich möchte, dass die Erinnerung
an sie weiterlebt.«

»Ich kann dir den Wunsch nicht erfüllen«, antwortete Talitha. »Die
Große Mutter hat mir den Namen des Kindes ins Ohr geflüstert, als
ich empfangen habe. Ich habe ihn aufgeschrieben.« Talitha berührte
die Tasche mit dem Pergament, das sie seit neun Monaten an einem
Band über ihrem Herzen trug. »Es tut mir leid.«

Paulus Augen füllten sich mit Tränen. »Hellene hatte den Namen
unserer Tochter ausgesucht. Sie nannte sie Talitha«, flüsterte Paulus.
»Talitha«, sagte er zärtlich, »das war der Name meiner Tochter.«

Talitha nahm das Beutelchen und zog das Pergamentstück heraus,
sie entfernte den Faden, mit dem sie es zusammengenäht hatte, und
faltete das Lederstückchen auf. Dann hielt sie es Paulus vor die Au-

gen. »Die Große Mutter hat mir gesagt, dass ich eine Tochter haben würde, und sie hat mir geboten, ihr diesen Namen zu geben. Lies! Abba Paulus, lies!«

Paulus öffnete die Augen und las: »Talitha«.

In jener Nacht starb Paulus im Schlaf.

Titus und Talitha wuschen den Körper des Apostels. Titus nahm den Familiendolch und legte ihn in seine rechte Hand. Dann wickelten sie seinen Körper in die kilikische Decke ein. Sobald sie damit fertig waren, klopfte jemand an die Tür. Ein großer, hagerer Priester stand im Eingang. Er war ganz in weiß gekleidet.

Der Priester trug den Leichnam hinunter zum Wasser und legte ihn auf den Boden eines altertümlich anmutenden Bootes, das mit einem einzigen, dreieckigen Segel ausgestattet war. Titus hielt das Kind, Talitha saß neben ihm, der Priester stand aufrecht im Heck und benutzte ein langes Ruder, um das Boot zu steuern. Sie legten an der Felsinsel an, die den Eingang zur Bucht bewachte. Titus trug Paulus' Körper und folgte dem Priester zu einer engen Felsspalte, die sich quer durch die Insel zog. Das Tosen der Wellen dröhnte aus der Tiefe.

Der Priester ordnete Treibholz über der Spalte an und baute eine einfache Plattform, auf die er Paulus nackten Leichnam legte, mit dem Gesicht nach unten. Schließlich faltete er die kilikische Decke und legte sie zu Paulus' Füßen. Der Dolch löste sich, fiel in die Spalte, und schlug wie eine klingende Schelle mehrmals gegen die Felswände. Eine Windböe blies die kilikische Decke in den Abgrund, sie schwebte einen Moment über dem Wasser und verschwand dann in der Finsternis.

Schlussgrüße

Ich empfehle euch unsere Schwester Shirley Decker-Lucke, begabte Lektorin mit Verbindungen zu beiden Seiten des Atlantiks: sie hat vielen, darunter auch mir, geholfen.

Grüßt Louise Schorette und Hazel Littlefield, die mir die Weiblichkeit Gottes erschlossen haben; nicht allein ich, sondern alle Gemeinden der Heiden sind ihnen dankbar. Grüßt auch die Priesterinnen und Priester, die sich bei ihnen im Temple of the Feminine Divine versammeln.

Grüßt Shirley Martin, die sich als erste über einem Glas Wein in Pergamon für die Idee dieses Buches begeisterte.

Grüßt Ingrid Hult Trobisch Youngdale – Jungfrau, Mutter, Matrone –, die das Manuskript vorgelesen bekam und ihren Segen gab, bevor sie zu ihrer nächsten Reise aufbrach.

Grüßt Gerd Theißen, Klaus Berger, Hartwig Thyen und Christoph Burchard, die mit mir zusammen in Heidelberg unterrichtet haben; sie waren angesehene Professoren, als ich noch im Proseminar saß. Grüßt einander mit dem heiligen Kuss.

Es grüßen euch alle Studenten, die meine Veranstaltungen zu Paulus besucht haben in Heidelberg, Springfield, New Haven, Bangor und Portland oder an meinen Studienreisen durch Israel, Syrien, die Türkei, Griechenland und nach Rom teilgenommen haben.

Es grüßen euch Annette Weißenrieder, Annette Merz und Matthias Klinghardt, die ebenfalls Professoren für Neues Testament sind und das Manuskript gelesen haben.

Ich, Diedrich Steen vom Gütersloher Verlagshaus, habe das Buch lektoriert und grüße euch im Namen des Herrn.

Es grüßen euch meine Frau Vera und meine Geschwister Katrine, Daniel, Stephen und Ruth, die es schon seit Jahrzehnten mit mir und meinen Geschichten aushalten müssen. Es grüßt euch auch der Stadtkämmerer Erastus und der Bruder Quartus.

David Trobisch
Nußloch, Weihnachten 2009

Personenverzeichnis

Achaicus   1 Kor 16,17 – Sklave der Chloe, Korinth

Alexander von Antiochien   Paulus' Schwager, Antiochien

Andronicus und Iunia   Röm 16,7 – Geschäftspartner des Paulus, Ephesus

Anrum   Ehefrau des Justus von Palmyra

Aquila und Priska   Röm 16,3; 1 Kor 16,19 – Paulus' Gastgeber, Ephesus

Barnabas   1 Kor 9,6; Gal 2,1.9.13 – Paulus' Freund und Geschäftsparnter, Damaskus.

Chloe   1 Kor 1,11 – Besitzerin eines Schönheitssalons, Ehefrau von Gaius, Korinth

Clemens   Phil 4,3 – Paulus' Verleger, Philippi

Diotrephes   vgl. 3 Joh 1,9 – Juwelier, Korinth

Epaphroditus   Phil 2,25; 4,18 – Clemens' Buchhalter, Philippi

Erastus   Röm 16,23 – Stadtkämmerer, Korinth

Euodia   Phil 4,2 – Geschäftsfrau, Philippi

Fortunatus   1 Kor 16,17 – Chloes Sklave, Korinth

Gaius   Röm 16,23; 1 Kor 1,14; vgl. 3 Joh 1,1 – Wirt, Korinth

Hellene   Paulus' Ehefrau, Philippi

Herodias   Paulus' Schwester

Iunia   (siehe Andronicus)

Jakobus   1 Kor 15,7; Gal 1,19; 2,9.12 – Bruder Jesu, Jerusalem

Jason   Röm 16,21 – Sohn des Sosipater, Rom

Johannes   Gal 2,9; vgl. Offb 1,1 – Jünger Jesu, Ephesus

Justus Jesus   (siehe Justus von Palmyra)

Justus von Palmyra   (Justus Jesus, Tsadoq) vgl. Kol 4,11
– Geschäftsmann, Palmyra und Jerusalem

Kephas   (Petrus) 1 Kor 1,12; 3,33; 9,5; 15,5; Gal 1,18; 2,9.11.14
– Jünger Jesu, Jerusalem, Rom

Lucius   Röm 16,21 – Sohn des Sosipater, Korinth

Maria   Röm 16,6 – Mutter Jesu, Ephesus

Petrus   (siehe Kephas)

Phoebe   Röm 16,1 – Diakonin, Kenchräa

Priska   (siehe Aquila)

Quartus   Röm 16,23 – Sohn des Gaius, Korinth

Silvanus   2 Kor 1,19; 1 Thess 1,1 – Sklave des Clemens,
Schreiber, Philippi

Sosipater   Röm 16,21 – Syrischer Geschäftsmann, Korinth

Sosthenes   1 Kor 1,1 – Sekretär Aquilas, Ephesus

Stephanas   1 Kor 1,16; 16,15.17 – Geschäftsmann, Korinth

Syntyche   Phil 4,2 – Sklavin der Hellene, Philippi

Talitha   vgl. Mk 5,41 – Sklavin des Justus von Palmyra

Tertius   Röm 16,22 – Sohn des Gaius, Korinth

Timotheus   Röm 16,21; 1 Kor 4,17; 16,10; 2 Kor 1,1.19;
Phil 1,1; 2,19; 1 Thess 1,1; 3,2.6; Philemon 1,1 –
Geschäftspartner des Paulus

Titus   2 Kor 2,13; 7,6.13.14; 8,6.16.23; 12,18; Gal 2,1.3;
cf. Tit 1,4 – Sklave des Paulus

Tsadoq   (siehe Justus von Palmyra)

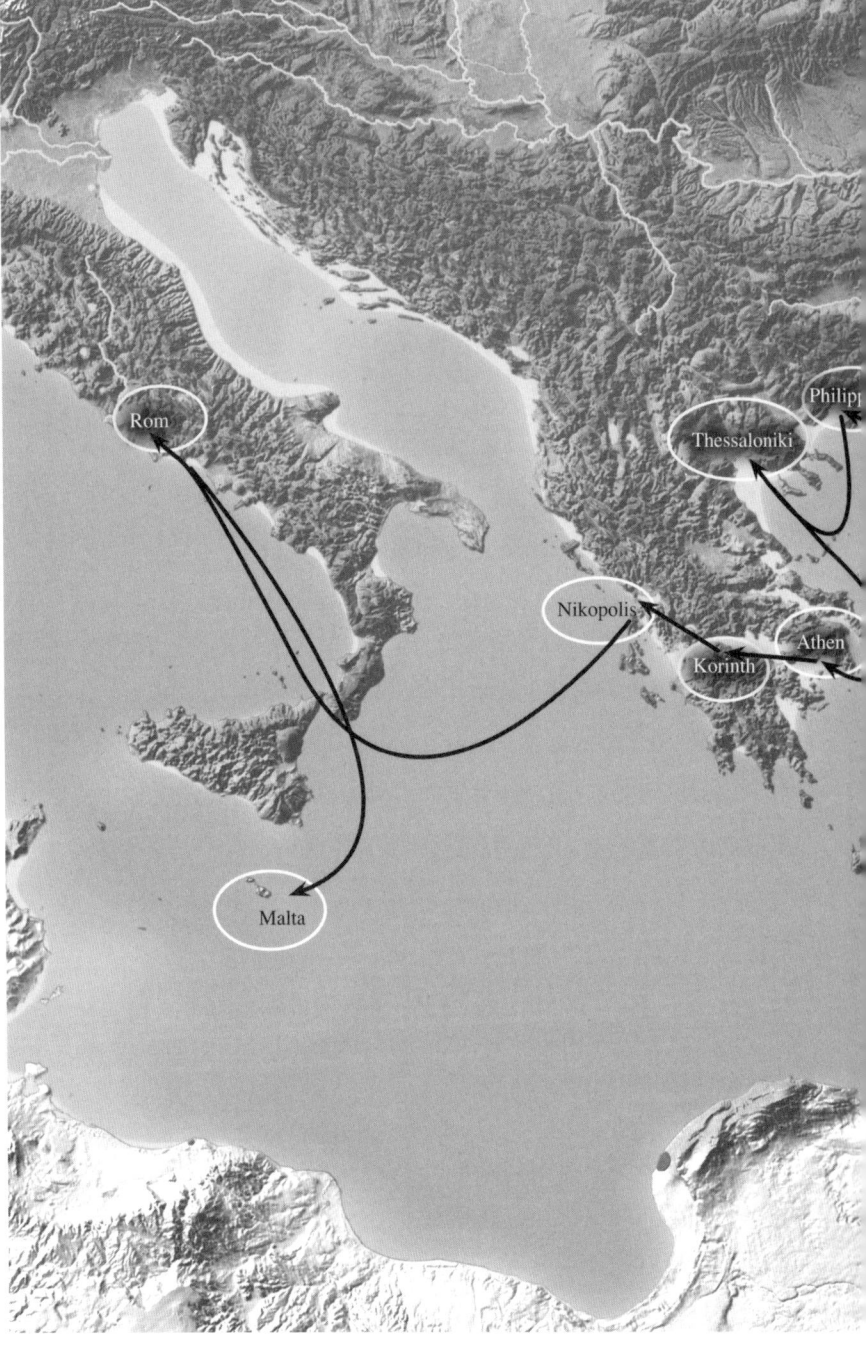